连锁经营管理专业规划教材

孙前进 ● 主编

连锁企业经营管理

（第2版）

孙 静 孙前进 / 编著

中国发展出版社
CHINA DEVELOPMENT PRESS

图书在版编目（CIP）数据

连锁企业经营管理（第2版）/孙前进主编；孙静，孙前进编著.—北京：中国发展出版社，2015.7
（连锁经营管理专业规划教材）
ISBN 978-7-5177-0343-3

Ⅰ.①连… Ⅱ.①孙… ②孙… ③孙… Ⅲ.①连锁企业—企业经营管理—教材 Ⅳ.①F717.6

中国版本图书馆 CIP 数据核字（2015）第 133490 号

书　　　名：	连锁企业经营管理（第2版）
主　　　编：	孙前进
著作责任者：	孙　静　孙前进
出版发行：	中国发展出版社
	（北京市西城区百万庄大街16号8层　100037）
标准书号：	ISBN 978-7-5177-0343-3
经　销　者：	各地新华书店
印　刷　者：	北京明恒达印务有限公司
开　　　本：	787mm×980mm　1/16
印　　　张：	19.25
字　　　数：	375 千字
版　　　次：	2015 年 7 月第 2 版
印　　　次：	2015 年 7 月第 1 次印刷
定　　　价：	35.00 元
联系电话：	（010）68990642　68990692
购书热线：	（010）68990682　68990686
网络订购：	http://zgfzcbs.tmall.com//
网购电话：	（010）68990639　88333349
本社网址：	http://www.develpress.com.cn
电子邮件：	fazhanreader@163.com

版权所有·翻印必究

本社图书若有缺页、倒页，请向发行部调换

总序
PREFACE

本套教材紧贴我国现代流通业、连锁经营的发展方向与企业动态,具有将现代流通理论、国际先进的经营理念、企业实践案例等融为一体的鲜明特色,是一套较为完整、自成体系的连锁企业经营管理教材。其主要供连锁经营管理专业师生使用,同时也可作为物流专业师生的教学用书以及从事连锁企业相关工作的人员的参考书。

呈现在读者面前的是本套教材的第2版。这套教材出版5年来,我国的流通业发生了巨大变化,连锁经营企业得到长足发展,流通环境更加完善。因此,为了适应新的发展环境与行业实践要求,在保留上一版教材基本框架与风格的基础上,对其内容进行了增删修订,补充了一些最新的研究成果及实践案例、数据,以使教材更具有时代性和实用性。

1. 满足与适应行业发展的需求

自20世纪90年代以来,连锁经营在我国显示出了强大的生命力和发展潜力。2002年10月10日,原国家经贸委办公厅制定印发的《全国连锁经营"十五"发展规划》中明确指出,"推进连锁经营是我国流通领域带有方向性的一项改革";2007年3月9日,国务院下发的《国务院关于加快发展服务业的若干意见》中明确指出,"提升改造商贸流通业,推广连锁经营、特许经营等现代经营方式和新型业态"。至今,联华超市、全聚德、如家酒店、7-11、宝岛眼镜等内外资连锁企业的发展风起云涌。所以,培养一批掌握连锁经营管理基本理论知识和职业技能，面向现代服务业，能在生产、建设、管理、服务第一线上胜任连锁经营管理工作的高素质、高技能的优秀管理人才成为该行业的迫切需要。

2. 与国际接轨与并行

本套教材结合我国连锁经营的综合环境及具体经营现状，并汲取了国际特别是日本连锁经营的最新动态及发展经验。日本是一个流通产业非常发达的国家，是全球零售业发达国家之一，其流通产业在战后经济发展过程中重建、发展、成熟和体系化，并成为现代日本经济发展的重要支柱。这对我国零售连锁企业的经营管理有很好的指导与借鉴作用。

3. 实践性与应用性并重

本套教材力求突出实践性与应用性，除介绍连锁经营管理的基本原理和方法外，重点介绍了连锁企业经营管理所涉及的具体内容。编者充分考虑到高等教育对实训教学以及学生实践能力培养的要求，结合行业特点，提炼出了连锁经营的知识和技能点。

此外，本套教材的各模块根据教学内容和要求，设计编写了相关案例及思考题、开拓视野等内容，强调实用性和针对性，较好地体现高等教育改革对课程教学内容和教材的要求。通过本套教材的学习，为学生从事连锁企业实际管理工作打下基础。

4. 结构合理，内容丰富

本套教材设计新颖，结构合理，内容丰富。《连锁企业经营管理》《连锁门店开发与选址》《连锁企业信息系统与管理》《连锁企业采购与配送管理》和《连锁企业门店管理》自成体系，又相互支撑，从不同的角度讲述了任何一个从事连锁企业经营的管理者都必须要了解和掌握的重要环节。

本套教材在编写过程中，参考、引用了大量国内外专家学者的宝贵学术成果和资料，浏览了许多国内流通及零售业的门户网站，从而得到了丰富、翔实的资料，在此向各位原作者表示深深地敬意和感谢。

本套教材自 2010 年 10 月出版发行以来，深受广大读者、使用者的喜爱与认可，使我们感到非常欣慰，更使我们那忐忑不安的心情得到了暂时的平静。但由于编者水平有限，加上时间仓促，教材中难免存在遗憾和不足的地方，恳请广大读者批评指正，欢迎交流切磋。

联系邮箱：bw1047@hotmail.com

北京物资学院教授　孙前进

2015 年 7 月

前言
FOREWORD

连锁经营是在流通领域中，若干同业商店以统一的店名、统一的标志、统一的经营方式、统一的管理手段连结起来，共同进货，分散销售，共享规模效益的一种现代组织形式和经营方式。其实质是把现代化工业大生产的原理应用于商业流通领域，达到提高协调动作能力和规模效益的目的。连锁经营在我国沿海地区和部分大、中城市的发展速度逐步加快，日益显示出其经营优势。

在经济全球化的大背景下，电子商务与实体店铺、国际流通与跨境电商、供应链管理与现代物流发展、大流通与大物流、"互联网+"等构成了一幅波澜壮阔的现代流通业发展画卷。

《国民经济和社会发展第十一个五年规划纲要》明确提出："要积极发展连锁经营、特许经营、物流配送等现代流通方式和组织形式，要把扩大内需作为推动经济发展的重要方针。"

《国民经济和社会发展第十二个五年规划纲要》提出："优化城市综合超市、购物中心、批发市场等商业网点结构和布局，支持便利店、中小超市、社区菜店等社区商业发展。鼓励和支持连锁经营、物流配送、电子商务等现代流通方式向农村延伸，完善农村服务网点，支持大型超市与农村合作组织对接，改造升级农产品批发市场和农贸市场。引导住宿和餐饮业健康规范发展。支持发展具有国际竞争力的大型商贸流通企业。"

经过多年的实践，许多连锁企业已经形成了较为完整的营运体系，在店铺发展、配送中心运作、采购系统有效控制、统一的销售体制推行方面，都积累了许多适合中国特点的经验，并培养和造就了一些连锁经营方面的管理人才。但是从整个连锁经营对连锁管理人才的需求来讲，这些人才还远远不能满足市场。

连锁行业在管理与运营上的升级迫切需要一批懂经营会管理并掌握现代技术装备，有较高素质的管理人才和一大批素质较高的员工。本教材紧紧围绕连锁人才培养目标，将最新的专业理论与实践内容充实进来，具有如下特点。

（1）涉及面广，内容较为丰富。本教材是对连锁经营的总体性介绍，根据连锁经营企业从业人员的素质模式构建满足企业需求的连锁经营人才能力、知识结构体系，涉及连锁经营概述、连锁企业经营原则与管理策略、商业网络与连锁门店选址、连锁企业特许经营、连锁企业采购与仓储、配送中心管理与配送、连锁企业信息系统及其管理、企业总部业务督导与指导、人力资源管理、企业发展战略等内容。

（2）以工作过程为导向的编写思路。以工作过程为导向，按照基于实际工作过程的设计思想，以工作过程为载体，培养学习者的综合能力。

（3）操作技能与管理知识相结合。本教材既包括连锁企业运营过程中有关操作技能的实践内容，也涵盖了连锁企业运营与管理方面的理论知识，为学习者以后承担连锁门店运营与连锁企业总部管理打下了基础。

（4）丰富的案例资料。本教材各章首先以案例导读引入该章的内容，经过一章内容的学习，最后通过案例分析对该章进行总结。案例导读与案例分析大多是国内最新的经营情况介绍，供学生参考、运用，提高其分析问题、解决问题的能力。

本教材对连锁经营的各个方面进行了较为全面的介绍，不仅可以作为学校教学用书，也可以作为理论研究者及实际工作者的运用参考资料。

在编写过程中，编者参考、引用了大量同行、企业界同仁的宝贵资料，在此表示衷心的感谢。由于作者学识所限，加上时间仓促，书中难免有遗漏或不妥之处，恳求读者提出宝贵意见。

联系方式：cnbjsj@126.com

编 者

2015年6月

目录
CONTENTS

模块一 连锁经营
项目一　连锁经营概述 /3
项目二　连锁经营的类型及特点 /11
项目三　我国的连锁经营现状及发展 /19

模块二 连锁企业经营管理
项目一　连锁企业经营管理概述 /39
项目二　连锁经营管理与策略 /44
项目三　连锁企业门店的管理运营 /54

模块三 商业网络与连锁门店选址
项目一　城市商业网络规划 /73
项目二　连锁企业分销网点分布及门店选址 /78
项目三　典型连锁企业门店选址案例 /87

模块四 连锁企业特许经营
项目一　连锁企业特许经营概述 /97
项目二　连锁企业特许经营管理 /101
项目三　特许加盟的风险规避 /110
项目四　我国特许经营的发展现状 /113

模块五 连锁企业采购与库存
项目一　连锁企业采购管理 /128

项目二　连锁企业库存控制 /135
项目三　连锁企业采购与库存成本控制 /140

模块六　配送及配送中心管理

项目一　配送及配送中心概述 /151
项目二　配送中心建设与管理 /159
项目三　典型企业配送中心建设模式 /167

模块七　连锁企业信息系统及其管理

项目一　连锁企业信息系统概述 /179
项目二　连锁企业信息系统的构建 /189
项目三　连锁企业信息系统开发与实施 /196

模块八　连锁企业总部业务督导与外包

项目一　连锁企业组织结构与职能 /212
项目二　连锁企业总部的业务管理与督导 /218
项目三　连锁企业业务外包 /226

模块九　连锁企业员工聘用及培训体系

项目一　连锁企业培训体系概述 /237
项目二　连锁门店店长培训 /242
项目三　连锁门店店员的聘任与培训 /250

模块十　连锁企业发展与供应链管理战略

项目一　连锁企业发展战略管理 /269
项目二　企业连锁经营的主要战略 /275
项目三　连锁企业供应链管理战略 /285

参考文献

模块一

连 锁 经 营

>> 学习目标

1. 连锁经营的基本概念与功能
2. 连锁企业的类型及其经营方式
3. 连锁经营在零售业中的重要地位及作用
4. 目前我国连锁经营的现状
5. 连锁经营对我国流通业发展的重要意义

【案例导读】

便利店小业态拓出大市场

便利店或将成为中国表现低迷的零售市场上新型的增长动力，传统零售巨头已经意识到这一点并有所行动了。

2015年3月底，家乐福宣布将在中国进行一系列改革。其中，家乐福决定继续扩张去年底在上海试点的"CarrefourEasy"便利业态，即将在全国范围内开出更多贴近社区、贴近家庭业态的迷你型超市"Easy家乐福"。

4月8日，正大集团也在上海开出了中国首个生鲜便利店，这个名为"FRESHMART正大优鲜"的便利店是除卜蜂莲花、会员店之外，泰国正大集团在中国新增的一项零售业务。据了解，上海静安区第二家正大优鲜也正在筹备中，选址仍会紧临居民集中的社区，下一步正大优鲜还会在全国扩张。

"拥抱便利店，决胜零售未来"正符合凯度零售咨询对中国零售市场的把脉。凯度认为，中国零售市场正处于从集中到渗透转变的关键时期。面对日益攀升的成本压力，保持增长性和盈利性对于大型业态来说变得越来越困难。零售商开始更加注重发展小型业态门店，而不是盲目扩大门店规模。

数据显示，便利店拥有现代通路渠道中最为庞大密集的零售网点，是现代通路中不可忽视的零售力量。在过去6年中，中国便利店的门店数量几乎翻倍，从2008年的13567家增加到2014年底的26345家。不仅如此，便利店的销售额在2014年底达到408亿元，过去6年的复合增长率约为14.8%。便利店渠道在现代渠道中的份额也从2008年的4.5%增加到2014年的5%左右。

但凯度的研究也或许从侧面预示着家乐福和正大扩张便利店业态不容乐观。由于便利店竞争格局非常集中，目前排名前十的连锁便利店占据了整个渠道76.1%的市场份额。深耕于广东省的便利店美宜佳，无论在门店数量还是在销售份额上都保持了绝对的领先地位，是中国市场上规模最大的便利店。全家便利店近几年的发展也突飞猛进，其2014年的业绩有望超过7-11，成为排名第二位的连锁便利店。

对于发展便利店业态需要抓住哪些核心优势，才能制胜零售的未来，凯度建议，开发具有独特定位的自有品牌产品，是便利店业态应该首先积极布局的。同时，鲜食和快餐食品也是便利店吸引客流与提升销量的重要驱动力，而提供成熟精细的增值服务更是便利店的核心竞争力之一。越来越多的便利店希望通过增加便民增值服务，比如包裹自提、票务服务等来吸引并留住购物者，建立更强的顾客黏性和忠诚度。此外，便利店还要升级店内环境，设置堂食区域和休息区域，以满足顾客即食的需求，提升购物体验。最后，全渠道的零售市场需要全方位的沟通方式，因此便利店也需要运用所有可能的渠道，无论是手机应用、微信或是线下门店，与购物者建立全方位的沟通与交互。如7-11和罗森都已上线独家APP，通过发放优惠券和集点活动来增加顾客到店次数，强化顾客忠诚度。

资料来源：李子晨，"便利店小业态拓出大市场"，《国际商报》2015年4月22日。

连锁经营概述

推进连锁经营是我国流通领域带有方向性的一项改革。自20世纪90年代以来，连锁经营在我国显示出强大的生命力和发展潜力。特别是"九五"期间，连锁经营在开拓市场、扩大销售、促进产销结合、规范流通秩序、满足消费需求、吸纳就业等方面，发挥了重要作用。"十五"时期是我国国民经济和社会发展的重要时期，加快推进连锁经营的发展，对于改善流通结构，进一步提高流通产业的组织化程度和现代化水平，适应我国加入世贸组织的新形势，促进国民经济健康发展，具有重要的作用和意义。"十一五"时期，基本确立连锁经营组织在流通业中的主体地位。通过引入多元化投资主体、直接融资、加快国有流通资本退出来等途径实现了连锁规模的较快扩张，形成具有较强竞争实力的大型连锁企业。政府鼓励优势连锁企业、批发企业以及优势生产企业采取加盟、特许等方式发展连锁经营，以吸收和整合众多分散经营、传统小型的流通主体。"十二五"时期，在医药、餐饮、便利店、特色专卖等行业的连锁经营得到了迅猛的扩张与发展。

一、连锁经营的基本概念

1. 连锁经营的定义

连锁经营是一种商业组织形式和经营制度，是指经营同类商品或服务的若干个企业，以一定的形式组成一个联合体，在整体规划下进行专业化分工，并在分工基础上实施集中化管理，把独立的经营活动组合成整体的规模经营，从而实现规模效益。

2. 连锁经营的实质

连锁经营是一定时代下的产物，现代大工业的发展、物品的极大丰富、消费者消费理念的转变及流通业的整合，是连锁经营这种经营方式大放异彩。而连锁经营的实质是将社会化大生产的基本原理运用于流通领域，达到增强合作能力和获取规模效益的目的。同时，信息技术流通业的发展应用对连锁经营注入了新的内容。

（1）网点分散化与服务标准化的统一。连锁经营把专业化经营和分散化开店结合，零售业在适应生产专业化的同时，必须使经营活动适应分散化、多元化的消费特点。连锁商店正是通过众多网点的分散化和其商品经营、销售服务和企业管理标准化的统一，将现代化大生产与商业经营规模化及消费需求多元化、个性化的有机结合。

（2）连锁经营与现代化生产相适应。连锁经营与现代化生产相适应表现在于将集中化运货与分散化销售结合起来。传统的零售商业同时承担买卖两种职能，而连锁商店则将两种职能分开，总部集中进货，一方面最大降低成本，另一方面总部采购专业水平的提高。而各成员点分散销售，能享受到集中进货的低成本优势，并在此基础上根据市场竞争状况和消费者的偏好，制定较为灵活的市场战略，可通过近距离经销和服务建立感情纽带，增强消费者对成员企业及整个连锁店系统的信心；还可把商品销售情况及市场信息及时传给总部，有利于总部做出相应的决策。

3. 连锁经营与传统商业经营方式的区别

连锁经营在改造传统商业模式、促进流通现代化、推动现代流通业的发展方面发挥了重要作用，其区别在于以下方面。

（1）连锁企业不同于商业企业集团。在经营体制上，一般商业企业集团往往并不要求各成员企业实行统一经营，也不像连锁店那样标准化设计——相同的商品结构和服务规模，相反，它们往往依靠差别化的经营，使各个成员企业有不同的经营范围和方式，形成优势互补。在企业管理上，企业集团的每个成员都是独立的法人，可以独立地从事经营活动，连锁企业则不同，连锁商店总部和店铺在专业职能上形成明确的分工，如总部专门负责采购、营销、人事安排与经营管理活动，各店铺则主要从事销售活动，所以店铺与总部联系十分紧密，如果脱离总部，店铺将无法独立运营。

（2）连锁经营不同于分店式经营。连锁企业采用统一进货、统一经营、统一管理，所辖店铺都执行总部统一制定的经营管理规模标准。而分店一般靠总部投资，各分店独立经营，尽管各店牌子相同，但不一定要求都实行统一管理。分店具有较大的自主权和灵活性。

（3）连锁经营不同于传统的单店经营。单店指独立经营的店铺，偏向于特色经营，一般规模较小，经济实力较弱，抗风险能力较差。而连锁企业则兼有大企业和子店铺的两方面优势，通过总部把各个店铺联合在一起，实现规模经营。

> 【开拓视野】
>
> ### 三个重要的概念
>
> 1. 业种
>
> 业种指所涉及的行业，如零售业，餐饮业，美容美发、洗染等社区服务业，教育培训等其他服务业。
>
> 2. 业态
>
> 零售业态指零售企业的经营形态，如：食杂店、便利店、折扣店、超市、大型超市、仓储会员店、百货店、专业店、专卖店、家居建材店、购物中心、厂家直销中心、电视购物、邮购、网上商店、自动售货亭、电话购物等。
>
> 3. 标准化
>
> 在经济、技术、科学及管理等社会实践中，对重复性事物和概念，通过制定、发布和实施标准，达到统一，以获得最佳秩序和社会效益。

二、连锁经营的产生与发展

从 1859 年的第一家颇具规模的连锁商店到 2008 年最大零售连锁集团的沃尔玛以 3780 亿美元的年营业收入占据《财富》杂志世界 500 强之首，连锁经营模式已成为国际商业领域较为成熟、先进的一种经营活动。

1. 连锁经营的产生

具有现代意义的连锁经营产生于美国，至今已有 150 多年的历史，并逐步形成了直营连锁、特许连锁和自愿连锁三种主要形式。

第一家颇具规模的连锁商店是由乔治·F·吉尔曼和乔治·亨廷顿·哈特福特于 1859 年在纽约创办的大美国茶叶公司。在以后的 6 年时间内，该公司发展了 26 家正规店，全部经销茶叶。1869 年，它更名为"大西洋和太平洋茶叶公司"，到 1880 年时已经发展到 100 多家分店的规模了。

在同一时期，另一家通过连锁经营取得成功的公司是"胜家缝纫机公司"，它于1865年开始采用"特许经营"分销网络的方式进行产品销售，收到了很好的效果，迅速打开了产品销路，成为该行业的领导者。

2. 连锁经营的发展

20世纪50年代，麦当劳、肯德基引入连锁经营体系，公司得到迅速发展。同时，它们也完善了连锁经营业态。

20世纪60~70年代，连锁经营以其特有的生命力，冲破贸易保护主义的篱笆，从美国向世界各地蔓延。1963年，日本成立了第一家连锁经营性质的连锁店——"不二家"西式糕点咖啡店，开始抛弃传统的直营式连锁经营业态。20世纪70年代以后，日本的连锁经营以零售业和饮食业为中心迅速发展起来，并形成了自己的连锁经营体系。

从20世纪80年代开始，全球连锁经营飞速发展，美国几乎每6.5分钟就有一家连锁店开业；在马来西亚、新加坡等国，连锁经营已上升为这些国家的国策。

经过100多年的发展，这一经营形式在世界各地得到迅速推广，尤其是日本的连锁店的发展速度更为惊人，以7-11为例，1974年5月，日本的7-11第一家本土便利商店在东京都江东区开张，根据7-11官网的公布，到2008年3月底，7-11的本土商店的总店数达到12105家，在中国大陆地区拥有1512家店铺，并在全世界18个国家和地区共拥有门店35545家。截止到2015年5月31日，7-11分布于全世界16个国家和地区，共拥有56003家便利连锁店，全世界每天超过2000万人次接受7-11提供的24小时全天候服务，其中在中国共有7135家便利店，分布如表1-1、1-2所示。

表1-1　　　　　　　　7-11便利店在全球的分布

序	国　家	数量（家）	序	国　家	数量（家）
1	美　国	8124	9	新加坡	490
2	加拿大	491	10	印度尼西亚	191
3	墨西哥	1874	11	中　国	7135
4	挪　威	156	12	韩　国	7374
5	瑞　典	193	13	菲律宾	1360
6	丹　麦	191	14	日　本	17636
7	泰　国	8381	15	澳大利亚	612
8	马来西亚	1795		总　计	56003

注：截止日期为2015年5月31日。

资料来源：7-11官方网站（http://www.7-11cd.cn/Html/aboutus/1592.shtml）。

表1-2　　　　　　　7-11便利店在中国的分布

序	城市或地区	数量	序	城市或地区	数量
1	北京	177	6	青岛	28
2	天津	57	7	广东	708
3	成都	59	8	香港	928
4	上海	74	9	澳门	46
5	重庆	11	10	台湾	5047

注：截止日期为2015年5月31日。

资料来源：7-11官方网站（http://www.7-11cd.cn/Html/aboutus/1592.shtml）。

【开拓视野】

美国连锁经营的发展

1859年，美国产生第一家现代连锁企业（太平洋和大西洋茶叶公司）之后100多年的发展历程中，连锁经营从零售业拓展到餐饮业、酒店业、汽车业等，带来了零售业的"第三次革命"。从全球范围来看，美国在连锁经营的发展中始终扮演着"领头羊"的角色。迄今为止，美国仍是世界上最发达的连锁经营大国。美国连锁经营的发展大致划分为四个阶段。

1. **创始时代（19世纪中叶至20世纪50年代）**

第一家连锁店成立之后，就有不少企业相继开业。到20世纪20年代，连锁经营开始进入快速发展阶段，连锁销售额占到美国零售业比重的1/4，在30年代后进入成熟期。在这一时期，美国连锁经营以"商标商品连锁"为主要方式，而在经营制度上没有统一。

2. **黄金时代（20世纪50年代至80年代）**

二战后，美国人口大量增长，城市迅速扩大，消费水平大幅度提高，这为连锁经营的发展提供了前提条件。特别是70年代以后，美国的铁路、航空、公路运输发展迅猛，高速公路贯通美国，保证了在全国范围内及时、快捷的货物配送。又由于现代高科技日新月异的发展，计算机的普及和运用，为连锁经营的发展插上了腾飞的翅膀。另外，计算机技术的普及，自我服务的销售方式，以及多种营销策略的兼容并蓄，都促成了美国连锁经营在这一时期的高速发展。因此，这一阶段可称之为连锁经营的黄金时代。

3. 发展时期（20世纪80年代）

这是连锁经营进入一个全面开拓和渗透的时期，也称为第三代现代连锁加盟店发展时期。相对于第一代的"传统"和第二代的"现代速食"，第三代的特点是"形式"连锁加盟系统，其特点是将第二代的经营手法多元化，利用连锁经营的优势向其他行业渗透。这样，不但扩展了加盟业领域，而且将服务业的巨大潜能发挥了出来，特别是商业性服务业连锁崛起，针对企业的各项需求应运而生的服务业成为连锁界的生力军。

4. 全球化时代（80年代后）

这一时期，随着科学技术的发展、信息的迅捷、国家同行业间的经济往来日益密切，连锁经营进入了全球化时代。美国连锁业凭借其雄厚的资金、成熟的技术，进行着海外扩张。

可见，美国的连锁经营是伴随美国社会的发展而发展的，是以消费的增长、交通的发达、科技的进步和市场的竞争为条件的。

三、连锁经营的功能

连锁经营是适应市场经济条件的零售业，是服务实现社会化、现代化和国际化的有效经营方式，是社会经济发展的产物。连锁经营之所以能在竞争激烈的现代市场中占有重要的地位，是与其自身的功能密不可分的。连锁经营的功能主要表现在：扩大规模效应、衔接生产和消费、扩大流通、最大限度地共享资源、创造新的消费点五个方面。

1. 扩大规模效应

连锁经营使零售业摆脱了传统形式对其获得规模效益的束缚，创造了零售业更多获得规模效益的机会和途径。规模效益在零售经营上的运用一般指两种情况：一是单位营业面积和劳动时间内经营量越大，每件商品的平均经营费用越低；二是进货批量扩大，进价下降，企业经济效益随之提高。但这两种情况并没有反映连锁经营的本质特征，而是所有零售形式共有的。

连锁经营的集中、统一，不仅要求在进货环节实现，而且要在销售环节实现。实现销售集中统一的一个重要前提是尽量排除每件商品经营上的不确定性。当连锁企业总部开发设计的同一种经营管理技术被广泛地运用到众多加盟店的经营上时，每个店铺、每件商品成交时用于开发这种技术的费用就会大大减少，运用这种技术的加盟店越多，经销量越大，其负担的平均费用就越少。从这个意义上说，连锁企业成员之间的技术共有是连锁企业规模经济效益的一种实现形式。因竞争之需而实行保密的各种现代化经营技术在企业内部的使用,使连锁经营系统加盟店的发展日益具有社会性。连锁经营中技术诀窍的社会性和开发性,使现代连锁经营的技术优势不但转化为连锁经营系统的经济效益,而且还可以转化为零售业的社会经济效益,从而使商业生产力的迅速发展成为可能。

2. 衔接生产和消费

连锁企业把资本生产经营的大规模要求同现代消费的分散化特点有机会地结合起来,创造了既不违背零售经营本质要求,又能实现大规模经营的现代化零售形式。在衔接生产和消费方面,连锁经营实现了三个突破。

(1)专业化经营与分散化设点相结合。由于经济发展水平的不断提高,在买方市场条件下,整个经济运行起决定作用的是市场、消费者和消费需求。因此,零售业在适应生产专业化的同时,必须适应分散化、多元化的消费特点。连锁企业在坚持专业化经营的同时,又正是通过其网点的分散化、商品的标准化,进一步实现了现代化大生产和消费的结合。

(2)集中进货和分散销售相结合。传统零售业都是同时承担买卖两种职能,而在连锁经营中,两种职能分别由总部和分店承担。总部集中进货,一方面使总部采购者不断提高选购商品的准确性和科学性;另一方面使连锁企业与生产企业交往时处于较为有利的位置,为更廉价地购进商品提供竞争力和吸引力,从而使连锁企业的购货职能在总体上与现代化的社会相适应。

(3)零售业组合化程度的提高,促进了产销关系的有序化、规范化和现代化。提高流通业的组织化水平,形成有利于企业展开公平、公开、有效的市场秩序至关重要,也是促进生产健康发展、消费有序运行的一个重要条件。

3. 扩大流通

因为连锁企业多层次组合的组织形式,使得企业的扩展能力大大加强,从而加大了商品流通的规模。连锁企业多层次组织形式的组合,使其在市场扩展方面有着其他零售经营形式不具备的技术、联合优势,这使它迅速地将其经营意志、经营战略在全社会范围内实施。

4. 最大限度地共享资源

连锁经营通过连锁商店网络系统的建立,实现了市场、信息、技术、人才、管理、信誉的内部共享,为社会资源及企业资源的充分利用提供了坚实的经营基础。现代商业的发展对商业企业的内在素质和外在扩展能力提出了更高的要求,从商业企业的角度看,拥有一定高水平的硬件设施并不困难,困难的是在拥有高水平的硬件设施的同时拥有同层次(甚至更高水平)的软件——市场、信息、技术、人才、管理和信誉。连锁经营是一个完整的经营系统,因此,连锁企业的市场及相应的软件在企业内部是可分享的。从这个意义上说,连锁经营就是一种分享经济,正是由于这一特性的存在,连锁企业才真正创立了一个崭新的经营方式,促进着资源的合理分配和充分利用,提高了流通效率。

5. 创造新的消费点

连锁经营创造了一种独特的消费文化。规范化使其适应了现代快节奏的生活方式和消费特点,永恒的是标准化服务,变化的只是时间和地点;适应性和创造性使得连锁企业能适应各国独特的消费要求,形成标准化服务基础上的经营本土化。连锁经营从以下两个方面创造了新的消费。

(1) 大众消费与创造消费。由于连锁企业的多店铺、多区域经营,其服务对象也就定位于大众。长期居于一地的消费者,"钟情"于当地的连锁分店,会对其产生不断重复的"依恋型"购买行为,这就使连锁分店的消费者数量是一般店铺的若干倍;而不断流动的消费者,也可在各地享受到同样规范的服务、同样品质的商品,使他们有一种回"家"的感觉和与连锁店一体化的体验,从而自觉地充当起连锁店流动的广告商、忠实的推销员。

(2) "文化"消费与创造消费。当消费过程凝结了特定的文化时,商品的消费也就变成了一种文化的消费,使商品的内在价值和外在社会价值在消费过程中得到统一。连锁经营包括的这种"文化"有:创造一种遍及全球的消费时尚;提供同等服务、同种商品;快速服务、快速消费;连锁店的外观设计、内部装潢布局等。对大众消费而言,在进行普通消费的同时能享受到如此丰富的"文化"消费,无疑是一种极富吸引力的消费方式。

【开拓视野】

流通和生产的关系

流通一般指以货币作为交换媒介的商品交换。包括商品买卖行为以及相互联系、相互交错的各个商品形态变化所形成的循环的总体。

一方面,生产对流通起着主导的决定作用。流通的存在、性质、规模和方式,都由生产决定,没有生产,也就没有流通。另一方面,凡是存在商品生产的地方,流通便构成再生产过程的重要环节,它作为一个相对独立的能动因素,促进或阻碍生产的发展。商品生产出来以后,是否顺利地卖出去转化为货币是一个关键。因为它直接关系着再生产能否顺利进行和发展。流通既是生产的结果,又是生产的前提。因此,社会主义经济建设必须适应于生产的发展,大力发展商品流通,以使国民经济成为生机勃勃的经济有机体。

项目二
连锁经营的类型及特点

从国外连锁业的发展实践来看，连锁经营最初以单一所有权即直营连锁的形式出现，后逐渐演变成直营连锁、特许连锁和自由连锁三种形式并存的局面。

原国内贸易部1997年印发的《连锁店经营管理规范意见》中明确规定：连锁店包括以下三种形式：直营连锁、自愿连锁、特许连锁（或称加盟连锁）；2002年《国务院办公厅转发国务院体改办国家经贸委关于促进连锁经营发展若干意见的通知》中也指出，连锁经营是通过对若干零售企业实行集中采购、分散销售、规范化经营，从而实现规模经济效益的一种现代流通方式，主要有直营连锁、特许连锁、自由连锁等类型。目前，美国、日本等主要发达国家以及国际连锁店协会等组织都将连锁经营分为这三种模式。

一、直营连锁

直营连锁是指总公司直接经营的连锁店，即由公司总部直接经营、投资、管理各个零售点的经营形态。总部采取纵深式的管理方式，直接下令掌管所有的零售点，零售点也必须完全接受总部指挥。直接连锁的主要任务在于"渠道经营"，即透过经营渠道的拓展从消费者手中获取利润。因此，直营连锁实际上是一种"管理产业"。

1. 直营连锁的基本概念

直营连锁是指连锁公司的门店均由公司总部全资或控股开设，在总部的直接领导下统一经营。总部对各门店的人、财、物及商流、物流、信息流等方面实施统一管理。因此，直营连锁本质上是指处于同一流通阶段，经营同类商品和服务，并在同一个总部集权领导下进行共同经营活动的零售企业集团。

2. 直营连锁的特点

直营连锁的主要特点是所有权和经营权集中统一于总部。其所有权和经营权的集中统一表现在以下几方面。

（1）在同一资本的企业经营系统中，设立总部和商店，在统一的经营方针下开展事业活动。所有成员企业必须是单一所有者，归一个公司、一个联合组织或单一个人所有。

（2）由总部集中领导、统一管理，如人事、采购、计划、广告、会计和经营方针都集中统一；实行统一核算制度。其组织形式是由总公司直接管理，一般分为3个层次：上层是公司总部，负责整体事业的组织系统；中层负责若干个分店的区域性管理组织和专项业务，下层是分店或成员店。各直营连锁店经理是雇员而不是所有者。

（3）充分利用自我服务方式提高销售效率，从经营的商品中获取一定的利益，以达到批量销售低价格商品的目的。对赢利低的商品，也要通过提高商品的周转率来确保一定的经营利润。

（4）在大量生产体制和大量消费市场条件下，正规的直营连锁经营系统是联结大量生产、大量消费的新型流通体制。大量的集中进货、计划进货，对生产厂家形成影响力。利用总部与众多分散的商店网络，掌握消费者的各种需求，克服零售业固有的小规模分散性特点，使大量销售力转化为大量集中计划进货力，并介入生产，实现经营的大规模化。也就是，零售企业亲自决定商品的设计、品质、价格以及数量，并按其计划组织中小生产厂家进行生产，给生产带来积极能动、灵活发展的可能性。

3. 直营连锁的优势与劣势

具有统一资本、集中管理、分散销售特点的组织形式，给直营连锁店的发展带来了两个方面的影响。

（1）直营连锁的优势。主要包括以下三点：

①可以统一调动资金，统一经营战略，统一管理人事、采购、计划、广告等业务，以及统一开发和运用整体性事业，以大规模的资本力同金融界、生产部门打交道。在培养使用人材、新技术产品开发推广、信息和管理现代化等方面，可充分发挥连锁的规模优势。

②依靠功能集中化，可为经营提供重要的经济优势。如利用总部统一、集中大批量进货，容易开发稳定的供货渠道和获得折扣，以达到减少管理费用、降低经营成本、以较低价格出售商品的目的。这是独立零售店所不具备的优势。

③在各个零售连锁店工作的从业人员，虽然人数少且能力不强，但因为有总部的直接指导、援助，仍然可使商店达到预期的成果。

（2）直营连锁的劣势。主要表现在：成员店自主权小，积极性、创造性和主动性受到限制；需要拥有一定规模的自有资本，发展速度受到限制；大规模的直营连锁店管理系统庞杂，容易产生官僚化经营，使企业的交易成本大大提高。

4. 正规连锁经营的必备条件

（1）规范化的经营手册。这是推进连锁经营的首要条件，可以防止或避免经营方法上的主观随意性。经营手册大致可分两种：一是经营管理手册，主要明确有关经营政策、企业思想、经营管理计划、商品政策、建店计划等经营管理所需的内容。二是业务操作手册，明确每一承担业务的部门不同作业管理上的手续、方法等。如有适用进货、采购人员的专业管理方面的手册，也有店长用的商店经营、管理方面的实际业务手册，还有专门适用于货架等陈列的纯作业管理方面的业务操作手册。

（2）商品管理系统。以分散商店的大量销售力为基础，在总部集中进货时，为了准确地掌握商品和交易动向，必须进行准确地销售预测和进货计划。为此，要设立能准确掌握有关商品动向的商品管理系统，并且必须使电脑信息系统（如利用销售时点系统的单品管理，利用电脑、电话系统的自动订货或发货方式）网络化。这是推进连锁经营的第二个必备条件。

（3）开发本公司商标的商品。在大量销售过程中，为提高商品的纵向统一化程度，开发、创造低成本高效益的本公司的独特商标的商品，同时，企业必须有管理这些商品的优秀人才。这是推进连锁经营的第三个必备条件。

（4）依靠总部发挥控制调整职能作用。为使总部与商店职能分离，顺利地推进合理的分工体制的设立，总部必须设置控制各商店店长人数的责任和经费预算职能，以及为加深总部与商店的交流、连接总部与商店关系的调整职能。这是推进连锁经营的第四个必备条件。

二、自由连锁

同正规连锁和加盟连锁不同的是，自由连锁群体的各店铺仍保持着独立的或相对独立的所有权和经营权，财务上也独立核算。其联合的形式，主要表现为商品采购上的联购分销和业务经营上的互利合作。

1. 自由连锁的基本概念

自由连锁是指由分属于不同资本的独立的零售商自愿组成，实行共同进货、统一配送、共同促销等的契约型联合体。1997年，原国内贸易部发布的《连锁店经营管理规范意见》将自由连锁定义为："自由连锁公司的门店均为独立法人，各自的资产所有权关系不变，在总部指导下共同经营。"一般来说，自由连锁中的各连锁店铺均为独立法人，各自的资产所有权关系不变，各成员使用共同的店名，与总部订立有采购、促销、宣传等方面的合同，并按合同开展经营活动，各成员可自由退出。

2. 自由连锁的特点

自由连锁的特点主要包括：各加盟店在保留单个资本所有权的基础上实行联合，总部同加盟店之间是协商、服务关系；总部行使加盟店委托的职能，尽最大的努力促进加盟店的繁荣与发展，同时向加盟店返还依靠规模经营所得的利益；总部同加盟店之间实行集中订货和统一送货，统一制定销售战略，统一使用物流及信息设施；各加盟店不仅独立核算、自负盈亏、人事自主，而且在经营品种、经营方式、经营策略上也有很大的自主权。

3. 自由连锁的组织方式

自由连锁的组织方式主要有两种：一种是由中小零售店铺自发联合所组成的相互合作的利益共同体；另一种是由批发企业出面，将一批中小零售企业组织在一起的经营联合体。从国外的具体情况来看，自由连锁的出现主要是由于大型百货商店和正规连锁企业的发展，给中小零售企业的经营带来了很大的竞争压力，中小零售企业为了形成必要的规模效应，以增强对大型企业的抗衡能力，就开始走联合发展的道路，从而组成了自由连锁的经营群体。

三、特许连锁

特许经营是连锁经营中应用最为广泛的一种商业模式。近几年来，特许经营在中国迅猛发展，得到了许多企业的认同。

1. 特许连锁的基本概念

关于特许经营的定义，尽管国际上有许多种，但所有的定义都把特许经营表述为一种持续的、综合性的双边关系，在这样一种关系当中，一方（特许人）授权给另一方（受许人或称加盟商）经营一项生意的权利，在特许人统一的品牌和经营模式下来销售由特许人开发出来的产品和服务。

国际特许经营协会的定义是，特许人与受许人之间的一种契约关系。根据契约，特许人向受许人提供一种独特的商业经营许可，并给予人员训练、组织结构、经营管理、商品采购等方面的指导与帮助，受许人向特许人支付相应的费用。

中国政府对于特许经营的定义是，特许者将自己所拥有的商标（包括服务商标）、商号、产品、专利和专有技术、经营模式等以特许经营合同的形式授予被特许者使用，被特许者按合同规定，在特许者统一的业务模式下从事经营活动，并向特许者支付相应的费用。

可见，连锁经营是一个种概念，而特许经营是一个类概念，它是连锁经营的模式之一。有人把特许经营作为与连锁经营平行、并列的概念，是不准确的。因此，谈到特许经营与连锁经营的区别，实际上指的是特许经营与连锁经营的另外两种模式，即特许经营与直营连锁和自由连锁的区别。

2. 特许连锁的特点

（1）特许连锁的优势。主要表现在四个方面。

①对特许连锁总部的好处。具体表现在：在资金和人力有限的情况下，不用自己的资本设置商店，也能获得迅速扩大业务领域的机会，提高知名度，加速连锁化事业的发展；在一个新的地区开展业务时，有合伙人为其共同分担商业风险；加盟金和特许权使用费能切实保证，有利于稳定地开展事业活动；设立稳定的商品流通渠道，有利于巩固和扩大商品销售网络；根据加盟店的营业状况，总部对体制和环境变化的调整和招募加盟店，能促使连锁灵活地发展；统一加盟店的店堂风貌、店员服装等，能对消费者和业界形成强大而有魅力的统一形象。

②特许连锁经营对加盟店的好处。具体表现在：没有经营商店经验的一般人也能经营商店；可以减少失败的危险性；用较少的资本就能开展事业活动；能进行知名度高的高效率的经营；能实施影响力大的促销策略；可以稳定地销售物美价廉的商品；能够进行适应市场变化的事业经营；能够专心致力于销售活动；能够接受优秀参谋的指导；可以持续地扩大和发展事业。

③特许连锁对消费者的好处。具体表现在：总部卓越的经营方法和技术被广泛地应用，提高了为消费者服务的水平；标准化的经营，使消费者无论何时及在哪个加盟店都能享受到标准化的、均质的商品和服务；加盟店通过有效经营，降低了销售等费用，使消费者能接受到物美价廉的商品和优质的服务。

④特许连锁经营对国民经济的好处。具体表现在：可扩大参与事业的机会；可促使经济活跃化；可促进中小企业的发展和加强其竞争力；可扩大就业机会。

（2）特许连锁经营的劣势。主要有以下三点。

①对总部的不利之处。具体表现在：连续的指导与援助要花费一定的人力和财力；加盟店在特许权上的无所谓态度会削弱特许连锁整体的活力；在加盟店急速增加的情况下，若总部的指导力和物流体制等跟不上，会削弱统一性；比自己经营店铺的投资效率高，但要大幅度地增加利润额则有困难。

②对加盟店的不利之处。具体表现在：会增强依赖性，放松经营和销售的努力；经营标准化束缚了更好方法的开发和采用；总部因考虑整体效果而制定并实行的措施，并不一定适合某些特定的加盟店的实际情况；在发生利益矛盾时，总部会坚持自身利益；其他加盟店失败、脱离连锁集团时，在形象和信用方面会受到不良的连带影响；总部变更方针时，加盟店无权参与；对于合同内容，加盟店没有加入自己要求和条件的余地；合同解除后，加盟店不能把过去的成果用于自己的商誉；总部大幅度改变销售政策时，加盟店不能充分地受到指导和援助；合同解除时，加盟时所支付的保证金不能返还。

③对消费者的不利之处。具体表现在：如果总部力量薄弱，加盟店在交易上处于不利地位，可能在商品的价格和服务方面给消费者带来不利影响；因滥用特许连锁而产生的交易上的不稳定，也会给消费者带来不良影响；对于营业责任在总部还是在加盟店判断不清时，可能使得消费者的上诉对象模糊化。

3. 特许连锁的种类

特许连锁根据其销售商品或提供劳务的不同，可以分为以下八类。

（1）餐饮食品类。主要包括中西式餐饮、火锅、咖啡、酒吧、小吃、烧烤、特色饮品等特许连锁机构。

（2）服装服饰类。主要包括名牌服装服饰、布艺、布包、鞋袜、箱包皮具及相关特许连锁机构。

（3）商品零售类。主要包括时尚饰品、珠宝首饰、超市、便利店、药店、图书音像等特许连锁机构。

（4）教育培训类。主要包括教育机构、专业培训机构、教育用品等特许连锁机构。

（5）婴童用品类。主要包括益智玩具、童车童床、婴童服饰、学习用品、营养用品等特许连锁机构。

（6）商业服务类。主要包括彩扩冲印、IT网络资讯、票务服务、房产中介、洗衣店、家居家装、汽车美容养护、快递服务、喜庆服务、装修设计、商业咨询认证等特许连锁机构。

（7）保健美容类。主要包括美容美发、美体健身、化妆品、保健品、保健器材等特许连锁机构。

（8）综合类。主要包括律师事务所、银行等特许服务机构、连锁店相关设备技术制造商或供货商等。

四、特许经营与直营连锁、自由连锁的区别

三种连锁经营大多通过对若干零售企业实行集中采购、分散销售、规范化经营，把现代社会化工业大生产的基本原理，结合商业的特点，运用到流通领域，实现了流通的系统化和规模化，达到了规模效率与灵活方便的统一。

但从特许经营、直营连锁、自由连锁各自的定义和特征可以看出，特许经营与直营连锁和自由连锁都有比较明显的区别。

1. 特许经营与直营连锁的区别

（1）产权关系不同。特许经营是独立主体之间的合同关系，各个特许加盟店的资

本是相互独立的，与总部之间没有资产纽带；而直营连锁店都属于同一资本所有，各个连锁店由总部所有并直接运营、集中管理。这是特许经营与直营连锁最本质的区别。特许经营总部由于利用他人的资金迅速扩大产品的市场占有率，故所需资金较少。相比之下，直营连锁的发展更易受到资金和人员的限制。

（2）法律关系不同。特许经营中特许人（总部）和被特许人（加盟店）之间的关系是合同关系，双方通过订立特许经营合同建立起关系，并通过合同明确各自的权利和义务。而直营连锁中总部与分店之间的关系则通过总部管理制度进行调整。

（3）管理模式不同。特许经营的核心是特许经营权的转让，特许人（总部）是转让方，被特许人（加盟店）是接受方，特许经营体系是通过特许者与被特许者签订特许经营合同形成的。各个加盟店的人事和财务关系相互独立，特许人无权进行干涉。而在直营连锁经营中，总部对各分店拥有所有权，对分店经营中的各项具体事务均有决定权，分店经理作为总部的一名雇员，完全按总部意志行事。

（4）涉及的经营领域不完全相同。直营连锁的范围一般限于商业和服务业，而特许经营的范围则宽广得多，除商业、零售业、服务业、餐饮业、制造业、高科技信息产业等领域外，在制造业也被广泛应用。

2. 特许经营与自由连锁的区别

（1）特许经营是总部和加盟店依照一对一的特许经营合同成立的，而自由连锁是加盟店自发、自愿共同结成的组织。

（2）特许经营的加盟店与总部之间存在纵向关系，各加盟店没有横向联系。自由连锁的加盟店之间则存在横向联系。

（3）自由连锁是由加盟店集资组成，所以加盟店可以得到由总部利润中作为战略性投资的、持续性的利润返还，而特许经营中没有这种总部对加盟店的利润返还机制。

（4）自由连锁成员店拥有的经营自主权比特许经营加盟店多，相互联系更为松散。

（5）特许经营加盟店在合同期内不能自由退出，自由连锁店可以自由退出。

（6）自由连锁总部一般是非营利性机构，不收或收取少量的会费。而在特许经营中，则有特许经营费用和保证金等。

（7）特许经营体系通常依托于特许人开发的某些独特的产品、服务、经营方法、商号、商誉或者专利之上，而自由连锁则没有这些特点。

五、连锁企业经营模式的选择

在如今的资本时代，作为一个正在扩张中的连锁品牌，该采取哪种模式来实施自己的连锁战略？如果是一个计划发展的新生连锁品牌，究竟应该采取直营连锁模式还是加盟连锁模式？选择标准又有哪些？通过国内外连锁企业的发展实践可以发现，主要有以下三个选择标准。

1. 总部与连锁店纽带的类型

（1）以产品为主要纽带的连锁体系。以产品为主要纽带的连锁体系，可以考虑采用加盟连锁的模式。因为这样的连锁体系容易提供标准化产品，产品品质有保障。如加璐家居等经营儿童家具的企业就以加盟连锁模式的居多。

（2）以服务为主要纽带的连锁体系。以服务为主要纽带的企业，服务相对难以标准化，服务品质难以保障，所以更宜采用直营连锁模式来扩张企业。

深入挖掘很多直营连锁体系的共性可以发现，以服务为主要纽带的企业更宜采用直营的深层原因在于，总部和连锁店都是以服务为利润来源。对于总部来说，监管是个难题。如果采用加盟的方式，总部向连锁店收取营业额的分成和品牌使用费，总部向连锁店提供品牌、管理技术并收取相应的费用，以这种无形的投入和加盟店长期分成，其控制力和财务监管会日益弱化。

2. 加盟商对总部连锁体系的依赖度

（1）加盟商对总部连锁体系的依赖度非常高。如果加盟商对总部连锁体系的依赖度非常高，离开盟主的连锁体系之后，加盟商会遇到经营不善等问题，加盟主就可以考虑通过加盟连锁来扩张市场；如果加盟商对总部连锁体系的依赖度不高，离开盟主的连锁体系之后，加盟商同样可以活下去，甚至活得不错，盟主就要考虑通过直营连锁来扩张市场。

（2）加盟商对总部连锁体系的依赖度很不高。在现实经济生活中经常出现这样的情况：那些对总部连锁体系依赖度不高的加盟商，在学到了盟主的经营方式并在经营中获得收益以后，由于其财务与盟主独立核算，很容易向盟主隐瞒其财务状况。另外，盟主将加盟商培养起来，很可能在当地培养了自己的竞争对手。

3. 连锁企业总部对加盟店的掌控能力

目前，国内很多连锁企业总部和加盟店的关系主要是依靠合同维持，总部对加盟店没有什么有效的约束和控制手段，导致相当一部分加盟店出了很多负面问题。如国内很多连锁企业总部和加盟店的合同，只有简单的几页纸。麦当劳中国区原高级副总裁曾经代表麦当劳在国内签订过300多份合同，而合同越签越厚，就是为了防范类似事情的出现。

（1）连锁企业总部对加盟店的控制方法。连锁企业总部对加盟店的控制方法主要有：品牌使用权控制、产品控制、IT系统的控制、客源的控制等。很多成熟的连锁企业总部把上述内容作为加盟的前提条件,并把这些内容清楚、明确地写在了加盟合作协议中,从而以法律的形式保障了自己对加盟店的控制。有时,总部对加盟店的控制是通过服务的形式来进行的。

可以发现,连锁企业总部对加盟店的控制手段越多,其对加盟店的掌控能力就越强;相反,连锁企业总部对加盟店的控制如果仅仅是依靠一张简单的合同,那么它对加盟店的掌控能力就越弱。不同类型的连锁企业可以根据自己不同的发展阶段采取相应的模式,来扩张企业。

(2)连锁企业总部的综合实力和控制能力。事实上,整个连锁体系的扩张是连锁企业总部综合实力和控制能力的输出,其取决于连锁企业总部的管理团队、资金、技术、管理和所处市场。连锁企业总部好比是整个连锁体系的"地基",这个"地基"决定着整个连锁体系的规模、质量和未来。连锁体系的直营连锁模式好比是连锁企业总部"自己复制自己的能力",而特许加盟连锁模式实际上是连锁企业总部"自己和别人一起复制自己的能力",只有同时拥有这两种能力的连锁企业,才是最优秀、最有前途的连锁企业。

连锁扩张是一种成功商业模式不断进行自我复制的过程,在品牌、设备、店面、管理等诸要素复制的背后是知识的复制。尽管连锁经营模式是企业扩张的很好模式,但企业务必要选择正确的连锁经营模式。

我国的连锁经营现状及发展

在国际上,连锁经营几乎成为所有零售业态的主流发展方向之一。在一些经济发达国家,连锁经营占商品零售业的比重达50%以上。我国连锁经营始于20世纪80年代末期,目前正在迅速崛起。随着中国零售业的全面开放,一些国际领先的业态也不断被引入。

一、我国连锁业发展

1. 我国连锁业的快速发展期

2001~2005年是中国连锁业发展最快的5年。其中前4年,中国连锁百强企业的平均年店铺增长率达51%，年销售增长率达38%。连锁业快速发展的5年，也是政府管理部门探索连锁行业管理、连锁企业发展模式的5年。

2005年，社会消费品零售总额达到67177亿元，比上年增长12.9%，扣除价格上涨因素，实际增长12.0%。分城乡看，城市消费品零售额45095亿元，增长13.6%；县及县以下消费品零售额22082亿元，增长11.5%。分行业看，批发零售业零售额56589亿元，增长12.6%；餐饮业零售额8887亿元，增长17.7%；其他行业零售额1701亿元，增长0.4%。

2. 我国连锁业的广泛发展期

连锁经营进入中国还不到10年的时间，真正发展起来也是近两年的事。随着国际大型流通企业相继进入中国市场，连锁经营在中国火爆起来，连锁经营已遍布第三产业的几乎所有行业，特别是被广泛地应用于服务业领域。连锁经营正迅速成为中国最具获利能力的投资方式和创业途径。中国发展连锁经营的时机正在成熟，中国是世界上最大、最富有潜力的连锁经营市场。2008年，连锁行业销售额与店铺数继续保持20%以上的增幅。其中，连锁超市、百货、便利店、家电、药店等各业态销售增幅均有增长，而通过新开店铺等外延方式拉动各业态平均10%的增幅。

（1）京沪穗地区连锁经营加速。北京、上海、广州3个城市的社会消费品零售总额近几年来都占据着前三甲的位置。从连锁经营零售额来看，这3个城市的连锁经营发展程度位居全国各城市前列，特别是上海，连锁经营发展势头较快，已经达到甚至超过发达国家先进水平。从连锁经营零售额占社会消费品零售总额的比重来看，3个城市均超过了20%，而上海和北京均超过了30%，分别为37%和33%，广州稍低，也达到了27%。从连锁业外埠扩张速度来看，3个城市中上海表现最为突出。上海连锁企业在全国34个大中城市都有网点，华东地区是上海连锁业市外开拓的重中之重。从连锁经营的行业覆盖面来看，3个城市连锁经营所覆盖的行业都越来越广。其中，广州独具特色，其连锁经营涵盖了流通领域的方方面面，大部分的百货、餐饮、药品等企业都是以连锁经营的方式来运作的，服务行业实行连锁经营已成为企业发展的趋势，颇具广州特色的凉茶、美容美发、冲印、洗衣、饼屋、汽车美容、书刊销售等连锁经营越来越专，就连家政服务、教育也引入了连锁经营的方式。可以说，连锁经营已成为广州商贸流通服务行业重要的经营模式和企业组织方式。

（2）多行业大力发展连锁经营。这具体有如下几类。

①农业部等推动农资行业发展连锁经营。农资是重要的农业生产要素，目前适合开展连锁经营的产品主要包括种子（种苗）、肥料、农药、农膜、农机具、饲料及添加剂等。2003年，农业部、国家工商行政管理总局、中华全国供销合作总社共同发布了

《关于推进农资连锁经营发展的意见》，引导和推进我国农资连锁经营发展。

我国农资消费市场巨大，竞争激烈。发展连锁经营，能够尽快形成规模化的营销网络，有利于企业提高市场竞争力；能够理清农资物流渠道，规范售后服务，有利于控制农资商品质量；能够促进农资大流通，改造农资营销体制。各地农业、工商行政管理、供销社等有关部门要充分认识发展农资连锁经营的重要意义，高度重视并推进农资连锁经营工作。

连锁经营依靠规模效益赢利，投资大。发展农资连锁经营，必须有实力较强的大型龙头企业带动。各地要注意培育和发展农资经营大型龙头企业，以它们为核心，整合现有农资营销网络，发展连锁经营；鼓励相同业态或经营内容相近的农资企业通过兼并、联合等形式，进行资产与业务重组，建立产权清晰的股份制核心企业，以此带动连锁经营，实现低成本扩张和跨地区发展。

②商务部"万村千乡市场工程"。商务部于2005年开始实施"万村千乡市场工程"，在推进我国农村市场体系建设方面取得了明显成效。截至目前，在全国已建设42万家农家店和1467个配送中心，覆盖65%乡镇和50%行政村，对改善农村流通环境、保障消费安全、拉动农村消费、促进农民增收发挥了积极作用。截至2009年底，中央财政累计投入补助资金27.1亿元。"万村千乡市场工程"推动了连锁经营的现代流通模式向农村延伸，把农民需要的日用消费品和质优价廉的农业生产资料送下乡，在促进农民安全、便利、实惠消费方面发挥了重要作用，农家店在2009年实现了销售额2375亿元。

③商务部鼓励药品流通业连锁经营。为进一步落实全国药品流通行业管理工作会议精神，商务部印发《关于做好2010年药品流通行业管理有关工作的通知》。《通知》要求，研究制定行业发展规划，健全药品流通体系；指导有规模、有实力的药品零售企业发展连锁经营，实行标准化统一配送，提高药品零售连锁企业的市场占有率。

二、我国百强连锁企业发展现状

调查显示，2014年连锁百强销售规模2.1万亿元，同比增长5.1%；门店总数达到10.7万余家，同比增长4.2%。百强企业销售额占社会消费品零售总额的8%[1]。

1. 销售、门店增幅双现新低，就业人数首次负增长

2010年以来，连锁百强销售增幅持续回落，2010~2014年销售增长分别为21%、

---

[1] 中国连锁经营协会网站（http://www.ccfa.org.cn/portal/cn/view.jsp?lt=1&id=419213）。

12%、10.8%、9.9%和5.1%。2014年成为百强统计以来销售增幅最低的一年。

2014年，百强企业门店数增长4.2%，其中23家企业关店数超过新开店铺数，7家企业店铺数与上年持平。

2014年，百强企业正式用工人数比上一年下降0.3%，减少用工的企业数已超过增加用工的企业数。

2. 超市、便利好于百货，内资外资各具特色

2014年，47家以百货为主营业态的企业销售增长2.7%，销售在各业态中最低。

以经营超市为主的快消品百强企业销售增长6.5%，门店增长5%，分别高于百强平均增幅1.4和0.8个百分点。

便利店销售增幅较快，全国排名前55家的便利店门店数增长7.8%。从有可比数据的便利店企业来看，企业销售额增长17.7%，高于百强销售增长12.6个百分点，销售增幅在各业态中最高。

百强企业中，外资企业销售额增长4.7%，门店增长13.9%（主要是快餐、便利店、专业店门店增长）；内资企业销售额增长5.2%，门店增长2.9%。

外资百货销售同比下降3.8%，门店数量同比下降1%；内资百货销售额增长3%，门店增长10.2%。

快消品连锁百强企业中，外资企业销售增长4.2%，门店增长16.8%；内资企业销售增长7.5%，门店增长4.4%。

3. 百强企业业绩分化，成本压力依然很大

2014年，有30家百强企业的销售和23家企业的门店出现负增长。但同时，百强企业中还有31家企业的销售增幅和26家企业的门店增长达到两位数。可见，企业通过调整发展策略，优化管理，加大创新力度，依然可以实现较好的经营业绩。

2014年，百强企业平均毛利率为16.4%，略高于去年0.2个百分点；净利率平均为2.08%，低于去年0.03个百分点。

2014年，百强企业房租支出增长10%，人工成本增长9.2%，分别比2013年的11%和18%下降1和8.8个百分点。虽然增幅出现不同程度的下降，但房租和人工成本的上涨对企业的经营压力依然很大。

近期，国务院关于工商用电同价和下调电价的政策，对企业降低用电成本是一个利好。同时，随着开店量下降，商业地产供需关系的变化也有望带动房租进一步下行。作为吸纳就业大户，国家出台的相关鼓励就业的政策也会影响到连锁业的发展。

4. 线上线下加速融合，移动销售快速增长

2014年，百强企业开展网络营销和多渠道建设的步伐进一步加快。在开展网络零

售的 75 家百强企业中，超过半数的企业采用自建平台，而采用自建平台和入驻第三方平台相结合方式的企业与仅在第三方平台建店的企业数量基本相当。

开展网络零售的百强企业线上销售增幅较大，同比增长近 5 倍，但占企业销售的比例依然很低。从有数据的百强企业来看，31.4% 的企业网络销售不足 1000 万元，31.4% 的企业在 1000 万~5000 万元之间，23.5% 的企业在 5000 万~3 亿元，3 亿元以上的企业占 13.7%。

移动端在 2014 年受到广泛的重视和应用。移动销售占网上销售的比例迅速上升。在提供数据的百强企业中，移动端销售占比达到 30% 以上的为 17%，介于 10%~30% 的占 50%，低于 10% 的占 33%。

为落实多渠道战略，一些企业还开通了门店自提业务，并在门店提供免费 WiFi 服务。从样本门店数据看，有 23% 的门店提供自提服务，40% 的门店提供免费 WiFi。

2014 年是连锁业转型的一年，企业经受了多方面的挑战。连锁企业普遍认识到，必须以提升顾客价值、改善消费者体验为出发点，通过多渠道的融合，以商品管理、供应链管理及渠道无缝对接为重点，真正实现从规模向效率转变，从外延向内涵转变。

三、我国连锁百强与外资连锁企业基本信息

2015 年 4 月 21 日，中国连锁经营协会发布了"2014 年中国连锁百强"排名及其相关信息，详见表 1-3、1-4。

表 1-3　　　　　　　　　　　2014 年中国连锁百强

序号	企业名称	2014 年销售（万元）	销售增长率（%）	2014 年门店总数（个）	门店增长率（%）
1	国美电器有限公司	14348266	7.6	1698	7.1
2	苏宁云商集团股份有限公司	*14276100	3.5	1696	4.3
3	华润万家有限公司	10400000	12.6	4127	7.6
	其中：华润苏果	3342400	-1.3	2103	-0.3
4	康成投资（中国）有限公司（大润发）	8567000	6.9	304	15.2
5	沃尔玛（中国）投资有限公司	7237558	0.2	411	1.0
6	山东省商业集团有限公司	6392336	4.6	638	11.0
7	联华超市股份有限公司	6175076	-10.3	4325	-6.0
8	重庆商社（集团）有限公司	6148418	2.0	335	2.8

续表

序号	企业名称	2014年销售（万元）	销售增长率（%）	2014年门店总数（个）	门店增长率（%）
9	上海百联集团股份有限公司	*5986000	1.2	4400	-6.4
10	百胜餐饮集团中国事业部	5070000	1.0	6600	10.0
11	家乐福（中国）管理咨询服务有限公司	4572212	-2.1	237	0.4
12	永辉超市股份有限公司	*4300000	22.6	337	15.4
13	大商股份有限公司	*3768000	-4.6	200	3.1
14	武汉武商集团股份有限公司	3400003	10.8	98	-2.0
15	长春欧亚集团股份有限公司	3232232	14.3	81	8.0
16	中百控股集团股份有限公司	3221803	9.9	1037	2.1
17	石家庄北国人百集团有限责任公司	3213628	6.5	102	8.5
18	宏图三胞高科技术有限公司	3035024	10.1	572	12.2
19	农工商超市（集团）有限公司	2938187	-2.1	2566	-3.0
20	海航商业控股有限公司	2790000	5.7	507	5.2
21	步步高集团	2703795	27.6	525	18.0
22	万达百货有限公司	2559996	65.2	99	32.0
23	天虹商场股份有限公司	2338992	6.2	67	8.1
24	利群集团股份有限公司	2307900	0.9	600	3.4
25	烟台市振华百货集团股份有限公司	2306100	6.6	111	-1.8
26	北京物美商业集团股份有限公司	2196447	11.3	565	3.3
27	文峰大世界连锁发展股份有限公司	2170674	4.8	879	-4.6
28	北京王府井百货（集团）股份有限公司	2166596	-6.0	28	3.7
29	江苏五星电器有限公司	2100000	-21.1	184	-2.6
30	山东家家悦投资控股有限公司	2094516	10.2	608	1.2
31	百盛商业集团有限公司	*1944944	-4.2	57	-1.7
32	锦江麦德龙现购自运有限公司	1890000	8.0	81	11.0
33	银泰商业（集团）有限公司	1831852	0.8	47	30.6
34	乐天超市有限公司	*1800000	16.1	123	11.8
35	金鹰国际商贸集团（中国）有限公司	1725746	-8.2	29	7.4
36	郑州丹尼斯集团	1720000	21.1	226	24.9
37	中石化易捷销售有限公司	1713019	28.3	23730	1.3

续表

序号	企业名称	2014年销售（万元）	销售增长率（%）	2014年门店总数（个）	门店增长率（%）
38	北京迪信通商贸股份有限公司	1690279	12.1	1484	1.3
39	安徽省徽商集团有限公司	1670609	-0.4	2160	-6.5
40	新一佳超市有限公司	1650301	-3.0	110	-5.2
41	欧尚（中国）投资有限公司	1650000	5.1	68	15.3
42	山东潍坊百货集团股份有限公司	1638966	8.3	600	5.3
43	广州屈臣氏个人用品商店有限公司	*1638136	14.0	2088	23.3
44	合肥百货大楼集团股份有限公司	1600000	-2.1	176	-7.4
45	北京华联综合超市股份有限公司	*1600000	8.8	145	3.6
46	辽宁兴隆大家庭商业集团	1544693	9.6	37	5.7
47	武汉中商集团股份有限公司	1492240	8.7	49	-5.8
48	北京京客隆商业集团股份有限公司	*1422535	3.5	285	21.8
49	新华都购物广场股份有限公司	1406160	3.0	122	3.4
50	北京首商集团股份有限公司	1384886	-1.6	18	5.9
51	卜蜂莲花	1378203	0.2	77	0.0
52	江苏华地国际控股集团有限公司	1328734	-0.9	47	2.2
53	人人乐连锁商业集团股份有限公司	1279645	-2.2	117	-8.6
54	北京菜市口百货股份有限公司	1212121	-10.8	19	18.8
55	北京乐语世纪科技集团有限公司	1168686	0.3	2168	-8.9
56	麦当劳（中国）有限公司	*1150000	11.7	2100	20.0
57	广州市广百股份有限公司	1134911	-0.6	27	-3.6
58	东莞市糖酒集团美宜佳便利店有限公司	1099365	71.1	6390	14.5
59	茂业国际控股有限公司	1076414	-5.4	41	2.5
60	宜家家居	1021956	24.4	16	14.3
61	中国石油销售公司（昆仑好客便利店）	988000	-5.7	15000	7.1
62	永旺（中国）投资有限公司	976537	11.4	50	13.6
63	新疆友好集团	*966000	-14.0	61	5.2
64	山东新星集团有限公司	910918	-5.5	586	-10.4
65	成都红旗连锁股份有限公司	881249	6.6	1577	8.0
66	南京中央商场（集团）股份有限公司	*800760	-8.9	15	50.0

续表

序号	企业名称	2014年销售（万元）	销售增长率（%）	2014年门店总数（个）	门店增长率（%）
67	济南华联商厦集团股份有限公司	797876	11.5	41	51.9
68	银川新华百货商业集团股份有限公司	*797600	3.2	228	8.6
69	湖南友谊阿波罗控股股份有限公司	776480	-1.5	11	0.0
70	伊藤洋华堂（中国）	727178	0.1	12	-14.3
71	北京翠微大厦股份有限公司	715000	35.5	8	60.0
72	山西美特好连锁超市股份有限公司	656037	17.8	130	46.1
73	山东全福元商业集团有限责任公司	651400	19.9	267	19.2
74	信誉楼百货集团有限公司	640000	30.6	18	12.5
75	邯郸市阳光百货集团总公司	611000	1.5	175	2.9
76	一丁集团股份有限公司	562070	17.0	363	-5.0
77	阜阳华联集团股份有限公司	550116	6.1	795	1.1
78	家乐园商贸有限公司	533021	5.0	44	0.0
79	青岛维客集团股份有限公司	530500	5.3	10	0.0
80	青岛利客来集团股份有限公司	525839	14.3	431	0.9
81	大参林医药集团股份有限公司	516000	11.0	1600	14.3
82	湖南佳惠百货有限责任公司	510370	5.2	247	2.1
83	北京华冠商业经营股份有限公司	507926	12.1	273	-3.2
84	长沙通程控股股份有限公司	502552	-0.3	77	5.5
85	三江购物俱乐部股份有限公司	487046	-5.2	154	2.7
86	浙江人本超市有限公司	486734	5.8	1693	4.4
87	雄风集团有限公司	438795	10.5	135	-10.0
88	北京超市发连锁股份有限公司	437051	1.7	155	8.4
89	全家便利店	420000	13.5	1281	20.4
90	广州友谊集团股份有限公司	392016	-17.8	6	0.0
91	百佳超市（中国区）	392012	4.3	70	7.7
92	十堰市新合作超市有限公司	390585	4.0	2236	4.0
93	江苏新合作常客隆连锁超市有限公司	380441	6.1	1029	1.3
94	山西省太原唐久超市有限公司	355360	1.9	1340	7.2
95	加贝物流股份有限公司	330000	-7.0	350	-1.1

续表

序号	企业名称	2014年销售（万元）	销售增长率（%）	2014年门店总数（个）	门店增长率（%）
96	中国全聚德（集团）股份有限公司	327624	-0.5	99	3.1
97	浙江华联商厦有限公司	327500	-3.0	78	-7.1
98	新世界百货中国有限公司	*323900	-1.4	43	0.0
99	河南大张实业有限公司	318000	22.0	56	1.8
100	心连心集团有限公司	314799	15.4	48	0.0
	合计	209637552	5.1	107366	4.2

注：数字前面带*为估计值。

资料来源：中国连锁经营协会网站（http://www.ccfa.org.cn/uploadImg/i/2015/04/27/1430119029347 $-4934663567116650935.pdf）。

表1-4　　　　　　2014年主要外资连锁企业经营情况

序号	企业名称	2014年销售（万元）	销售增长率（%）	2014年门店总数（个）	门店增长率（%）
1	康成投资（中国）有限公司（大润发）	8567000	6.9	304	15.2
2	沃尔玛（中国）投资有限公司	7237558	0.2	411	1.0
3	百胜餐饮集团中国事业部	5070000	1.0	6600	10.0
4	家乐福（中国）管理咨询服务有限公司	4572212	-2.1	237	0.4
5	百盛商业集团有限公司	*1944944	-4.2	57	-1.7
6	锦江麦德龙现购自运有限公司	1890000	8.0	81	11.0
7	乐天超市有限公司	*1800000	16.1	123	11.8
8	郑州丹尼斯集团	1720000	21.1	226	24.9
9	欧尚（中国）投资有限公司	1650000	5.1	68	15.3
10	广州屈臣氏个人用品商店有限公司	*1638136	14.0	2088	23.3
11	卜蜂莲花	1378203	0.2	77	0.0
12	麦当劳（中国）有限公司	*1150000	11.7	2100	20.0
13	宜家家居	1021956	24.4	16	14.3
14	永旺（中国）投资有限公司	976537	11.4	50	13.6
15	伊藤洋华堂（中国）	727178	0.1	12	-14.3
16	全家便利店	420000	13.5	1281	20.4
17	百佳超市（中国区）	392012	4.3	70	7.7

续表

序号	企业名称	2014 销售（万元）	销售增长率（%）	2014 门店总数（个）	门店增长率（%）
18	新世界百货中国有限公司	*323900	-1.4	43	0.0
19	天津泰达易买得超市有限公司	*180000	-20.0	10	-33.3
	合计	42659636	4.5	13854	13.9

注：数字前面带*为估计值。

资料来源：中国连锁经营协会网站（http://www.ccfa.org.cn/uploadImg/i/2015/04/27/1430119029347$-4934663567116650935.pdf）。

【开拓视野】

与连锁企业经营管理有关的组织机构

1. 中国连锁经营协会

中国连锁经营协会于1997年在民政部注册成立，是连锁经营领域唯一的全国性行业组织，目前，拥有企业会员1000余家，连锁店铺超过30万个，包括本土和跨国零售商、特许加盟企业、供应商等。其中，零售会员企业2013年销售额达到2.5万亿元人民币，占社会消费品零售额的11%。协会本着"引导行业、服务会员、回报社会、提升自我"的理念，参与政策制定与协调，维护行业和会员利益，为会员提供系列化专业培训和行业发展信息与数据，搭建业内交流与合作平台，致力于推进连锁经营事业与发展。

所属网站：中国连锁经营协会中文网站（www.ccfa.org.cn）、中国连锁经营协会英文网站（www.chinaretail.org）、超市食品安全网站（www.food-safety.cn）、中国特许展网站（www.chinafranchiseexpo.com）、中国连锁店展览会网站（www.chinaretailexpo.com）。

刊物：《连锁》月刊、《便利店》杂志。

微信订阅号：CCFA2013

2. 中国商业联合会

中国商业联合会是1994年经中华人民共和国民政部注册登记的具有社团法人资格的全国性行业组织，由从事商品生产、商品流通、饮食、服务业的企事业单位、有关社会组织及从事商品流通活动的个人自愿组成，接受业务主管单位国务院国有资产监督管理委员会和社团登记管理机关民政部的业务指导与监督管理。现有工作机构13个，分支机构24个，二级事业单位1个，投资公司2个，在编工作人员近百人；直接会员3000多家，间接会员8万多家；接受政府委托，直接管理14个事业单位，代管39个全国性专业协会，主管31家国内外公开发行的报刊。本会分别是亚太零售商协会联盟、国际零售协会高级管理人员论坛的成员。

本会的宗旨是：团结国内外商界一切力量，积极参加国家经济建设，繁荣我国社会主义市场经济；立足商品流通，开展相关的商业经济活动，促进对外经济联系与合作；坚持商业诚实信用原则；坚持为企业整体利益服务，维护会员的合法权益，搞好行业自律，协调职能，充分发挥桥梁纽带作用。

3. 中国市场学会

中国市场学会（China Marketing Association）是经国家民政部批准于1991年3月在北京成立。它是由国内从事市场流通、市场营销、信用管理、法学等理论与实务研究的著名专家学者、企业及经济管理部门的高层主管，根据自愿的原则联合组织的全国性社会团体。学会上级主管部门是中国社会科学院。

学会的宗旨是：发挥自身的跨学科人才优势和中介作用，配合有关政府部门和企业，为加强我国社会主义市场体系建设，提高我国的社会信用体系建设水平，改善我国市场营销环境，维护企业合法权益，提高企业经营管理水平和开拓市场服务；为促进我国市场与营销学科发展服务。

资料来源：中国连锁经营协会网（http://www.ccfa.org.cn/portal/cn/view.jsp? lt =11）。

>> 本模块小结

连锁经营是一种商业组织形式和经营制度，是指经营同类商品或服务的若干个企业，以一定的形式组成一个联合体，在整体规划下进行专业化分工，并在分工基础上实施集中化管理，把独立的经营活动组合成整体的规模经营，从而实现规模效益。连锁经营是国际商业领域较为成熟、先进的一种经营活动，它以独特的组织结构和经营理念，正在迅速成为商贸流通业非常重要的一种经营方式，对刺激消费、扩大内需、推动流通体制改革、促进商品流通方式现代化发挥了重要作用。目前，连锁经营主要有直营连锁、特许连锁、自由连锁三种类型，其中特许经营与直营连锁和自由连锁有比较明显的区别。我国连锁经营始于20世纪80年代末期，目前正在迅速崛起。随着中国零售业的全面开放，一些国际领先的业态也不断被引入。

>> 本模块参考

浏览网址

[1] 商务部 http：//www.mofcom.gov.cn/
[2] 中国连锁经营协会 http：//www.ccfa.org.cn/index.jsp
[3] 中国市场学会 http：//www.ecm.com.cn/
[4] 中国商业联合会 http：//www.cgcc.org.cn/webfiles/index.aspx
[5] 北京市连锁经营协会 http：//www.bjcfa.org.cn/index.asp

>> 思考题

1. 简述连锁经营的发展历程。
2. 说说零售业种与业态的区别。家乐福、7-11、新世界商场分别属于何种业种及业态？
3. 举例说明连锁店的三种形式，说说各种连锁方式的特点。
4. 我国目前特许经营的发展过程及其现状如何？分析特许经营对我国流通业发展的作用。
5. 连锁经营的优越性主要体现在什么地方？

>> 案例分析题

中国便利店发展报告（2014）

2015年2月，中国连锁经营协会（简称连锁协会，CCFA）和野村综研（上海）咨询有限公司联合在北京发布了《中国便利店发展报告（2014）》（以下简称《报告》）完整版。自2013年起，双方针对本土具有代表性的便利店企业开展了行业发展状况调研，并通过企业高层访谈收集一手数据、资料。本报告是双方第二次合作开展的调研活动。

《报告》指出，2013年中国零售业继续遭受经济增速放缓影响，百货店整体增速为9.6%，大型综超和超市增速为7.8%，而便利店逆势增长，15家主要代表性企业销售额增速为18.2%，远高出其他业态。同时，新进业者以二、三线城市为中心开始加速布局。综合分析各项数据显示，中国便利店行业仍处于二次扩张时期。

一、行业体量空间大　门店类型多样化

2013年中国零售业继续经受经济增速放缓和成本上涨的双重压力，社会消费品零售总额较2012年增长13.1%，扣除物价上涨因素实际增长率为11.5%。零售百强企业中百货业态的销售额整体增长9.6%，大型综超和超市为8.7%。2013年百货业关店数达到23家，代表企业的毛利率水平下降0.08%，有83家大卖场、超市企业的毛利率呈现负增长的趋势。

而便利店逆势增长，主要代表企业的销售额增长比率为18.2%，其增幅在传统零售业中位居榜首。特别是以二、三线城市为中心的新进业者加速布局便利店的趋势非常明显。2014年中国连锁经营协会定点观测的15家代表性便利店企业在2013年新增门店总数达到4484家。主要便利店企业的门店数都有增长，增幅达到3.4%。

以每百万人拥有便利店店铺数量统计，日本是388家，中国台湾地区是425家，中国城市平均为54家，而且中国城市便利店单店平均销售水平也远落后于日本和中国台湾地区。这些数据不难看出，中国便利店的发展与先进国家和地区相比存在一定的差距，但其发展潜力也是巨大的。这反映出，无论是门店数量的扩张还是行业整体的提升，仍处于二次扩张时期。

目前，门店类型呈两极分化趋势：一些从超市业态转型而来的便利店普遍存在门店面积过大的趋势，这类店在卖场效率（平效）和人效方面的提升空间很大；而一些以加盟方式发展的便利店，门店平均面积都比较小。小型门店在租金和人工成本上涨的压力下存在一定的优势，但是普遍存在商品种类单一、客单价低的问题。

在网络零售方面，2014年受访的十几家便利店代表性企业均已开展与电商的业务对接，其中50%的企业开展了网络零售业务，年平均网络销售额为622万元，占总销售额的0.14%；也另有部分便利店选择网站自营的形式，而大部分便利店利用自身实体店的规模优势，与电商的流量资源有效对接，选择携手平台电商进行O2O合作，实现互利共赢。

二、数据对比寻找差距　海外经验引领发展

《报告》从单店销售额、平均卖场面积、卖场效率、毛利、日均来客数和客单价等经营指标对中国大陆和台湾地区、日本进行了对比。

数据显示，2013年日本便利店的平均单店销售额为42032元，约是中国大陆便利店

的7.3倍；平效为14万元/平方米/年，是大陆的5.4倍；日均来客数919人/日，是大陆的2倍。台湾地区便利店在门店面积、客单价方面与大陆地区差距不大，但其日均来客数接近大陆的2倍，故而单店销售额和平效均大幅高于大陆地区。

在来客数和客单价方面，2013年全日本便利店总店铺数达到49323家，来客数达到155亿人次，相比2010年的139亿人次，年均增长约3.7%。粗略估算，全日本每天每3个人中便有1人光顾便利店，而每天每家便利店要接待919余人次。平均单店客单价从2010年的577日元/天增加到2013年的606日元/天，年平均增长近1.7%。而在中国台湾地区，便利店店铺总数已超过1万家。由于竞争激烈，平均单店来客数有所下滑，但客单价基本能够保持每年3.1%的增长率。

日本和中国台湾地区便利店业态在高速成长之后仍能保持一定的增速，其中店铺服务功能的拓展和强化，对于提升客单价、增加来客数和来店频率，起到了难以取代的作用。

《报告》显示，日本便利店的服务种类在90年代末期已达百余种。21世纪，随着互联网时代的到来，与网络相关的各类服务被不断开发、创新出来，如电商业务的开展、电子钱包及手机支付的推出、网络优惠券服务等。并且针对老龄化人群和女性白领开发了针对性服务业务。另外，便利店的服务逐渐延伸至相邻业态，比如餐饮服务跨业态发展，开发炸鸡和咖啡等产品，分割了星巴克、麦当劳这些餐饮连锁企业主打经营的部分业务，也都取得很大的成功。

台湾地区便利店的发展特色是餐饮、服务、公益、购物，其中餐饮与服务是其发展的两大利器。在服务方面，台湾便利店又主要充当了台湾地区的物流中枢和金流中枢。在物流发展方面，台湾地区已经形成以便利店为主的物流配送体系。在金流中枢方面，台湾地区便利店更是发挥了强大的门店网络优势，为消费者提供便利的服务。台湾地区便利店的门店有近800项服务，而且大多数服务都能从门店的终端设备kiosk机上来实现，减轻了店员的负担。台湾地区便利店除充当社会化的物流中枢和金流中枢角色，在业态间合作和政府的公益职能等方面也发挥着重要作用。

三、服务创新迎合需求　营造体验增加粘性

中国城市消费者追求高品质和便利性的消费趋势正不断增强。随着居民收入的不断增长，消费者更倾向于将节省购物和外出就餐的时间用于休闲和娱乐上，而便利店的服务正契合消费者这一需求的变化。

另外，电商的发展进一步推动了便利店的服务创新。对便利店企业而言，电商的发展并非冲击，而是促使便利店创新新服务、新业务的动力，也为便利店企业提供了更多黏合顾客的机会。在2012年，O2O就成为零售行业的热词，拥有众多门店网络的便利店也成为实现O2O最具成功性的业态。在电商与移动互联技术应用的推动下,便利店的服务正在被不断优化,更多契合消费者的服务也在逐步开发、创新之中,便利店企业也正随着不断的探索与实践逐步成长、壮大。

表1-5　　　　　　　　2014年主要连锁便利店企业发展情况

序号	企业名称	品牌	2014年门店数(个)	门店增长率(%)
1	中石化易捷销售有限公司	易捷	23730	1.8
2	中国石油销售公司(昆仑好客便利店)	昆仑好客	15000	7.1
3	东莞市糖酒集团美宜佳便利店有限公司	美宜佳	6390	14.5
4	广东天福连锁商业集团有限公司	天福	2568	11.7
5	浙江供销超市有限公司	供销便利、家连便利	2125	0.1
6	广东上好便利店有限公司	上好	2070	21.6
7	上海联华快客便利有限公司	快客	1719	-9.8
8	农工商超市(集团)有限公司	可的、好德	*1658	-2.5
9	成都红旗连锁股份有限公司	红旗连锁	1577	8.0
10	浙江十足商贸有限公司	十足、之上	1557	4.4
11	苏果超市有限公司	苏果、好的	1342	12.7
12	山西省太原唐久超市有限公司	唐久便利	1340	7.2
13	全家便利店	全家	1281	20.4
14	柒一拾壹便利店	7-Eleven	1098	—
15	河北国大连锁商业有限公司	36524	1040	16.2
16	湖南佳宜企业管理有限公司	佳宜	853	—
17	山西金虎便利连锁股份有限公司	金虎便利、早早便利、语果生鲜便利	768	9.6
18	中百控股集团中百超市有限公司	中百	726	4.0
19	成都舞东风超市连锁有限责任公司	舞东风	720	31.4
20	喜士多(C-store)便利店	喜士多	*600	0.2
21	罗森(中国)投资有限公司	LAWSON	508	30.6
22	上海良友金伴便利连锁有限公司	良友金伴LIANGYOU	497	-1.0
23	山东潍坊百货集团股份有限公司	中百	491	7.4
24	中山市及时便利连锁有限公司	及时	453	—

续表

序号	企业名称	品牌	2014年门店数（个）	门店增长率（％）
25	厦门见福连锁管理有限公司	FOOK见福便利	400	60.0
26	北京物美商业集团股份有限公司	物美便利店	397	19.2
27	青岛利客来集团股份有限公司	利客来	384	0.0
28	西安每一天便利超市连锁有限公司	everyday	357	69.2
29	四川哦哦超市连锁管理有限公司	WOWO	350	8.4
30	天津市津工超市有限责任公司	津工超市	333	-4.9
31	哈尔滨中央红集团股份有限公司	中央红小月亮	324	7.3
32	惠州市快迪便利店管理有限公司	快迪	320	6.7
33	江苏新合作常客隆连锁超市有限公司	常客隆	264	—
34	北京港佳好邻居连锁便利店有限责任公司	Hi-24好邻居	250	13.6
35	呼和浩特市利冠商贸有限责任公司（利客连锁便利）	利客	232	65.7
36	云南健之佳健康连锁店股份有限公司	之佳便利	217	8.5
37	步步高集团	汇米巴	216	32.5
38	湖南千惠商贸连锁有限公司	千惠	216	—
39	山东统一银座商业有限公司	统一银座	195	1.0
40	新疆乌鲁木齐好幸福超市有限公司	每日每夜	191	27.3
41	苏州怡家乐超市有限公司	怡家乐	180	—
42	青岛友客便利连锁管理有限公司	友客	175	—
43	郑州丹尼斯集团	丹尼斯全日鲜	165	35.2
44	临汾乐客便利超市连锁有限公司	乐客	156	0.6
45	道里菜市场集团	乐买	144	1.4
46	福建省易太便利连锁有限公司	易太便利店	130	0.0
47	徐州悦客企业管理有限公司	悦客便利	127	41.1
48	山东家家悦投资控股有限公司	家家悦	117	3.5
49	雄风集团有限公司	雄风超市连锁	116	-5.7
50	青岛利群便利连锁发展有限公司	利群	116	-24.2
51	宜昌市北山超市有限责任公司	北山便利	114	-2.6

续表

序号	企业名称	品　　牌	2014年门店数（个）	门店增长率（%）
52	新疆八点半贸易有限公司	八点半	112	6.7
53	大连太阳系便利店连锁经营有限公司	太阳系	101	5.2
54	北京全时叁陆伍连锁便利店有限公司	全时	100	100.0
55	武汉今天梦想Today便利店	Today	90	—
	合计		76700	7.8

问题：

1. 通过以上材料，说说我国不同业种的连锁经营的现状及特点。
2. 搜集近期关于连锁经营的新闻，分析连锁经营面临的机遇与挑战。

模块二

连锁企业经营管理

>> 学习目标

1. 理解连锁经营的标准化、简单化及专业化原则
2. 了解连锁经营的五类技术保障
3. 理解并掌握连锁经营常用的商品、价格及促销策略
4. 了解连锁门店的主要功能
5. 掌握连锁门店常见的问题及其解决办法
6. 掌握连锁门店主要的经营指标及其含义

【案例导读】

揭秘屈臣氏连锁经营盈利模式

我们以屈臣氏为例,为连锁企业分析总结应该如何根据市场及消费者的需求特色对自己的产品或服务做出决策。

一、准确的消费群体定位

国内的零售业可谓烽火四起,群雄逐鹿,本土品牌要发展,洋品牌也要进来分一杯羹。有效的采购、低成本物流和强势终端是零售业制胜的三大法宝。面对激烈的竞争,屈臣氏绕过价格战的陷阱,根据对亚洲各国市场多年的观察和分析,凭借百年行销经验发现:近年亚洲经济增长迅猛,人们对生活品质的要求越来越高。传统的销售只是停留在使消费者购买的阶段,注意力只在商品上。而在日益成熟的商品经济条件下,消费者不仅购买商品,还要求享受购物的乐趣以及追求商品的无形价值,如品牌、服务等,最后达到消费的最高境界,即通过对企业文化的认同产生对品牌的忠诚。

无疑,屈臣氏追求的是后者。它的个人护理商店以"探索"为主题,提出了"健康、美态、快乐"(health、good、fun)三大理念,协助热爱生活、注重品质的人们塑造自己内在美与外在美的统一。在国内,屈臣氏是第一家以"个人护理"概念经营的门店,其独特而准确的市场定位,令人耳目一新。商店的目标顾客锁定在18~35岁的女性,她们注重个性,有较强的消费能力,但时间紧张不太爱去大超市购物,追求的是舒适的购物环境。

二、针对目标消费群体的产品策略

屈臣氏个人护理店经营的产品可谓包罗万象,来自20多个国家,有化妆品、药物、个人护理用品、时尚饰物、糖果、心意卡及礼品等25000种,主要分为两部分:一是屈臣氏自创品牌,有化妆品类和个人护理用品类等;二是其他品牌的护理用品,宝洁就不在少数,还有美宝莲、雅芳在店内也设有专柜。当然,产品也不仅是为女士提供,各种国外原产的食品也足够让男士食客大快朵颐。

屈臣氏产品最大的特色便是处处传达着三大经营理念。药品及保健品保留着创店以来的特色,倡导"健康";美容美发及护理用品占比重最大,种类也最繁多,表达着"美态"的概念;而独有的趣味公仔及糖果精品则传递着乐观的生活态度。为了配合这三大理念,公司的货架上、收银台和购物袋上都会有一些可爱的标志,"心""嘴唇""笑脸",给人以温馨、愉快、有趣的感觉。

三、价格策略

屈臣氏通过差异化和个性化来提升品牌价值，定价也一般相对较高。屈臣氏集团公共关系总经理倪文玲解释道，是"希望做到价格与市场需求一致"，而不是"具有竞争力的价格"。纵然如此，据个人护理店对600多位女性顾客的调查显示，有超过85%的人认为屈臣氏产品丰富和精致是吸引她们来此购物的首要因素。由此可见，对日益同质化的零售行业，在找对目标消费群体及其消费特点的前提下，价格已不是吸引顾客的首要因素。

四、围绕目标消费群体的营销策略

这主要有专业化指导、特色化服务和社会营销。

资料来源：http：//zhifang.sj998.com/html/2012-06-04/309308.shtml。

连锁企业经营管理概述

一、连锁企业经营管理的基本原则

连锁企业经营管理的基本原则是"三化"，即标准化、简单化、专业化，无论缺哪一个，连锁经营系统都难以形成。其中，最主要的就是标准化。

1. 连锁经营的标准化

标准化是指为持续性生产、销售商品而设定的合理条件以及能反复运作的经营系统。标准化在一定程度上是专业化与简单化的体现。连锁的最大特征就是具备可复制性，而标准化是复制的必备前提。连锁经营如果没有大规模生产与复制，品牌就很难迅速做大。因此，必须使商店标准化，以此促进连锁店科学、合理地经营，提高整体的竞争力和满足顾客的需求。

连锁经营的标准化主要有以下几条。

（1）产品标准化。产品标准化是对产品（或零件）的类型、性能、规格、质量、所用原材料、工艺装备和检验方法等规定统一标准，并使之贯彻实施的过程。连锁店的产品标准化是指无论在什么时间、什么地点所提供给消费者的产品，都是一样的。产品消费者有同样的体验。

以麦当劳为例，尽管大家都说是"垃圾食品"，但很多人仍然愿意光顾麦当劳。什么原因促使大家采取与心中所想完全不一样的行为？有的人说是麦当劳干净、卫生，有的人说麦当劳等待的时间短，因为饿时需要在最短的时间内解决饿的问题，麦当劳给了可以预期的时间，但中餐馆做不到。那么，麦当劳使用什么方法保证了供应的时间？是产品标准化。正因为标准化，使得麦当劳可以工业化生产（机器代替人工），生产的效率有了大幅度的提高，而中餐馆最难做到的就是这一点。如果说麦当劳做食品是科学的话，那么中餐馆做菜更多的是艺术。

（2）管理标准化。管理标准化是指在管理中要有一整套完整的规章制度与工作流程，按照制度与流程处理事务。工作流程要求将复杂的工作分解成多个简单的工作，分解后的每一工作均有操作步骤，每一步骤都有具体的动作要求，员工只需按照流程中的规定去完成，各司其职、分工明确，效率才有大幅度的提高。具体有以下标准。

①选址标准化：以典型的标准模式，力求选址统一。

②顾客层次标准化：以满足什么层次的顾客为目标，制定指导方针和进行商店的经营活动。

③管理销售效率标准化：决定销售场所平均经营面积的销售额标准，明确制定每一从业人员劳动生产率的标准。

④陈列规模、方法标准化：依靠总部集中掌握商品和交易场所，在推进商品标准化的同时，利用商品陈列量和将商品陈列方法模式化，促进陈列规模、方法的标准化。

⑤在商业票据、设施容器等规格方面，尽量统一，以降低成本。

⑥商店内外装修色调统一化：利用统一格调、色彩，使消费者对商店有统一的印象，实现样板店的效应。

（3）服务标准化。服务标准化是指无论何时、何地、服务哪类客户、遇到何种情况，服务人员的服务行为与服务态度都是一致的。在顾客面前，要始终如一保持服务的热情与态度。无论在什么顾客面前，都要保持一贯的微笑与行为，不能因人而异，不能区别对待。

（4）流程标准化。流程标准化是指对连锁业务运作程序进行流程化，包括采购、配送、核算、考核、促销等。

①商品采购。连锁店在前线服务顾客，物流配送中心在后勤提供各项支援，二者配合无间，才能带来最大的利益。而商品采购则是连锁企业商品流通的首要环节。

商品采购管理工作包括：多种商品的销售数据与信息的调查与分析的管理；采购业务；存货管理；商品品质管理；滞销商品淘汰和新产品开发；对供应商的资料分类和管理；对采购员管理。抓好以上的采购环节，不仅能使店铺正常营业，而且能为店铺创造利益。在连锁经营体系中，采购部门负有三项重任：统筹采购各连锁店所需商品；提供各营业点商品知识和流行情报；存货管控调配。

商品采购流程如下：采购员→市场调查→洽谈商品→分析商品→选择商品→进行利润分析→制定资金运作计划→作商品计划表→根据计划营业额制定订货数量→作商品阵列图→输入供应资料→输入商品资料→打印订单→审核订单→修改订单→发出订单。

连锁体系内部的采购制度是否健全，须靠公司内部研制出一套整体性严密的采购管理制度，其中包括：销售预测、采购、验收、存储、物流、产绩等串联性的经营。而采购人员除了采购商品外，对商品销售情形、市场反应或存货数量，都应了如指掌，这样才能在"再订购"时，有效控制订购点和数量。此外，采购单位各项工作的执行，仍需依赖各种管理报表的有效控制，以及其他各部门的相互配合。

②商品配送。商品配送首要解决的是物流配送中心问题，物流配送中心一头连接生产，一头连接零售，其核心功能是销售代理和商品配送。物流配送中心的运作方式包括采购、加工、分装、配组、仓储等环节，它是商流、物流、信息流有机结合的流通机构。

- 采购：连锁经营企业的采购，是根据各个店铺的要货计划由配送中心汇总，结合总部的要求和市场供应情况，制订采购计划，统一采购商品和物料。
- 加工：配送中心所采购的商品并不都是直接在各店出售，因为供应商提供的往往是原始形态的实物，如鲜活商品和农副产品，配送中心必须对其进行简单的加工。
- 分装：配送中心为了降低购货成本，在制订采购计划时汇集所有店铺的要货情况，进行大批量购进。为了不造成连锁店的产品积压和方便顾客的购买，应对大批量批进的商品进行分装，缩小包装。
- 配组：根据各店铺商品销售情况的不同，配送中心在采购商品后，要进行配组后再进行分送。
- 仓储：为了节约成本，一些连锁店常年销售的商品势必要大批进货。这就要求配送中心在保证商品储存品质的限度内大批进货，在商铺提出要货计划时直接调运分送。一些季节性产品也应保持一定的仓储量，以保证销售需要。

2. 连锁经营的简单化

连锁店由于体系庞大，不论在财务、货源控制还是具体操作上，都需要有一套特殊的运作系统，省去不必要的过程和手续，简化整个管理和作业的程序，以期达到事半功倍、以最少投入获得最大产出的经济目的。而事实上，连锁这种形式最有可能从作业简单化上获取利益。比如，如果能将整个连锁店的作业流程制作成一个简明扼要的操作手册，就能使所有的员工依照手册规定各司其职。对一家商店而言，制作一个手册亦可称为技术软件，一个告诉员工"干什么"、"为什么干"、"如何干"、"怎样获取最好"的方式与其产出效果相比都是极经济的。连锁分店的管理依照手册的指导，可以迅速走上正轨。即便是作业指导书，其实也是一种流程。

3. 连锁经营的专业化

现在的社会已走向专业化分工的体系，而且越分越细。这是提高生产力的需要，也是社会经济发展的必然趋势。连锁店的发展代表了专业化分工在商业领域的拓展，连锁体系中每个人的职责均有专业分工。例如，连锁店的产品开发有其专门的部门，他们以市场调查部门所获得的资料为依据进行试验，而产品在推出之前还有专业人员进行广告促销。如此分工，连锁店的效率将是极具竞争力的。

但是专业化隐藏了这样一个事实：员工对自己不负责的东西一窍不通，很多国内连锁经营企业引入国外人才时失败的原因就在这里。根据我们国家的实际情况，国内企业需要的是全面人才，而国外人才更多的是专业人才，因此，他们在国外把连锁企业经营得有声有色，而一旦被我们引进，就如同离了水的鱼儿，鲜活不起来了。

不过，专业化也有它的优点，即可以在一定程度上消灭未来潜在的竞争对手。连锁经营实际上培养的是流水线上的工人，他们只了解自己负责的那一部分工作，除了企业最核心的高管，一般的员工对于企业经营的全貌根本无从得知。这样，企业的自我保护体系就形成了。

在连锁店内，简单化、专业化、标准化的目的是要保证"谁都会做"、"谁都能做"。只有在连锁制下，才有可能组建"实验商场"，即无差异的培训基地。任何人员的培训均可在任意一家连锁分店内完成，同时却能胜任另一家连锁店工作。也正是连锁的简单化、专业化，尤其是标准化的特征，才使各连锁分店有可能以无差异的形象出现在大众面前，塑造一个连锁店总体的形象，并充分享受利益均沾的好处。

二、连锁经营的技术保障

连锁经营作为一种先进的商业组织形式，其先进性体现在它是一整套商业运作的集成。这一技术集成至少应包括五项核心技术。

1. 计算机管理技术

计算机管理系统是连锁经营的灵魂和先导。成熟的计算机管理技术至少应包括以下几方面：系统技术规范和数据标准、强大的网络链接功能、可靠的后台和前台处理系统、便捷的操作控制系统和操作界面、不断提高的系统智能化水平。

2. 中央采购技术

中央采购制度是连锁经营的基石，其核心在于以计算机为基础，以职、责、权、利相统一为标准，以量化考核、品种管理为手段，综合运用一整套成熟的采购作业技术，实行集中采购，达到降低成本、提高效率、增进销售的目标，而决非统进分销的概念。

3. 物流配送技术

物流配送是连锁经营顺利运转的关键环节。没有成功的物流配送技术，就没有成功的连锁经营。物流配送技术包括：数据导入、条码编制、配送体系、配送数量、品种控制、退货处理、仓储运输等。新华书店的物流配送更多的是人工化，技术含量非常低。目前，上海世纪出版集团引进台湾技术，建立了科技含量较高的现代物流体系；浙江省和江苏省的新华书店已经建成了七八万平方米的自动传输分拣系统。

4. 营销创新技术

随着市场竞争加剧，营销创新技术日益重要。营销创新技术包括：卖场CIS设计、节假日组合营销、特色陈列、品种管理、销售方式、客户资源管理、服务礼仪等。新华书店的营销管理比较落后，还处于起步阶段，需借鉴其他行业及国外经验。

5. 人力资源管理技术

该技术强调把人力资源加以开发、利用，讲求成本、效益，培育团队精神，建立考核体系和激励机制，增进人才对事业的忠诚度，变被动的人事管理为主动的人力资源管理。沃尔玛通过它的企业文化渗透和人力资源管理，一改德国店员的刻板严肃为热情洋溢，提高了员工的贡献率，增强了企业的凝聚力和亲和力。

【开拓视野】

"互联网+"电子商务

巩固和增强我国电子商务发展领先优势，大力发展农村电商、行业电商和跨境电商，进一步扩大电子商务发展空间。电子商务与其他产业的融合不断深化，网络化生产、流通、消费更加普及，标准规范、公共服务等支撑环境基本完善（发展改革委、商务部、工业和信息化部、交通运输部、农业部、海关总署、税务总局、质检总局、网信办等负责）。

（1）积极发展农村电子商务。开展电子商务进农村综合示范，支持新型农业经营主体和农产品、农资批发市场对接电商平台，积极发展以销定产模式。完善农村电子商务配送及综合服务网络，着力解决农副产品标准化、物流标准化、冷链仓储建设等关键问题，发展农产品个性化定制服务。开展生鲜农产品和农业生产资料电子商务试点,促进农业大宗商品电子商务发展。

(2) 大力发展行业电子商务。鼓励能源、化工、钢铁、电子、轻纺、医药等行业企业,积极利用电子商务平台优化采购、分销体系,提升企业经营效率。推动各类专业市场线上转型,引导传统商贸流通企业与电子商务企业整合资源,积极向供应链协同平台转型。鼓励生产制造企业面向个性化、定制化消费需求深化电子商务应用,支持设备制造企业利用电子商务平台开展融资租赁服务,鼓励中小微企业扩大电子商务应用。按照市场化、专业化方向,大力推广电子招标投标。

(3) 推动电子商务应用创新。鼓励企业利用电子商务平台的大数据资源,提升企业精准营销能力,激发市场消费需求。建立电子商务产品质量追溯机制,建设电子商务售后服务质量检测云平台,完善互联网质量信息公共服务体系,解决消费者维权难、退货难、产品责任追溯难等问题。加强互联网食品药品市场监测监管体系建设,积极探索处方药电子商务销售和监管模式创新。鼓励企业利用移动社交、新媒体等新渠道,发展社交电商、"粉丝"经济等网络营销新模式。

(4) 加强电子商务国际合作。鼓励各类跨境电子商务服务商发展,完善跨境物流体系,拓展全球经贸合作。推进跨境电子商务通关、检验检疫、结汇等关键环节单一窗口综合服务体系建设。创新跨境权益保障机制,利用合格评定手段,推进国际互认。创新跨境电子商务管理,促进信息网络畅通、跨境物流便捷、支付及结汇无障碍、税收规范便利、市场及贸易规则互认互通。

资料来源:摘自《国务院关于积极推进"互联网+"行动的指导意见》。

项目二
连锁经营管理与策略

当连锁企业从一个区域走向更多的区域,甚至遍布全国各大城市的时候,企业管理的架构也往往需要适时进行调整。从总部直接管理每一个店面,到实行区域化运营协调,管理的层次有可能增加,这就为管理创造了难度,多一个管理层次,并非只是增加了一个沟通的环节,而是需要对整个管理系统进行重整。当企业进入多区域经营,实行区域化管理之后,总部对于销售一线的把控势必会减弱,这可能导致总部的决策层对市场的需求变化反应迟钝,甚至使总部对于商品品类的分析和管理决策难以得到落实。如何在纵向的多层级管理、横向的多品类管理之间进行高效的协调，是企业跨区域扩张之后的一个新的管理难题。

一、连锁企业总部经营管理的主要内容

只有标准化的东西才有可能得到快速的复制和推广，因此，中国连锁企业必须制定相应的标准，沃尔玛、麦当劳等跨国连锁巨头的成功在一定程度上都得益于此。高度统一的标准化管理，再加上先进的信息技术应用，才能加快扩张速度，降低运营成本，从而占据市场的主导地位。一个合格的连锁企业总部，应该采用以下的管理思维和方式运作，才能完成连锁发展赋予总部的使命，才有可能达到"称职"的目标。

1. 组织形式

从管理效能和成本角度看，采用精简、紧凑的结构形式，使组织结构扁平化，减少管理层级，是总部组织结构设计的必然导向。传统科层制的短板在于层级多、效率低。由于门店增加，营运系统不断拆分，形成大区、城市、区域等多层级管理，如果总部仍然沿袭科层结构，则企业整体管理层级会呈几何级增长，导致政令不畅、管理成本过高。而总部简单的管理结构有利于信息传递，减少信息过滤和分叉，避免官僚主义的产生。

在精简、紧凑的组织结构下，总部员工人数应严格控制在目标范围之内，以确保运营成本的控制。在选拔适岗人选时，侧重综合能力和技能的考量，努力实现"一人多能，身兼多岗"的状态。

2. 管理方式

结合目前获得广泛认可的管理技术，总部应采用"项目管理思维"，同时，改进督导模式，变单纯督导为"督导＋服务"的形式。

在扁平化组织框架下，总部对门店的管理工作可界定为一个个"项目"。总部以核心人员主持、参与，组成项目小组，制定并达成项目目标，推动门店的各项管理工作。这样，不但使总部的政令一经下达就可以通过管理项目落实、贯彻，并且以项目的形式推动门店管理的灵活、变通，更加适合门店的管理习惯。事实上，诸如服务改进、业绩提升、促销活动等重要工作，以项目的方式实现，其效果要远远好于科层制机械、僵化的传递与落实。

除改变工作形式以外，传统的督导职能也需要进一步改进，以"督导＋服务"的方式在门店展开。总部基于分工细化而形成各个职能，每个职能就应该承担服务和督导两个方面的工作。好比一双手，一手怀柔、一手强硬，服务到位，督导才能产生实效。

那些注重督导忽视服务的经验告诉我们：就算在形式上做了门店的"老大"，门店对总部也是"口服心不服"的，只有让门店认为在支持（服务）和监控方面都不能脱离总部而存在时，总部的价值才能够充分体现出来。

3. 职业发展

连锁企业中，因为业务的关联性、传承性很强，门店营运系统的职业发展规划往往比较健全。如一位服务员排除发展机遇的概率高低和能力提升的程度大小，其职业生涯规划甚至可以一直到区域经理。而总部员工的职业发展相对较窄，概率空间要小许多。所以，对总部员工的培养和晋升，可遵循以下规则。

（1）从门店选拔，晋升基层、一线员工为优先选人路径。对综合素质良好、有发展潜力的门店员工，应通过考核识别他们，并通过定向教育与训练，使他们符合总部岗位的要求，待总部岗位空缺，可作为优先挑选人选。这些人了解门店运作，担任总部岗位后自然能够与门店保持顺畅连接，在服务与督导中能知己知彼、换位思考，能够确保总部工作与门店连为一体，不产生脱节空挡。

（2）外招补充。当然，内部选拔的选人方式常常也会受到一些局限，因为连锁企业大多在服务领域，员工准入门槛低，素质参差不齐。大量低素质人员无论教育训练系统多么齐备、完善，也无法培养其能够胜任总部岗位。在这种情况下，可采用外招补充，将适岗人选先放到门店学习训练，使其充分了解门店运作，并掌握重要管理环节，然后回到总部工作。这样才能够准确、客观地制定对应政策，并保证其执行的可操作性。下放学习的时间一般不宜过短，且应该教导其避免"混一混就走"的心态，应将下放学习和考核结合起来，确保适岗人员学到、学会、掌握门店的运营技能。

4. 绩效考核

总部组成大多为职能部、组，在绩效考核方面，除了延续通用的职能考核模式（行为评价、360 度、职能 KPI 等）以外，还应考虑将其绩效表现与门店的经营业绩挂起钩来。虽然从考核特性上看，总部职能部、组工作对业绩指标不产生直接的影响，但随着市场竞争的激烈，组织中的每一个人均应对组织业绩的达成负有责任，这是各方认同的事实。从门店换位思考的角度来看，在职能部、组的考核指标比重中留出一定权重来考核组织业绩，是一种可行的办法。

将门店业绩与总部职能部、组绩效"捆绑"，以结果为导向，会促使总部人员更加关注门店的运营和绩效，促使总部竭尽全力调配资源，做好对门店的服务与督导工作。

根据职能部、组与门店经营工作的关联程度，所设考核"捆绑"的比重也有所不同。一般而言，业务职能部、组的业绩考核比重要较行政职能部、组的业绩考核比重略高。

除了"捆绑"门店业绩考核的策略之外，还应用门店来考核总部效能，如在内部业务差错、内部服务满意度、维修及时性、促销有效性等方面，设定一些考核指标，由门店考核总部。由于门店评价的考核指标基本上以服务类指标居多，因此主要考量总部对门店的服务是否到位。

5. 制度管控

实施管理，制度先行。制度系统的构建与运行应该成为连锁企业的管理灵魂，尤其是标准化的推行与贯彻。连锁企业的管理优势或管理瓶颈，就看其制度建设工作是否产生效果、实现目标。总部是整个连锁企业的智力研究中心、决策中心和政策发布中心，其制度管控的思维模式直接决定门店的管理水平。因总部制度管控能力薄弱而产生的负面案例有以下几个。

（1）文牍主义思维。制度堆砌、僵化、呆板，毫无执行效率，制度一套，执行另一套。一般起因于总部有一位纸上谈兵的高管。

（2）过度灵活主义思维。制度朝令夕改，随意变换，今天向东，明天向西，让门店不知所从。一般起因于企业最高决策者尚未摆脱作坊式操作的桎梏，没有意识到企业已经做大，必须在管理上上一个档次。

（3）无政府主义思维。排斥制度，想怎么干就怎么干，想做什么就做什么。这类问题的罪魁祸首，根据经验来看，多是连锁企业营运系统任用了不当的区域经理所致。

二、连锁企业的经营策略

如何才能使连锁经营得到最有效的管理？企业连锁经营与经营管理方法如何进行？主要从以下方面进行。

1. 商品策略

适销对路的商品是企业经营成败的基石，超市企业如何根据顾客特点、企业特色、竞争对手状况，设计有自身特点的商品策略，是其安身立命的根本。

（1）适宜的商品结构。商品结构是指超级市场在一定的经营范围内，按一定的标志将经营的商品划分为若干类别和项目，并确定各类别和项目在商品总构成中的比重。在一定意义上讲，商品结构在超级市场经营中居于枢纽位置，经营目标能否圆满完成，经济效益能否顺利实现，关键在于商品结构是否合理。超市企业应制定明确的商品组织结构，并根据情况通过顾客访谈、问卷调查、观察竞争对手等，对商品组织结构做出适当调整，以更好地满足消费者的需求。

（2）实施品类管理。品类管理是20世纪90年代开始流行于美国零售业的一种新的商品管理方式。品类是指易于区分、能够管理的一组产品或服务，消费者在满足自己需要时认为该组产品或服务是相关的和可以相互替代的。品类管理是指零售商与供应商把所经营的商品分成不同的类别，并把每类商品作为企业经营战略的基本单位进行管理，通过集中精力传递消费者价值，以取得更好的商业效果。

（3）创建自有品牌。自有品牌是指零售企业通过搜集、整理、分析消费者对于某类产品需求特性的信息，开发出来的新产品。零售企业在功能、价格、造型等方面对该产品提出设计要求，选择合适的生产企业进行加工生产，最终由零售企业使用自己的商标对该产品进行注册，并在本企业销售。自有品牌商品实际上是利用生产企业富余的产能，为零售企业生产商品，这些商品减少了市场推广的成本，也减少了供应链中不必要的中间环节，节省了流通费用，并且销路固定，因此成本大大降低。企业通过一定的定价策略，确保商品价格优势及企业较高的毛利水平。

2. 价格策略

合理的价格策略是连锁超市成功的关键。连锁超市的价格策略归纳起来有如下几种。

（1）参照定价法。由于连锁超市最主要的特点是薄利多销，因此，对于销售量大、周转速度快的一些日常用品，经营者应在进行市场调查的基础上，参照竞争对手的定价，尽量等于或小于该种商品的平均市场价格，在消费者心目中树立物美价廉的形象。

（2）毛利率法。要薄利多销，经营者可以控制一个较低的毛利率。但并非各种商品均按相同的低毛利率加成出售，可以对所经营的商品划分类别，不同类别的商品按不同的毛利率加成。

（3）折扣定价法。给顾客予以折扣是促销常用的方法。该方法在连锁经营中也被广泛应用，其主要形式有三种：

①一次折扣，即在一定时间对所有商品价格下浮一定比例，如店庆、节假日等。这种方法可以使企业抓住销售旺季，树立企业在消费者心目中的形象，阶段性地将超市的经营推向高潮。

②累计折扣，即连锁超市根据顾客购买商品的金额常年推出的定价方法，目的在于稳定那些经常光顾超市的顾客，使之在该超市连续购买，起到稳定顾客的作用。具体操作方法可以是发票计折扣、优惠卡累计折扣等。

③限时折扣，是指在商品保质期到来之前给予折扣的方法。

此外，还有季节折扣、限量性折扣、新产品上市折扣、买一送一等。值得一提的是，在采用折扣策略时，要考虑消费者的心理因素，一般降价幅度要较大，品种要精选，要有媒体宣传和广告配合。

（4）特卖商品定价法。特卖商品指跌价幅度特别大、对顾客有很强吸引力的商品。特卖商品是连锁超市的企业形象商品，是价格促销的重要手段。企业最好能每周甚至每天推出部分特卖商品，以极低的价格吸引顾客，从而带动超市的整体销售。其目的是以特卖商品的低利润甚至亏本带来其他商品的销售利润。

（5）销售赠品定价法。对于利润较高的产品品种，可以采用销售赠品的定价方法，即向消费者免费赠送或购买达到一定金额时可获得赠送礼品的方法。具体有三种方式：一是免费赠送，只要进店即可免费获得一件礼品，如气球、面纸、开罐器、鲜花等；二是买后送，购物满一定金额才能获得礼品，如酱油、色拉油、洗洁精、沐浴露、玩具等；三是随商品附赠，像买咖啡送咖啡杯、买生鲜食品送保鲜膜、买手机赠电话费等，由此刺激高利润商品的销售。

以上提及的连锁超市的定价策略是商家经常采用的。随着连锁超市的不断普及，新的定价策略也会层出不穷。经营者一定要不断总结经验，充分发挥价格这把"金钥匙"的作用，使连锁超市的经营更上一层楼。

3. 促销策略

促销是超市的一项重要工作，促销成功与否决定超市的成败，尤其是在消费者拥有更多选择、零售业竞争日趋激烈的今天。据统计，在上海的连锁企业中，有50%～70%的销售额是由促销商品直接产生的。商品降价促销是当今商企竞争的一大利器，无论是家乐福还是沃尔玛，都在使用。

（1）进行顾客关系管理。现代商业企业竞争格外激烈，如何把握顾客、建立忠诚的顾客群体是商业企业获取竞争优势的有力武器。20世纪90年代以来，客户关系管理（Customer Relation Management，CRM）得以广泛运用。客户关系管理是企业为提高核心竞争力，达到竞争制胜、快速成长的目的而制定的以客户为中心的发展战略。CRM系统的宗旨是，为了满足每一客户的特殊需求同每个客户建立联系；通过与客户的联系来了解客户的不同需求，并在此基础上进行"一对一"的个性化服务。通过CRM系统的实施，企业将实现由"以产品为中心"的模式向"以客户为中心"的模式的转变，同时，企业关注的焦点也将从内部运作转移到对客户的关系上来。Harvard Business Review的研究资料表明，在客户满意度方面，5%的提高率将使企业的利润加倍。

CRM系统通过与客户之间交互式的接触，建立客户信息跟踪。其一方面以此来了解原有客户的意见和新的需求；另一方面，要不断获取新客户的基本信息以及其他需求信息。客户服务部门对这些客户信息进行系统的分析，将其结果提交到销售管理部门，销售管理部门经过对商机、竞争对手、产品信息、销售绩效等方面的综合分析，向企业高层提供有助于决策的各种建议。最后，企业决策者在此基础上对企业的市场营销、服务与技术支持等整个商业过程进行相应的调整。

国内外超市企业在实际经营过程中，为了能够争取稳定的顾客群，往往以会员制作为一种促销方式。具体做法为：在某一超级市场组成一个俱乐部，当消费者向俱乐部缴纳一定数额的会费后，就成为该俱乐部的成员，以后在该超级市场购买商品时可享受一定的价格优惠或折扣。关键会员成为企业长期的、稳定的顾客群，有利于在维持现有市场占有率的基础上进行市场开拓，为超级市场节省了大量的促销费用。设立会员制也便于进行顾客调查，使超级市场能够取得相对真实的资料，把握市场需求的发展趋势，及时调整卖场内的商品结构和品牌结构，为企业在市场竞争中赢得先机。

（2）连锁分店的商品促销与广告宣传。连锁店接触的是最为直接的一端——消费者。在日益激烈的市场竞争中，连锁分店的促销有利于提高营业额、促进商品回转。连锁分店的促销活动可以从两方面来规范，即商品的促销活动（多指卖场的促销活动）及商品陈列的形态、目的、规划、重点、技巧。

商品促销对营销的帮助是非常大的，但它的效能必须依赖市场效果、品牌地位及战略目标而发挥，并且要与其他营销活动进行良好的搭配，才能真正发挥威力。促销实施程序包括以下几个方面。

- 促销计划：即促进商品销售和展示新产品的计划。
- 销售目标：为促销产品制定的预期销售量。
- 确定销售目标的具体方法：一般规定销售目标为，8小时示范的销售目标为日均数量X3；4小时示范的销售目标为日均数量X2。这些必须在促销员的每日报告中显示。
- 促销工作：需要多长时间、选择位置等。
- 促销商品知识：如预先了解商品，根据供应商的建议了解商品，必须掌握的商品基本知识。

因此，经营者应认识到，成功的促销可以达到以下目标：鼓励来购者试用或试购本品牌商品；鼓励现有的购买者多买一点儿本品牌商品；维护现有的购买者继续购买本品牌；引起品牌的转换，垄断其他品牌市场；对抗其他品牌的攻击，稳固市场；鼓励零售店增加本品牌的货物。

但是，促销也不是万能的，促销造成的影响始终有限，如不能创造对品牌的长期忠诚度，不能矫正流通上的缺点，不能补充业务员的能力不足等。

连销企业的促销活动千奇百怪，但不论是怎样形式的促销活动，都必须具有一定的绩效，因此，完整与周到的促销计划非常重要。连锁经营者在促销时应订立好明确的促销活动理念，按自身的经济规模和成本预算范围内选择有特色的促销活动。

（3）注重特殊事件营销。连锁经营中标准化管理固然重要，但中国社会是一个多元化的社会，消费者人数众多，56个民族汇合的中华大文化区域，再加上各种外来文化的融合，使得文化营销也格外重要。诸如，春节、元宵节、情人节、母亲节、重阳节、中秋节、圣诞节等各种节日，特殊的产品构成以及消费需求的刺激与开发也是超市营销的重要内容。还可借助公众对食品安全问题的担忧，注重绿色营销。

（4）促销的种类及实施。纵观市面上的各类促销活动，如果从形式和模式上来划分，可以笼统地将它们分为常规促销模式和非常规促销模式；如果从促销方层面上划分，可分为供应商促销和连锁机构促销。

①常规促销。常规促销是连锁店通常采用的一种促销模式，内容一般是优惠销售、免费试用装、买赠。当然，活动形式和花样可以不断变换。如何做出新意，其实就是常规促销的最高境界。

常规促销运作的要点是：终端建设是常规促销的基础，市场终端犹如常规促销的根据地，如果根据地不牢固，做促销肯定得不偿失。因此，在做常规促销之前，连锁店需要做好三方面的工作：一是硬终端建设，即将所有的产品包装好，形成统一的色彩视觉；二是软终端建设，连锁店需要在厂家的支持下，建立一套较为完整的终端培训体系，以提高一线队伍的销售力；三是业务员、促销员的定点建设，将业务员或促销员定点化，这也是对连锁店提出管理创新的一个方式，在笔者所服务的企业就因推崇"据点管理制"而成为市场管理中实施"筑巢引凤"策略的一个亮点：市场销量上去了，促销员收入水涨船高，将优秀的促销员很快汇聚到一起。

此外，常规促销需要点面结合。连锁店做常规促销时，首先需要考虑合适的促销点，如果人人都促销，家家有促销，只会分散精力、物力和财力。连锁店只能从有效终端中去挑选合适的促销点，千万不要认为某店销量上不去或没有销量，就去搞促销。有了合适的促销点之后，再通过详细的常规促销排期表将促销点所涉及的所有促销安排与执行、效果评估、销量统计、经验交流等信息进行分析，连锁店就可以对整个市场层面有一个大致的了解，并及时做促销调整与统筹安排。

需要注意的是，常规促销还要把握好时机与周期。某些连锁店在新品上市时就大搞常规促销，迅速推出买几赠几的优惠消费措施，使产品销量取得一个突破，但结果呢？消费者不仅对此类活动无动于衷，而且还对新上市产品的价格及质量表示质疑。这显然是连锁店在做常规促销时未考虑到促销时机的问题。选择合适的时机、促销理由及促销周期，是连锁店在制定常规促销策略时应抓住的三个重点。

②非常规促销。非常规促销模又称主题促销，也是连锁店经常参与的一种促销活

动。此类促销活动一般先由厂家来确定活动方案、主题、规模、形式,然后由连锁店负责执行或自行实施。非常规促销活动的次数不多,但操作规模较大,在消费者中的印象也较深,能对市场的长期销量有深刻影响。因此,一旦厂家拿出一套较具可行性的操作方案,许多连锁店都愿意跟随一搏。

非常规促销活动需要注意的事项是:开展非常规促销活动的程序相对来说要比常规促销复杂得多,连锁店还需要从费用、场地选择时的谈判、促销队伍、售后服务、媒体互动、促销物料支持等方面综合考虑;在做非常规促销活动之前,连锁店要弄清楚近段时期消费者在想什么,表现出什么样的购买偏好,所接受的消费及促销信息多为哪些方面的内容等,然后针对消费者所想,提出符合他们口味的促销活动主题更能扣人心弦;针对购买偏好,制定具有附加利益、满足消费者偏好和喜好的促销优惠措施,可以赢得消费者一颗长期信赖的心;针对目前流行或雷同的促销信息,在促销形式和主题内容上进行创新,才有可能形成一股崭新的传播力;做非常规促销时,还应随时观察市场动态及竞争品动态,并根据竞争品的促销拦截推出应对措施。

表 2-1　　　　　　　　　　常规促销与非常规促销的区别

	常规促销	非常规促销
特征	1. 长期性:一般持续的时间较长,如一个叫酸痛灵的产品就在药店做了长达两年的免费试用促销 2. 固定性:固定的地点和固定的时间,这是常规促销活动最突出的表现,它甚至在一些企业被称为"周末促销" 3. 速效性:达到的效果往往就是"刀下见菜"——销量上扬,但后期效果及影响力均不佳 4. 现场通告性:一般都借助于促销现场POP、展示牌、海报、人员讲解等方式来通告促销活动内容,而不在大众媒体上予以通告	1. 指导性:通常由活动方案提出者对连锁店在方案操作、程序、规模、媒体传播等方面给予全面指导 2. 主题性:活动操纵者都会在整个活动中提出一个有吸引力的活动主题及口号,以引起更多人的关注。如某厂家主题活动中提出的"补钙需要'钙保险'" 3. 时效性:都会有一定的活动期限,"过期不候"的时效性也是非常规促销活动吸引受众眼球的一个重要特征
应用范畴	1. 群体多为经济实力偏弱的中小企业及中小代理商、连锁店 2. 产品多为新产品上市或老产品应对同类产品竞争 3. 终端多为店内有专柜、店员已受训练或有促销员派驻,客流量大	1. 群体多为大中小企业及连锁店 2. 适合阶段性促销活动,具有一定的间隔周期,通常以月、季、半年、年为间隔 3. 适合大面积户外场所或大卖场,也可按促销网点的形式来全面布局

③供应商促销。供应商促销指供应商在一些指定的零售商店或超级市场上出售的商品包装上贴上特殊优惠或折扣标志,附赠品或优惠券之类。

供应商向连锁商支付的费用往往与他们的商品促销有关。支付费用的方法,使供应商在促销自己的商品时获得了一定的主导权,尤其是在连锁商的促销计划和活动策划还不精细和熟练时,卖场促销主导权更主要地掌握在供应商手中。

通常,供应商希望展开的促销方式有:
- 对特别销售协助供货(附带退货条件);
- 对集中区域的商业广告宣传;
- 明确承担在广告上进行品牌宣传时的广告费用和进行重点商品展示时的援助资金及店内品牌展示广告费用;
- 销售商店的广告宣传素材(照片和原画插图);
- 计划销售实施的大幅度让价。

④连锁机构促销。由于连锁店的促销形式灵活多样,而且经常在销售现场实施,针对性强,直接刺激了现场购买,从而成为常用的促销手段。

目前,较常见的连锁店促销形式主要有以下几种:
- 有奖销售。买得越多,中奖机会越大。
- 买一赠一。赠品可以是同种商品或系列产品,也可以是不相关的商品,但赠品的价值一般低于购买品。
- 销售折让。买得越多越便宜,以刺激大量购买。
- 让利销售。主要是对过时的商品或厂家直销商品让利,注意各分店要协调行动,保持价格一致,以免相互拆台。
- 返还贷款。每日或节假日选择一名幸运顾客,或每月每季度选择一天作为幸运日,返还购物的货款,刺激顾客的购买欲。
- 发放优惠卡。主要针对购买数量达到一定金额的顾客,持卡购物可享受一定比例的价格优惠。优惠卡在连锁店的其他分店同样有效。
- 现场展示。对新产品,在店内设专柜现场展示其功能,介绍使用方法,激发消费者对新产品的兴趣。
- 免费品尝或试用。对新包装、新口味的食品,可让顾客免费品尝,而其他新产品则可免费试用,以此鼓励顾客使用新产品,进而产生购买欲望。如许多连锁店的美容专柜、香水柜台等都进行免费试用。
- 以旧换新。这要连锁店与厂家联合才能完成,即对一店出售的某种商品以旧换新,差价较大的可由顾客补交一些价款。

- 交易印花。由连锁店统一印制,在售货时赠给顾客,顾客将印花积累到一定数量时,可凭此向任何一家分店领取一定数额的现金或实物。
- 特价包装。这实际上是一种销售折让方式,即在包装上注明包装内的商品部分免费,如装有 10 支彩笔的商品袋,注明 5 只免费。不过,为保证商品"品好质优"的形象,商家要慎用此法。

连锁企业门店的管理运营

连锁企业门店是整个连锁企业的利润创造者,是连锁企业最重要的组成部分,门店管理、运营的好坏直接影响到连锁企业的经营绩效。连锁企业门店管理高效的运营,有利于连锁企业经营目标的实现,有利于门店规划设计的统一,有利于实现门店营运管理标准的统一,有利于规避投资和经营风险,有利于实现企业最佳劳动效率。

一、连锁企业门店的功能

连锁企业门店的功能集中表现在门店运用统一规划的外观设计、招牌、橱窗、内部设计、商品组合、规范化服务等手段,起到吸引顾客的作用。

1. 门店外观的吸引力

一般而言,品牌连锁门店的吸引力比单体经营的门店吸引力要强,外观明亮干净的门店对客户的吸引力较强,灯光明亮的门店比灯光暗淡的门店对客户的吸引力较强。因此,注重门店的外观形象,是连锁门店的基本工作。

2. 店内商品组合的原则

(1)"沿墙陈列"原则。为给顾客以商品琳琅满目的印象,需在商品陈列上注重对店内墙壁的利用,采取以沿墙壁面陈列商品为主的铺货模式。而通路货架则采用低于人体身高的设置,并尽量多地设中心岛,使顾客能够很自然地在店内环游移动。店门口多采用开放式设置,使行人从店外能够一目了然地看到店内顾客购物的景象,营造橱窗效果,吸引过往行人的注意。

(2)"反重力陈列"原则。通常,货架的铺货黄金线在人的眼睛高度的位置,并在此陈列最畅销的商品。而一些超重量、体积大的商品,则按重力原则,依次由黄金线向下陈列。从而扩大顾客的视线范围，使顾客可以从较远的位置注意到商品。

（3）商品"毛利组合"布局。如果有两层卖场，一般一楼卖消费者需求量大的日用品，二楼销售化妆品；如果是单层卖场，则在门口沿街堆满所谓应季商品、热卖商品、特价商品，贴上色彩惹眼的海报，犹如从门店中伸出无数只手去招引门前人流的注意力。

3. 服务的表现力

服务是企业发展的推动力。通过商品价值的转移，企业获得了生存和发展的资源。企业的发展是通过商品的流通和周转实现的，而商品的流通和周转是靠服务来推动的。由于一切服务本质上是无形的，服务的中心内容是向顾客提供有价值的活动，并非转移某种产品的所有权。因此，顾客只能从看到的服务设施、资料、人员、价格上对服务质量做出评价。一般而言，顾客只有充分信任服务的提供者，才会购买或消费服务。所以，服务品质的管理难度远远超过产品品质的管理难度。并且，顾客对服务品质有一种倾向，就是一直强调及注意服务中他最不满意的部分。所以，从细节着手，提高服务质量，真正让顾客满意，才是竞争制胜的关键。

二、门店的进货与存货管理

门店的进货是指向总部要货或自行向由总部统一规定的供货商要货的活动。门店的存货包括卖场的存货和内仓的存货。进货与存货是门店销售的基础。

1. 门店进货管理作业

（1）门店的订货作业。门店的订货作业指门店依据订货计划向总部配送中心或总部指定的厂商及自行采购单位进行叫货的活动。一般来说，连锁总部会对各个门店统一规定每天的订货时间，以保证订货作业的计划性。可采用的订货方式有人工、电话、传真、电子订货系统等多种形式。订货信息汇总总部或传达厂商后，由总部来配送商品或由厂商直接配送。

（2）进货作业。门店的进货是指订货后对厂商或配送中心配送来的商品进行接收或验收，从而使商品进入卖场或内仓。

（3）验收作业。验收作业可按进货的来源分为厂商配送验收、总部配送验收和自行进货验收。

由于总部配送的货物在出库时已经查点清楚，所以总部配送的商品送到门店后，不需当场验收清点，仅由门店验收员盖店章及签收，若事后店内自行点收发现差误，可通知总部查清和调补。厂商配送和自行采购的货物要当场查点清楚，出具相关凭证。总部指定厂商直接配送的，由总部统一结算；自行进货则由门店自行结算。

（4）退换货作业。退货主要是因为商品品质不良、订错货、送错货，产品为过期品、滞销品等。退换货作业可与进货作业相配合，利用进货回程顺便将退换货带回。退换货时，首先要查明退换商品的来源；其次要填清退换单，如注明品名、数量、退换原因、要求等；最后，要事先告知厂商，以便厂商及时处理。

2. 门店存货管理

门店存货管理主要包括仓库管理和盘点作业。仓库管理是指门店商品储存空间的管理。盘点则指对库存商品的清点和核查。目前，由于我国商品配送的能力有限，门店实施无仓库经营较困难，许多门店要么设置内仓，要么将货架加高，将上层作为储存空间，保持一定的商品储备，以保证门店的正常销售。通过盘点作业，又可以及时计算出店铺真实的存货、费用率、毛利率、货损率等经营指标，便于门店经营决策和业绩考核。因此，仓库管理与盘点作业是相辅相成的，科学、合理、安全而卫生的仓库管理，不但可方便盘点作业，而且可减少库存费用及损坏；及时准确的盘点又可以科学地控制库存，发现问题并及时处理。

可问题是，存货管理总是存在或多或少的问题。比如负库存，目前，计算机的应用在超市门店中越来越普遍，然而门店的后台电脑中经常会发生令人非常头疼的事情——负库存。有人会问：为什么电脑的库存会是负的？传统商业的这一现象好像很少，为什么在超市这一行业中却是见怪不怪呢？这主要是因为超市的一些特殊情况而产生的。分析发生这种现象的原因，共有以下几方面。

（1）应当粘贴店内条码的商品（原商品发生重码或要区分原商品的促销商品）没有贴，就推到卖场中进行销售，导致前台的POS收款机按照正常商品的原条形码售出，发生原条码的档案商品成为负库存，而店内码的商品未销售的现象。

避免此类事情发生的措施是：在收货时发现应贴店内码的商品，必须在收货前贴好条码后验收商品、收货进店；对于门店自采的商品，可以在配送中心出库前就贴好条码，不贴条码不能出库；在进收货部单另设置贴码区，并在商品上明示需要贴码，完成后方能进场。

（2）应当捆绑或批量销售的商品，被当做拆零销售。一般这种现象在收款时能及时发现，因为其价格差比较大。如3盒牛奶5元，被前台看成每盒5元，而扫描了3次，那样的价格一下就能看出；还有捆绑销售的商品，如买奶粉送奶瓶，而奶粉和奶瓶都是店内的商品，前台将奶粉和奶瓶当两个商品扫码，也就会发生奶瓶的负库存。

对于此类事件的解决措施是：在每天早上收银员熟悉商品时间段，应当加强观察此类商品，以减少此类事情的发生几率；各个商品部门应当在此类商品上架前，及时通知门店的收银员,以便减少错误;对于捆绑销售的商品,实行单独贴店内码销售的方式,从而解决这个问题;对于因紧急促销而没有时间贴店内码的商品,可暂时修改门店的商品库存,停止其中一种商品的销售,避免此类事情的发生。

(3)无订单收货。发生这一现象,是因为门店在收货后没有收到订单,从而导致门店先上架销售,而后台没有入账的情况。要想解决这个问题,只有由采购部及时地补下商品的订单,使门店的商品库存更加准确。另外,有些独立于总部的外地门店拥有独立采购的能力,同时还接受总部配送的商品,对于这一类商品的接受,属于无订单收货的一种,需要及时补单处理。

(4)由于收货部的收货错误,将商品实收数量填错,导致门店库存虚增,影响门店的正常库存。

对于这种问题的解决方法是:在收货时,加强对收货员收货的二次验收的管理,杜绝此类事件的发生;下订货单时,需要同时参考营业现场的信息反馈和后台的电脑库存结果,以免重复要货或长期断货的现象发生。

(5)条形码粘贴不合格、漏贴或掉码,从而导致收款台的扫码错误,造成门店库存不准的现象发生。

(6)收银台扫码错误或手输条码时发生错误,也会将商品错误的售出,有时会因为条码扫描器的识别错误或者商品包装的条码不规范,而使收款台的收款错误。

(7)返厂单的数量填写不正确。在商品退回厂家或库房时,数量填写错误,进而影响到商品的库存准确性。

(8)计算机没有及时修正数据。对于一些需要调整库存的商品,没有及时录入,也会发生此类事件。

(9)计算机中心的日结不成功。由于计算机的系统故障,当日结转商品的销售情况时出错,也会发生此种现象。

(10)因为顾客服务部退换货的错误导致库存不正确。由于顾客服务部对于商品不是很熟悉,将退换的商品错退或错换,从而影响到商品库存的准确性。所以,一般的退还货商品,须经各个商品的部门经理签字认可无误后,才能予以退还。

(11)其他原因。顾客图小利,调换价格不同的商品外包装,也会使价格高的商品的库存虚增,而价格低的商品的电脑库存减少。

一旦发生负库存的现象,对于门店的日常经营管理带来极大的障碍,主要包括:它会使门店的要货订单发生偏差,致使商品的订单不准确;对于计算门店的经营指标,会产生一定的偏差;使门店的日常经营分析不准确。所以,在日常的管理经营中,要注意这些方面,防患于未然,使后台电脑起到真正的作用。

三、连锁门店日常数据分析

定期进行科学的数据分析，是门店负责人掌握门店经营方向的重要手段。

1. 门店经营指标数据分析

（1）销售指标分析。主要分析本月销售情况、本月销售指标完成情况、与去年同期对比情况。通过这组数据的分析，可以知道同比销售趋势、实际销售与计划的差距。

（2）销售毛利分析。主要分析本月毛利率、毛利额情况，与去年同期对比情况。通过这组数据的分析，可以知道同比毛利状况，以及是否在商品毛利方面存在不足。

（3）营运可控费用分析。主要是本月各项费用明细分析、与去年同期对比情况、有无节约控制成本费用。这里的各项费用是指：员工成本、能耗、物料及办公用品费用、维修费用、存货损耗、日常营运费用（包括电话费、交通费、垃圾费等）。通过这组数据的分析，可以知道门店营运可控费用的列支，是否有同比异常的费用发生、有无可以节约的费用空间。

（4）坪效。主要是本月坪效情况、与去年同期对比。"日均坪效"是指日均单位面积的销售额，即：

日均坪数＝日均销售金额/门店营业面积

（5）人均劳效。主要是本月人均劳效情况、与去年同期对比。"本月人均劳效"的计算方法是：

人均劳效＝本月销售金额/本月工资人数

（6）盘点损耗率分析。主要是门店盘点结果简要分析，通过分析及时发现门店在商品进、销、存各个环节存在的问题。

（7）门店商品库存分析。主要是本月平均商品库存、周转天数、与去年同期对比分析。通过该组数据的分析，可以看出门店库存是否出现异常，特别是是否存在库存积压现象。

【开拓视野】

坪　效

坪效是台湾地区经常拿来计算商场经营效益的指标，指的是每坪的面积可以产出多少营业额（营业额÷专柜所占总坪数）。

以百货公司为例，店里不同的位置，所吸引的客户数也不同。一楼入口处，通常是最容易吸引目光的地方，在这样的黄金地段一定要放置能赚取最大利润的专柜，所以你会发现百货公司的一楼通常都是化妆品专柜。

2. 商品经营数据分析

（1）便利店经营商品目录执行情况总结分析。主要是本店执行商品目录情况与经营业态主力商品情况，以及新品引进情况、淘汰商品是否进行及时清退。便利营运管理分中心每月1日会将最新目录主力商品货号、目录新引进商品货号、目录淘汰商品货号发至各门店邮箱，门店根据相关货号查询经营情况，特别是主力商品、新引进商品经营情况，以及淘汰商品有没有及时清退。通过这组数据的分析，可以了解门店是否按照商品目录的调整进行了门店的商品结构调整。

（2）商品动销率分析。主要是本月商品动销品种统计、动销率分析、与上月对比情况。月经营总品种数查询的方法是：进入门店系统"进销存分析"，查询出本月进、销、存数据，在查询出门店经营的总品种数后，在该模块将动销品种数过滤出来。商品动销率计算公式为：

商品动销率＝动销品种数÷门店经营总品种数×100

滞销品种数＝门店经营总品种数－动销品种数

通过此组数据及具体单品的分析，可以看出门店在商品经营中存在的问题及潜力。

（3）商品品类分析。主要是门店本月各品类销售比重及与去年同期对比情况，门店本月各品类毛利比重及与去年同期对比情况。门店需对本月所有品类销售及毛利情况，特别是所有销售下降及毛利下降的品类进行全面分析，找出差距，提出改进方案。

（4）本月商品引进分析。主要是引进商品产生销售、毛利的分析。这里的引进商品需要门店日常对新引进商品建档，并跟踪分析引进商品的动销率、适销率、销售额以及毛利状况，同时分析这些引进商品是否对门店销售业绩的提升作了贡献、是否有引进不对路的商品存在，并在以后的工作中不断优化调整。

（5）特价商品业绩评估。主要是特价商品品种数执行情况、特价商品销售情况、占比情况及与前期销售对比情况分析。"特价商品与前期销售对比分析"，即将本档期特价商品的销售情况与特价执行前相同天数的销售情况进行对比分析（特价档期的执行天数为14天或21天）。通过这组数据的分析，可以看出门店特价产生的效果以及门店在特价商品经营中存在的问题。

（6）客流量、客单价分析。主要指本月平均每天人流量、客单价情况及与去年同期对比情况。用这组数据在分析门店客流量、客单价时，特别要注意门店促销活动期间及促销活动前的对比分析，促销活动的开展是否对提高门店客流量、客单价起到了一定的作用。

其实，在日常工作中还有一些数据需要门店负责人分析，但无论哪方面数据，分析只是一个开始，关键是能够找出门店存在的问题及可以挖掘的潜力，指导如何开展下一步工作才是最重要的。

> 【开拓视野】
>
> ### 7-11 的单品管理
>
> 　　7-11 的分店通常会依据假设来订货，并以 POS 数据来验证结果。借助反复的假设与验证，针对每项商品，都要经常掌握畅销商品，以排除滞销商品，这在 7-11 称为"单品管理"。
>
> 　　"单品管理"的概念是 7-11 经营的主干，所有的组织、系统，都是为了实现单品管理而存在。例如，某家分店建立了某种假设，某个商品要进多少，总公司都要能应付。7-11 拥有世界最先进的资讯系统，能迅速而准确地处理由分店传来的订货资讯；即使是冬天，也能应付凉面订单的生产体制。所以说，如果分店是"台前"，则幕后的所有工作都是以实现单品管理为前提的。
>
> 　　换言之，"单品管理"象征了 7-11 的"思想"、"世界观"，即持续应对瞬息万变的顾客需求。如果确实执行"单品管理"，商机损失就会降低，货品的报废损失也随之减少，而店家的业绩、利润都会上扬。
>
> 　　因此，在全日本超过 10000 家的分店里，执行"单品管理"的，不仅是老板、店长，甚至是工读生、兼职人员，这造就了 7-11 的强盛。

四、连锁门店常见问题分析

　　连锁企业发展越来越迅速，必然面对内外部环境的种种变化。门店的问题出在店面，而解决方案在总部。针对连锁门店常见的运营问题，需要紧紧抓住问题关键点，设计出运营、训练、督导为一体的运作系统；否则，只改善单一的环节，并不能获得总体的提升效果。

1. 连锁门店常见问题

（1）门店日常管理无序，服务质量无法保证。

（2）员工缺乏技能训练，工作手忙脚乱，差错不断。

（3）门店团队凝聚力不强，员工协作不顺畅。

（4）员工工作情绪不高，倦怠感增多，工作本身带来的快乐有限。

（5）店长常常疲惫不堪，却很难提升门店业绩。

（6）门店运营缺乏流程、规范、表单，导致门店管理无章可循，管理难度加大；

没有系统的标准化管理工具，每出一件事情，店长都要动半天脑子想该怎么办。

（7）门店运营标准本身存在缺陷，执行难以落实到位。很多连锁门店看别家企业很规范，就将别人的资料拿来抄一抄、改一改。结果，并不符合本企业的实际情况或所处阶段，导致有手册没标准，常常是写出来的没有做，做的却没有写，员工每天花在填报表、写总结的时间比做本职工作还要多。

（8）各店管理能力参差不齐，服务严重缺乏一致性。很多连锁企业缺少店长及关键岗位的培训履历，未设计店长及关键岗位的训练课程，所以导致各店人员依靠资历晋升，各店的服务开始出现"差异化"，消费者不能在所有的门店中享受到相同质量的服务。久而久之，这些问题开始变得严重，甚至波及企业的品牌和声誉。

（9）门店服务缺少连贯性，不能保持良好的品质，较难维持客户的长期认同。这是由于督导机制缺失，规范标准无法全面、持续、有效的贯彻。有了标准，关键是要有人执行。很多连锁门店根本没有督导检查的机制，标准如何执行及执行的效果就可想而知了。

（10）企业想快速扩张，却发现门店复制无法提速，如果一加速，就会出现种种问题。这主要是企业发展中注重资本的积累，而没有形成一套人才储备和培养机制，没有合适的人、更没有合适的方法去快速复制。运营管理系统软件的不足，使白白丧失发展良机。

2. 常见问题的解决

通过对这十个问题的分析，我们得出：连锁门店若想有效提升运营水平，必须从以下三个关键点出发。

（1）标准。一套合理有效的运营标准是连锁门店管理的基础，更是连锁企业扩张发展的"达芬奇密码"。

（2）执行。有了标准，就要有人把这个标准执行到位，所以企业员工队伍的训练到位成为核心问题。如果标准制定出来后不会执行，就只是纸上的文字而已。

（3）检查。用检查程序来保证标准的有效执行，使标准成为提升门店运营升级的管理秘籍。

而要做到以上三点，实现门店顺利复制，必须建立以下几个条件：
- 找专业及富有经验的人员进行标准提炼；
- 梳理理念，提升门店管理（含总部）人员的专业管理技能，确保能胜任及超越岗位要求；
- 提高管理层的技能，确保门店规范运作，各项标准严格执行；
- 鼓励全员参与，通过连锁企业同仁群策群力来实现长期提升。

3. 门店复制项目的实施

要升级连锁运营系统，企业应在内部开展一次全员参与的门店复制工程项目，以保证连锁门店规范标准、实现复制、执行到位、持续升级，为企业之后的扩张做好准备。门店复制项目在操作上可分为四个阶段。

（1）运营标准化。这是项目操作的第一阶段，用一个月时间组织连锁企业的关键岗位，全体员工共同努力，通过赢利流程梳理、分析，提炼适合门店运营的各项操作标准，实现赢利模式的复制基础。

（2）管理特训班。在第二阶段，应组织连锁企业的中高管理层参加各种门店管理运营的管理课程，帮助大家梳理连锁系统思路，研讨门店升级标准，以达到提升店面管理水平和运营效率的结果。

（3）训练输出系统。在第一阶段提炼出标准，在第二阶段培养了中层管理者的领导能力，到了第三阶段，项目要求中层管理者能够加强对门店所有员工的技能培训，把标准真正教给每一个员工。同时，把这种训练日常化，打造一个员工提升自身的平台。

（4）督导执行体系。标准在第三个阶段得以贯彻执行，但执行的效果如何、怎样去监控实施是此阶段要完成的任务。用两个月时间需要组织门店面贯彻落实项目，应在全连锁店进行效果评估，对效果差的门店进行有针对性的辅导。

通过这四个阶段的项目实施，可以基本保证门店运营的各种问题得以有效解决，保证门店运营的系统升级。

【开动脑筋】

根据第一章对于不同类型连锁企业的分类，即直营连锁、加盟连锁及自由连锁的特点，试分析总部应采取的不同管理方式。

【资料阅读】

连锁超级市场、连锁便利店门店管理规范

1. 现场管理规范

主要是创造良好的企业形象，增加来店顾客，提高客单价，扩大销售。现场管理重点有：

（1）卫生管理。确保销售场地整洁，过道通畅，设备、货架布局合理，时时保持设备、货架、柜台、橱窗等的干净、明亮，不擅自乱贴店内广告等。

（2）陈列管理。商品丰富、货架丰满，根据商品保质期，先进先出，显而易见，易拿易放，商品组合陈列合理。

（3）商品管理。开展科学的商品管理，注意收集时点销售数据管理系统（POS）

的信息和利用 ABC 分析法，筛选出畅销商品。灵活运用订货、补货，扩大畅销商品的陈列空间，定期检查畅销商品的库存和货架卡，以确保畅销商品不断档。

2. 服务管理规范

（1）服务用语。要使用"您好"、"请稍等"、"对不起"、"让您久等了"、"欢迎再来"等服务用语。忌讳用"不知道"、"卖完了"、"不行"、"没有了"等语言。

（2）对缺货的处理。发现顾客购买的商品缺货时，首先表示道歉，然后应告知该商品何时到货，或主动建议其他能替代的商品。最后，店员必须将缺货的商品作为下次订货或补货的参考信息，反馈给店内相关的负责人。

（3）客户投诉处理。处理客户投诉时，严禁对客户投诉推诿责任，应以诚挚的关心态度，耐心听取其陈述后，酌情处理，不能因此造成顾客流失。

3. 门店人员的岗位职责

（1）店长、副店长职责。店长是门店的核心人物，店长必须服从连锁公司总部的高度集中统一指挥，积极配合总部的各项营销策略，达到门店的经营指标。要做到：

- 监督商品的要货、上货、补货，做好进货验收、商品陈列、商品质量和服务质量管理等有关作业。
- 执行总部下达的商品价格变动。
- 执行总部下达的销售计划、促销计划和促销活动。
- 掌握门店的销售动态，向总部建议新商品的引进和滞销品的淘汰。
- 掌握门店各种设备的维护保养知识。
- 监督和审查门店会计、收银和报表制作、账务处理等作业。
- 监督和检查理货员、服务员及其他人员作业。
- 负责对职工考勤、仪容、仪表和服务规范执行情况的管理。
- 负责对职工人事考核、职工提升、降级和调动的建议。
- 负责对员工的培训教育。
- 妥善处理顾客投诉和服务工作中所发生的各种矛盾。
- 监督门店内外的清洁卫生，负责保卫、防火等作业管理。
- 监督门店的商品损耗管理，把握商品损耗尺度。
- 做好与门店周围社区的各项协调工作。

店长、副店长除具备各岗职技能外，还要有全盘管理能力和组织能力。

（2）店助理（部门主任、组长）职责。门店助理对本岗位工作应有相当丰富的经验，掌握本岗位技能，熟知门店各岗职技能，熟悉店长、副店长的工作职责，协助店长、副店长做好工作。

（3）门店收银员职责。门店收银员具有熟悉商品的货区、商品基本价位、收银业务、结算小票管理业务、收集和提供商品销售信息、顾客信息、退货处理以及收银台安全职责。收银员的具体岗职规范有：

● 做好营业前的准备工作：服饰、仪表、清洁卫生，做到举止大方，佩戴好工号牌。

● 营业前认领备用金并清点确认。

● 营业前调试好收银机，准备好其他备用品，并了解当日变价商品和特价商品。

● 顾客进店时，应表示欢迎顾客光临。

● 登打或扫描商品价格时，应报出每件商品的金额。登打或扫描结束时，应报出商品金额总数，并主动将结算小票置于购物袋或交给顾客。

● 收银时要唱票"收您多少钱"，找零时要唱票"找您多少钱"。

● 当顾客不多时，应替顾客做好商品装袋服务。要做到将生鲜商品、冷冻食品和其他商品分装，大且生的商品应先装入袋中；顾客多时，要以尽快疏散顾客为主，加快收银速度。

● 收银时要做到正确、快速、对顾客保持亲切友善的笑容，做到更好的接待顾客。

● 耐心地回答顾客的提问。

● 记录和保管遗失的物品。

● 发生顾客抱怨或由于收银有误顾客前来投诉交涉时，应通知店长或值班经理来处理，避免影响正常的收银工作。

● 在非营业高峰期间，听从店长或值班经理安排的其他工作。

● 营业结束后，按所收货款填写交款清单，现金、支票分别填写，本人签字后将货款交给核算员。

● 经核算员按收银机的存根审核后，如长款要写报告，短款自付。

● 向有关部门提供销售信息及顾客信息等。

（4）门店理货员职责。理货员是超级市场、便利店中从事商品整理、清洁、补充、标价、盘点等工作的人员。门店理货员的职责是巡视货场，耐心解答顾客的提问，熟知所属货区商品的保质期，熟悉所负责范围内商品的名称、规格、用途，掌握商品标价的知识，正确标好价格，掌握商品的陈列原则、方法和技巧，正确进行商品陈列，保证商品安全。

理货员的作业流程：

①领货作业。营业中，陈列架上的商品在不断减少，理货员必须去内库领货，以补充货架。

- 领货必须凭领货单。
- 领货单上要写明商品的大类、品种、货名、数量和单价。
- 对内库管理员提供的商品，必须按领货单上的款项逐一核对，以防造成提错货物。
- 标签打贴位置要一致，以方便选购、定向扫描和收银计价。
- 打标价签前要核对商品的代号和售价，并核对进货单和陈列架上的价格卡，作业完了妥善保管价签纸。
- 商品变调价需重新打价时，对原价签的去留应有一个统一的规定。

②补货作业。理货员将标好的商品依照商品各自规定的陈列位置，定时或不定时地补充到货架上。

- 定时补货。指在非营业高峰的补货。
- 不定时补货。指只要货架上的商品即将售完，就立即补货，以免造成缺货，影响销售。补货作业不能影响顾客购买。
- 核对卡、货。先检查对欲补货的陈列架前的价目卡是否和要补上去的商品一致。
- 先进先出。补货时将原商品取下，然后打扫陈列架，将补充的新货放在里面，再把原架上的商品放在前面，做到商品陈列先进先出。
- 对特殊商品要控制。对冷冻食品和生鲜食品的补充，要进行时间段投放量的控制。这要根据每天销售量和销售高峰来具体确定。

理货员除了领货、标价、补货之外，还肩负着盘点作业。

（5）验收人员职责。商品验收是确认检查商品质量、审核商品产地、生产日期、发货时间、数量、价格、品种等的环节，因此，门店验收人员应手持送货单或发票、收据，与送货人逐项清点，减少事后因退货或其他原因造成的浪费，避免发生不必要的争执。

（6）门店会计职责。不折不扣地执行公司财务部对门店的财务管理，准确、真实、及时地向财务部上交门店各种报表，对报表的数据进行汇报、分析和处理。

（7）服务人员职责。服务人员需要了解与理货员和收银员的基本岗位技能，同时掌握服务礼仪规范，还要了解和掌握门店的商品分布情况、商品知识及有关知识，以便能流利地回答顾客的各种询问，掌握公司便民服务的内容和措施。

>> 本模块小结

连锁经营是一种较新型的商业运作形式，代表着一整套先进的管理思想；它是依靠科技信息和规范标准的管理，进行低成本的复制和扩张，进而实现规模效益；它是企业发展到一定程度后企业自身发展的必然要求，是企业成熟发展的一种表现。

连锁企业经营管理的基本原则是"三化"，即标准化、简单化、专业化。连锁经营作为一种先进的商业组织形式，其先进性体现在将计算机管理技术、中央采购技术、物流配送技术、营销创新技术、人力资源管理技术等一整套商业运作的集成技术作为保障。

连锁经营是一种商业组织形式和管理模式，是由在同一经营字号的总部统一领导下的若干个店铺或分支企业构成的联合体所进行的商业经营活动。一般采取商品策略、价格策略、促销策略实现连锁经营的整体优势。

连锁企业发展越来越迅速，必然面对内外部环境的种种变化。门店问题出在店面，解决方案在总部。针对连锁门店常见的运营问题，需要紧紧抓住这些问题的关键点，设计出运营、训练、督导为一体的运作系统；否则，只改善单一的环节，并不能获得总体的提升效果。

>> 本模块参考

浏览网址

[1] 特许网 http://www.texu.com.cn/
[2] 零售网 http://www.lingshou.com/
[3] 联商网 http://www.linkshop.com.cn/
[4] 开商网 http://www.kesum.com/
[5] 超市周刊 http://www.cszk.com.cn/

>> 思考题

1. 为什么说标准化是连锁经营管理的最大特征？
2. 简述技术集成在连锁经营管理中的作用。
3. 对某一品牌连锁企业的两个不同门店的标准化情况进行观察与分析。
4. 结合本模块项目二"促销策略"的内容，针对"六一儿童节"设计一个具体的促销活动。
5. 举例说明总部对分店的管理模式。

>> 案例分析题

连锁企业再发展策略浅议

当连锁企业面临发展的"瓶颈",想寻求突破时,有许多策略及方法可以选择。

1. 追求有效成长——难度最大、帮助最大

企业可以"精耕"现有的市场,提供更多的新商品来赢得现有顾客的消费热心;可以现有的商品去开辟新的市场;也可以采取开发新商品去切入新市场的多角化策略。

对于规模大多属于中小型的连锁企业而言,以上三种成长策略中,难度最大的是第一种,因为营销企划及商品开发人员必须要绞尽脑汁地去开发、去创新。难度其次的是第二种策略,情况好一点的企业可在现有的市场上采取守势经营,留下部分人员维持已有的局面,再派出资深人员到新的地区去开发市场;情况差一点的企业可干脆转移阵地——整店(公司)迁移,到新的市场重新"起家"。第三种策略——多角化策略,对于许多连锁加盟企业来说,可能是最简单的一种。因为这种做法别人已很成功,只要照搬过来,再加上自己的一点小改变就行,既省时、省力,又简便、快捷。所以,许多连锁加盟企业采取多角化经营策略在市场上运作。

可见,当市场很大且处于蓬勃成长时,后发的模仿企业避开市场上领导品牌的锋芒,学习对方的优点,再将对方的弱点加以改进,选择与对方有所区别的目标客层,或是在不同的城市发展,将可能会获得相当高的利润。但是,如果市场狭小且处在饱和的状态下,采取模仿经营的策略并不见得能够成功。

2. 认真经营品牌的企业会赢得消费者的肯定

反观麦当劳、肯德基等认真经营品牌价值和顾客满意的企业,坚守自己的经验宗旨,不论大环境的景气是好还是坏,他们都努力地开发新商品、新服务去满足消费者的需求,创造更高的顾客满意度。

因为坚守岗位、精益求精,如今它们都是该行业领域中的龙头品牌。从来没有听说过这些企业的经营团队放弃本业而跑去经营别的事情的。

可见,连锁加盟企业想要经营成功,绝对不能贪心——坐着这山望着那山高,遇到困难时,要本着创造多赢局面的出发点,设法强化连锁店的竞争力来提升企业的经营实力。

沃尔玛的经营思想和策略浅议

最近数十年发生的商业变化，使每家企业都在一个全球市场中同各地的竞争者竞争。沃尔玛在这场残酷的竞争中产生了一个异常突出的特点，即永远领先一步的经营思想和策略，很值得我们思考与借鉴。具体表现为以下几个方面。

1. 最新的立体战略

当沃尔顿与其合伙人开设5~10美分特许商店时，一种新的业态产生了，即在城区出现的早期折扣店。沃尔顿以其独到、敏锐的眼光看到，类似的商店可能在农村和小城镇市场有发展潜力，但其向合伙人建议在小城镇开办折扣店的设想时遭到了拒绝。按美国零售业的经营常识，在人口不到5万的小城镇开办折扣店是行不通的，但沃尔顿以惊人的魄力打破了惯例。

1962年，沃尔顿与其兄弟开设了第一家沃尔玛折扣店，此后便渐成燎原之势。当连锁之风盛行全球，传统连锁店将经营、定价、促销权高度集中在公司一级时，沃尔玛又一次反其道而行之：沃尔玛物流管理中心的交叉装卸法将需求控制逻辑倒装过来，令顾客在其所需的时间和地点拿到产品，从而真正达到最有效地满足顾客的要求。此外，他还重视最新科技和信息系统的广泛运用，因为沃尔顿早年服役于陆军情报团的经历使他特别重视信息沟通。所以，在沃尔玛庞大的集团式购销网络中，以卫星通讯和电脑管理所代表的信息化高科技联络方式起着举足轻重的作用。例如，20世纪80年代初，当其他零售商还在钻信息化的牛角尖时，沃尔玛便与休斯公司合作，花费2400万美元建造了一颗人造卫星，并于1983年发射升空和启用；其后又先后花费6亿多美元建起了目前的电脑与卫星系统。借助这套高科技信息网络，沃尔玛的各部门沟通、各业务流程都可迅速而准确的运行。

2. 有理有节的扩张策略

在整个企业的扩张过程中，沃尔玛有整套的扩张策略。在业态上，沃尔玛选择了以60~80年代刚好处于业态寿命周期中成长期的折扣店，从而最有利于早期扩张；在产品和价格决策上，沃尔玛以低价销售全国性知名品牌，从而赢得了顾客的青睐；在物流管理上，采用配送中心扩张领先于分店扩张的策略，并极其慎重地选择营业区域内最合适的地点建立配送中心；在地点选择上，采用以垄断当地市场后再向下一个邻近地区进攻的基本原则和在配送中心周围布下大约150个分店的策略。

3. 沃尔玛的形象制造

沃尔玛已经成为美国、甚至世界现代零售业的代表。可见，一个良好的形象样板店无疑会给人们留下深刻的印象，传达出更多、更好的企业精神。那么，怎样开设沃尔玛形象样板店呢？

在很多沃尔玛商店，都可以看到一个约 100 平方米的科普画廊，利用图片、实物、文字等形式向人们讲述了爱护资源、保护环境的种种途径。在寸土寸金的沃尔玛店堂中，能辟出 100 平方米来展示与商品销售无关的内容，自然有他的苦心，即树立良好的社区形象。

这些活动的展开，标志着沃尔玛已进入社会营销时代，通过社会环境和人类资源的保护，树立全新的企业形象，赢得社区消费者的喜爱。

4. 周到的服务

沃尔玛所有店铺商品的价格都由总部统一规定，从而保持了一致的店铺形象。但是，由于竞争对手是多样的，商品的价格水平自然有所差异。因此，沃尔玛店铺的商品价格水平在某个地方会低于竞争对手，在另外的地方可能高于竞争对手。

沃尔玛有三种店铺形态：山姆俱乐部是会员制，顾客购买是大批量的；购物广场有现成的网点，与一个超级市场相邻，但不是以超市为主；折扣商店是非会员制的，允许小批量购买。

另外，为方便顾客，有些折扣商店还附设有麦当劳餐厅、一小时洗相部等。

5. 前瞻性的营销战略

具有前瞻性的营销战略，也是促使沃尔玛屡屡"先行一步"，获取成功的关键所在之一。

谁也不会想到，沃尔玛在开业时的经营并不顺利，甚至一度陷入困境。但是，沃尔顿通过市场调查发现，沃尔玛开始主要经营的是价格定位较高的名牌商品，但在国内经济不景气的宏观经济环境中，为了避开大城市商业的竞争，沃尔玛又主要选择在小城镇建店，面对的是大量中低档收入水平的顾客群。因此，如果价格定位过高，顾客就会到其他商店去购买。

针对这些不利因素，沃尔顿及时调整了经营策略，仅选择一些对消费者有一定影响的大众化商品，但一定是优质品牌，并通过获得价格折扣的大批量、规模化采购来降低进价，再以明显低于当地的市场价格——基本上低于超市的 20%～40% 的价格销售，从而赢得了众多的顾客。

问题：

1. 为什么说"模仿策略是最差的成长策略"？
2. 为什么沃尔玛能在经营战略上胜人一筹？
3. "创新"与"差异化经营"之间有什么样的内在联系？

模块三

商业网络与连锁门店选址

>> 学习目标

1. 了解城市商业网点规划经常运用的商业经济学理论、城市经济学理论、空间经济学理论、城市规划理论
2. 理解城市总体规划、商业发展对商业网点的影响
3. 掌握连锁经营分销网点分布的商圈分析
4. 掌握连锁门店选址的要点、条件及参数
5. 了解新开门店的基本程序

【案例导读】

麦当劳的选址"心经"

麦当劳在我国的发展步伐无疑是飞速的，如今的孩子几乎没有不知道麦当劳叔叔的。有人说，这是麦当劳的本土化策略带来的结果。细细分析，确实有这方面的原因，因为麦当劳会根据当地人的口味适当地调整自己的配方，但这只是其中的一小部分，不管到哪里，它都把汉堡包作为自己的特色。所以，本土化只是它成功的一个方面。麦当劳最成功的地方在于选址——它只选择在适合汉堡包生存的地方开店，所以它的每个店都非常成功。"应该说，正因为麦当劳的选址坚持通过对市场的全面资讯和对位置的评估标准的执行，才能够使开设的餐厅，无论是现在还是在将来，都能健康稳定地成长和发展。"麦当劳的工作人员表示。

麦当劳选址原则——规划、数据、20年原则一个不能少

一位不愿公开姓名的专业人士再一次证实了规划先行之说。他告诉记者，麦当劳布点的最大原则，就是20年租期不变。所以，对每个点的开与否，都要通过3个月到6个月的考察，再做决策评估。考察重点是看其是否与城市规划发展相符合，是否会出现市政动迁和周围人口动迁，是否会进入城市规划中的红线范围。凡是进入红线的，坚决不碰；老化的商圈，坚决不设点。有发展前途的商街和商圈、新辟的学院区、住宅区是布点考虑的地区。

在20年不变的原则下，进行市场调查和资料信息的收集，其中包括人口、经济水平、消费能力、发展规模和潜力、收入水平，前期研究商圈的等级和发展机会及成长空间。

然后对不同商圈中的物业进行评估，包括人流测试、顾客能力对比、可见度和方便性的考量等，以得到最佳的位置和合理选择。在了解市场价格、面积划分、工程物业配套条件及权属性质等方面的基础上，还要进行营业额预估和财务分析，最终确定该位置是否有能力开设一家麦当劳餐厅。

以大型商场为邻居

仔细观察麦当劳快餐厅在北京的扩张，人们惊奇地发现，麦当劳快餐厅几乎都是建在大型商业设施旁边。专业人士分析认为，"将绝大多数店铺建在大型商业设施旁边，表现出来的必然性，便是麦当劳选址营销策略的规律特征"。

以大型商业设施为依托，比较容易获得客源。因为人们选择快餐往往是顺便而就，而不会单独计划去某处快餐厅就餐。麦当劳的经营者深谙经营之道，熟知顾客这一心理，把店址选在大型商业设施旁边，在弥补大型商业设施餐饮功能不足的同时，与其共同形成了对顾客的吸引力，不仅增加了大型商业设施的顾客流量，给大型商业设施带来了销售效益；也使顾客比以往更愿意到有快餐厅的大型商业设施去购物，因为人们会感到更方便。

与此同时，以大型商场为邻居也相对简化了选址的工作程序和工作量。餐饮业和零售商业在选址的前期，都要做大量的调查和研究，分析一手的和二手的调查资料，经过比较分析后才能做出决定。而麦当劳快餐厅定位于大型商业设施旁边，可以省去许多环节，只要详细分析大型商业设施的客流量及其构成，以及大商店的经济效益即可。

资料来源：http://cq.qq.com/a/20080416/000196.htm。

连锁企业发展的标志就是规模扩张，它的前提是总部统一控制、发挥整体优势，而实现这一目标的第一步就是通过选择合适的店址，进行最大限度的"拷贝"，使分店更加标准化，使总部经营管理更加简单化。麦当劳连锁经营发展成功的三个首选条件是"选址、选址、选址"，他们就是要选择目标市场，以加快连锁经营度的步伐。

城市商业网络规划

2013年10月17日，商务部发布了《关于进一步加强内贸规划工作的实施意见》。意见提出，到2015年，基本完成县级市商业网点规划编制工作；到2018年，各省（区、市）编制完成内贸发展规划，内贸专项规划覆盖内贸主要行业和重点领域，60%以上县区编制完成商业网点规划，形成比较系统的内贸规划体系；到2020年，内贸规划体系更加健全，编制程序更加规范，规划质量显著提升，规划引导作用大幅增强，规划实施环境明显改善[①]。

一、城市商业网点规划的理论基础

在城市商业网点规划的理论研究和实践中，国内的许多专家学者从不同的角度探讨

---

① 商务部网站（http://scjss.mofcom.gov.cn/article/cf/zcfb/201311/20131100378461.shtml）。

了城市商业网点规划的基本原则和基本方法,来研究城市商业网点规划模式,但是还没有形成统一的、有说服力的城市商业网点规划理论基础。

商业活动作为城市的主要活动之一,其网点的规划受到城市规划、交通、人口分布、历史与文化积淀、宏观政策环境等各方面的影响,需要综合利用地理学、战略学、经济学、运筹学、系统工程学等方面的理论和方法,来处理商业网点规模与布局问题,解决商业网点发展中的各种问题和矛盾。因此,商业经济学理论、城市经济学理论、空间经济学理论、城市规划理论等成为城市商业网点规划的理论基础,运用这些理论指导商业网点规划,能够促使城市商业网点规划更加科学、合理。

1. 商业经济学理论

城市商业网点的规划必须以反映商业活动的基本规律为出发点。商业经济学作为一门专门研究商业活动规律的学科,是城市商业网点规划的基础理论。其中,商圈理论(包括中心地理论、区位理论等)和消费者行为学与城市商业网点规划息息相关。

商圈理论的研究成果为国外城市的商业发展提供了大量有价值的参考。随着我国进入城市化快速发展阶段,商圈理论的研究也为我国城市零售企业网点布局和业态分布提供了依据,并为我国城市商业网点规划中对城市商圈的空间布局和业态分类奠定了理论基础。

商业空间层次结构不仅来源于经济法则,还来自消费者行为及社会经济属性。分析空间形态,应该首先从消费者的需求和购买规律出发,考虑消费者行为差异对商业空间组织的影响。在规划商业街区、业态分布、商业网点的布局等方面,要正确反映消费者行为的规律及要求,以本地区消费能力的构成为基础,以当地居民的消费习惯为参数,以广大消费者的心理承受度为标尺。

2. 城市经济学理论

城市经济学关注空间要素在城市经济中的重要作用,重视对经济要素之间的密度效益、相邻效益、布局效益、网络效益和城市区域的聚集效益的研究,以实现经济要素在空间的合理布局。城市是进行各类商业活动和建设商业网点的载体,商业网点的规划必须遵循城市经济发展的基本规律。因此,应以城市经济学的理论与方法为指导,合理地解决商业网点的密度、相邻、布局及集聚等问题。

3. 空间经济学理论

空间经济学强调集聚对生产和城市区位的再构影响,通过空间供给和需求、定价和产出分析,研究空间均衡,即经济物品和经济活动的最优空间配置模式,包括部分均衡和一般均衡。商业集聚现象是现代城市商业网点发展中最突出的特征之一,各类商业聚集区(如商业街、购物中心、CBD等)是现代城市商业活动的主要场所,是城市商业网点规划最核心的内容之一。如何在空间上科学、合理的规划这些商业聚集区，如何在各商业聚集区之间分配经济物品和经济活动，使之趋于空间均衡，都是城市商业网点规划必须考虑的问题。因此，空间经济学的理论与方法为我们解决这些问题提供很多有益的启示。

4. 城市规划理论

城市规划研究城市的未来发展、城市的合理布局，并综合安排城市各项工程建设的总体部署，所以是一定时期内城市发展的蓝图，是城市管理的重要依据。城市商业网点规划从属于城市总体规划，它是城市规划体系中的专项规划，是对城市规划的补充、细化和完善。因此，城市规划的相关理论与方法对于城市商业网点规划无疑具有重要的指导意义。

二、城市商业网点规划的主要内容

城市商业网点规划的涉及面广，规划内容多。商务部在《城市商业网点规划编制规范》的通知中指出，城市商业网点规划是指根据城市总体规划和商业发展的内在要求，在充分反映城市商业发展规律的基础上，对城市未来商业网点的功能、结构、空间布局和建设规模所做的统筹设计。

可见，编制城市商业网点规划，应当在城市总体规划和城市发展规划的指导下，在充分了解城市商业网点发展现状的基础上，结合城市商业网点发展的趋势，站在城市可持续发展的角度，以商业网点的空间布局为核心构建城市商业网点体系。因此，其核心内容是商业网点空间布局规划和商业业态规划。

1. 商业网点空间布局规划

商业网点空间布局是指在综合分析城市商业网点分布现状、客流规律、交通状况、商业环境、历史传承、城市规划等因素的基础上，对城市商业资源在空间上做出的统筹安排与配置。具体来说，它包括宏观（面）、中观（线）、微观（点）三个层面。

（1）宏观层面——确定城市商业中心等级体系。根据中心地理论，结合我国城市商业空间结构研究成果和我国城市商业网点规划的实践，城市商业中心等级按照主要商业功能、规模和辐射能力，可以分为市级商业中心（一级商业中心）、区域商业中心（二级商业中心）、居住区（社区）商业中心（三级商业中心）三级。这是我国目前大多数城市基本的商业结构体系。

根据城市商业发展的需求，一般城市可以发展1~3个市级商业中心（一些特大城市除外）和若干个区域商业中心，而居住区（社区）商业中心的发展则不受数量的限制。在编制城市商业网点规划时,必须对三级商业中心的功能做出明确的定位,实现差异化发展,切忌重蹈计划经济时代"大而全"、"小而全"商业布局的覆辙。一般而言,在自由竞争条件下,根据商业网点对地价的承受能力,相应的选择与其相适应的商业中心,由此形成功能各异的商业中心。

市级商业中心的主要功能是满足全市居民及外来人口(包括游客)对高档次商品和特殊类型商品的需求,使他们在这儿更多地追求休闲、娱乐与享受。因此,市级商业中心在业态发展上应该强调高档化、精品化、时尚化,重点发展名店、特色店、老字号、百货店及餐饮娱乐网点等。但是,由于这些地方的地价较高,一般限制设置占地面积较大的大超市与仓储式商店。

居住区(社区)商业中心属于属地商业,其主要功能是满足当地居民的日常生活用品及其对一般消费品及服务的需求。因此,其商业网点发展应该强调便民化、大众化,重点发展日用品店、便利店、食杂店、水果店、书报刊亭、理发店、维修店等商业网点。

区域商业中心在规模等级和功能定位上介于市级商业中心和居住区(社区)商业中心之间,可结合各区域的特色及商业发展的基础条件,分别突出购物、交易、餐饮、娱乐、文化休闲、服务等功能,形成各自的特色。

(2)中观层面——商业街区的空间布局。现代商业街是重要的城市商业网点空间形态,是城市商业的缩影和窗口。商业街的规划、建设与发展是发展现代商业的重要组成部分,也是城市商业网点规划的重点之一。在规划商业街时,要求在对现有商业街现状分析(现有商业街空间布局、数量结构、发展特征等)的基础上,对未来商业街的发展方向、总体布局、发展重点以及对商业街的建设、改造、提升与完善等方面给予引导,并提出相应措施,尤其对如何突出商业街特色、营造美观的商业景观、丰富文化和传统内涵及发挥旅游功能等提出相应对策,以促进商业街有序、稳定地发展。同时,要注重商业街配套设施的建设(包括交通设施、公用设施、绿化设施、卫生设施、信息设施、景观设施等)和购物环境的改善(配备相应的旅游休闲、餐饮、娱乐等设施)。

(3)微观层面——大型商业网点布局规划。《城市商业网点规划资料汇编》规定,大型商业网点面积的标准按各城市实际情况由当地主管部门确定。纵观我国各地商业网点规划实践,大型商业网点一般是指营业面积在5000平方米以上的商业网点,主要包括大型百货店、大型综合超市、购物中心(Shopping Mall,SM)、仓储式商场和大型专业店等业态。大型商业网点在促进城市繁荣、改善购物环境、满足居民消费需求、提升商贸流通业竞争力和增强中心城市商贸功能等方面具有重要的作用。但是,大型商业网点的发展也会带来诸如加大城市交通压力、威胁中小商业网点生存发展等问题,需慎重设置，不可盲目发展。

大型商业网点的布局规划，必须坚持统筹兼顾、重点突出、特色明显、以人为本的原则，在综合考虑城市已有大型商业网点空间分布、人口分布及变化、集聚效应、交通条件和消费者行为的基础上，根据大型商业网点与人口的对应关系布局（具体对应关系可参考《城市商业网点规划资料汇编》）提出大型商业网点空间布局导引和分区、分业态的数量调控导引，并在此基础上提出重点提升和新建的大型零售网点发展规划（选址、营业面积、功能定位、相关配套设施等）与建设时序。

2. 商业业态发展规划

我国的城市商业网点发展规划兼具空间布局规划和产业调控双重职能，因此，对商业主要业态（批发业与零售业）进行规划也是商业网点规划的主要内容之一。

（1）批发业发展规划。具体包括以下几点。

①批发企业发展规划。批发企业是批发业发展的主体力量。批发企业发展规划应以批发企业现代化改造、龙头批发企业的培育为方向。随着流通产业结构及商品供求关系的变化，传统批发企业逐渐不能适应新的形势，这要求批发商业具备新的、相应的功能。因此，发展规划应引导批发企业尽快从单纯的商品供给调整中解脱出来，成为生产企业的"销售代理者"和零售业的"购买代理者"，引导总分销、总代理等新型批发企业发展，鼓励发展以农产品为主的食品专业配送企业。

②专业批发市场发展规划。专业批发市场是指一种或若干种商品经营者和商品购买者集中、公开、独立地进行交易的固定场所。在城市商业网点规划中，专业批发市场规划主要包括农副产品市场和工业消费品市场。

顺应现代流通发展的趋势，农副产品市场体系规划应以布局调整、资源整合、功能创新为发展思路，加强农副产品市场的软、硬件建设，包括农产品质量标准体系、物流基础设施、农产品准入制度等的建设，创新交易方式，引进拍卖、期货等新型交易方式。

工业消费品市场建设规划应以调整、改造、提高商品档次和服务质量为发展思路，结合各区域产业特点，培育一批规模大、功能全、辐射广的基地型、区域性工业消费品市场。

此外，在编制城市商业网点规划时，必须对各专业批发市场（包括新建、整合、改扩建等）的功能定位、建设规模、建设地点、建设年限与时序等进行相应的界定，以增加规划的可操作性。

（2）零售业发展规划。根据《国家零售业态分类标准》（GB/T18106-2004），我国零售业态从总体上分为有形店铺零售业态和无店铺零售业态。城市商业网点规划一般是对实体网点进行规划，故本文指的零售业态指有形店铺零售业态，主要包括食杂店、便利店、折扣店、超市、大型超市、仓储会员店、百货店、专业店、专卖店、家居建材商店、购物中心、厂家直销中心等。

零售业作为城市商业网点的主要构成部分，其数量多、分布广、差异性大、灵活性高，如果从空间上与数量上对其发展做出规划，显然是不现实的，也不是城市商业网点规划的本意，且在商业网点空间布局规划中，无论是商业中心还是商业街，其本质都是商业业态的动态组合的反映，而大型商业网点规划已经对一些大型零售业态的空间布局（规模、数量、选址等）做出了明确规划。因此，笔者认为，对于零售业态的规划不宜过细，应从大处入手，只需对各商业业态的布置原则、设置导向做出相应的界定即可，这样既可增加规划的灵活性，又能为商务主管部门管理商业网点提供参考，使规划不失可操作性。

连锁企业分销网点分布及门店选址

连锁经营高速发展的同时，许多企业忽视了市场容量和市场属性对其的影响，造成连锁店建设的盲目性与重复性。目前，许多连锁企业处于亏损的临界点，有的企业甚至已面临破产问题，这里固然有规模不够大无法获得规模效益的原因，但连锁网点布局上的缺陷和不规范也是不可忽视的重要原因。

一、连锁经营分销网点分布的商圈分析

1. 商圈界定与分析

所谓商圈，是指商店吸引顾客的地理区域，即商店的辐射范围。商圈由核心商圈（顾客占55%～70%）、次级商圈（顾客占15%～20%）和边缘商圈构成。所谓商圈分析，是指对网点商圈的构成情况、特点、范围及引起商圈规模变化的因素，进行实地调查、研究、分析，为网点选址提供科学依据。

商圈分析的意义在于：可获知特定商圈内的人口和社会经济特征，连锁店可依此提供相应的产品和服务；若已在一定区域内设有分店，连锁总部可判断新店是否会与老店发生冲突；可测算一定区域内分店设置的数目；能准确识别市场地理位置上的特点；掌

握市场竞争、金融服务、交通运输、商品配送、劳动力供给等情况。

2. 商圈划定

企业可通过售后服务登记、顾客意向征询、用户信息网络等途径搜集有关顾客的资料，对现有网点的覆盖区域大小、形态和特征做出较为准确的判断，进而划定商圈。

网点布局研究的目的是科学确定新网点位置，因此，首先要对准备开设网点所在的商圈加以划定。划定商圈的传统方法是"雷利零售引力法则"。该法则通过确定一个位于两区域间的无差异点，根据此点来确定商圈大小。该法则表明，特定区域内的人口越多、消费规模越大、商业基础越发达，对顾客的吸引力就越大，商圈也就越大，而处于无差别点上的消费者不论到哪里购物，各网点的利益均等。

"雷利零售引力法则"虽简单易行，但没有考虑交通时间和网点的集散顾客能力，且该法则并不是确定某一网点的商圈，而是确定某一区域的商圈。后来，大卫·哈弗（DavidHuff）对此进行了修正，提出了"哈弗模型"，来确定网点商圈。哈弗模型考虑到网点的营业面积、顾客的购物时间、顾客对距离的敏感程度等，经统计计算可得出消费者从不同距离到目标店购物的概率，根据企业的不同情况设立不同的概率标准，选择一定概率下的距离划定商圈范围。但哈弗模型也有其缺点，它的概率值的确定较复杂，而且没有考虑消费者对不同商店的偏好。

3. 商圈分析的内容

从单一网点来看，可将其商圈构造归结为"点、线、面、流"四个方面，"点"即网点，"线"即网点可以辐射到的最远距离，"面"即辐射的范围，"流"即商圈的市场动态。

商圈分析包括以下具体内容。

（1）人口规划及特征分析。这包括人口总量和密度、年龄分布、平均教育水平、居住条件、总的可支配收入、人均可支配收入、职业分布、人口变化趋势、消费习惯等。

人口数量是衡量商圈内需求大小的重要参数。网点的顾客可分为居住人口、工作人口和路过人口三部分，这三部分人口的消费特点各有不同。了解商圈内不同顾客的年龄分布特点、教育水平、收入支配情况、职业分布，可使连锁企业掌握消费者的惠顾倾向，安排设立适应这些惠顾倾向的连锁分店，以得到最好的布局效益。另外，根据商圈内居民的消费倾向和生活习惯，可以预测特定商业行为对现有市场引力的大小。

（2）经济状况分析。企业需要掌握商圈内是否存在主导产业、是什么产业及会给商圈带来什么影响。若商圈内的居民多从事与主导产业相关的工作，那么该主导产业的前景就会直接影响到商圈内居民的收入和消费水平，进而影响商圈的市场容量；如果商圈内的产业多角化，则消费市场一般不会因某产业市场需求的变化而发生大的波动；如果商圈内的居民从事的工作行业分散，则居民购买力的总体水平的波动就不明显，对连锁店营业额的影响也就相对较小。

（3）竞争状况分析。这主要包括现有竞争者的数目与规模、不同竞争者的优势与弱势、竞争的短期和长期变动趋势、市场饱和程度等。除了注意竞争者外，还要掌握商圈内商店群的构成，衡量商业相对集中区里的各个网点的相容性。其评价工具是商店间的顾客交换率。

（4）网点地址的可获性分析。这主要包括地域类型与数目、交通网络状况、区位规划限制等。开设连锁分店时，一般首先要分析商圈内有哪些商务区。通常，商务区可分已规划商务区和未规划商务区，已规划的商务区一般有区域规划限制。而商圈内交通的顺畅程度，公交车的路线安排、站位设置、道路过往限制等，均会影响客流量大小。

此外，税收、执照、营业限制、劳动力保障等，也是影响网点生存的重要条件。

根据分析以上内容，连锁企业可决定是否在商圈内设置分销网点。

二、连锁门店的选址要点

通常情况下，繁华商业区的商圈范围较广，人流量大，营业额必然较高；人口密度高的大中型居住小区，需求旺盛，而且客源稳固，可保证店铺的稳定性；沿街店铺具有交通便利的地理优势，客流量最多，商铺经营面较广；郊区、住宅社区配套商铺则有较大的价格优势和发展潜力。门店选址要基本满足这些条件。

1. 基本条件

（1）客流量。对经营小型商铺的创业者来说，客流的大小直接影响到收入的多少。因此，选择优越地理位置的商家的投资收益较高，但好地段的租金较高，竞争也很激烈。相对而言，社区商铺与沿街店铺的客流量稳定，投资回报平稳。而郊区住宅的配套商铺客源已经固定，所以就必须在经营上多下工夫了。

（2）地理位置。由于顾客购物时总是选择交通便利的商店，所以在分辨竞争对手的时候，店址附近的路线是门店选址的重要因素。要准确判定商圈内顾客的习惯性行走路线，最先占据有利地位，为门店的成功做好准备。

（3）交通状况。在决定租赁一家大型商店前，通常的做法是与当地政府切磋新的交通线路。假如商店或店标在远处或至少驱车经过时很容易被看到，那它就是比较理想的店址，因为明显的店标就是一种广告，它能让人停下来。一个道路狭窄且单行线，甚至经常交通堵塞的街道上的门店，是不会有太多顾客光顾的。

2. 综合条件

（1）判定竞争对手。对竞争对手的分析，可分为业内竞争和行外竞争两种情况。随着市场竞争的加剧，为了吸引更多的顾客群体，为顾客供给"一站式"购物，经常会看见门店出售的商品与商店的类型不相干的现象，这种现象被称为掠夺式销售。面对这些来自方方面面的市场竞争，作为一个市场的"入侵者"，应当有充分的准备，合理计算剩余的市场份额，以便确定自己门店的经营定位。

（2）商业环境。并不是所有的好地点自始至终都是好的，当市政规划变动时，热闹的地段有可能变成冷僻之地，而许多开发中的地段却会成为有极大投资空间的"风水宝地"。因此，创业者在选址时要把眼光放远一些，多了解一些该地区将来的发展情况。当然，除了关注市政规划外，还要注意该地区未来同业竞争的情况。

（3）门店性价比。不同地理位置、周边环境、交通条件、建筑结构的店面，铺位的价格会有很大不同，有时甚至相差十几倍。对创业者来说，应考虑整个店铺的性价比问题。但对进驻商业广场的创业者来说，铺位的租金价格很重要，但整个商场的管理经营更为重要，好的商家并非将铺位成功卖出或租出后就大功告成，其后期的经营管理、保证投资者有得赚是一个长期的运营过程。因此，创业者必须重视商家的后期运营操控。

3. 好店址应具备的六个条件

（1）商业活动频度高的地区。在闹市区，商业活动极为频繁，把商店设在这样的地区，商店的营业额必然较高。这样的店址就是所谓的"寸金之地"。相反，如果在一些冷僻的街道开店，人迹罕至，营业额就很难提高。

（2）人口密度高的地区。居民聚居、人口集中的地方是适宜设置商店的地方。在人口集中的地方，人们对各种商品有大量的需求。如果商店能设在这样的地方，致力于满足人们的需要，就会取得不错的收益。而且，由于此地顾客的需求比较稳定，销售额不会骤起骤落，可以保证商店的稳定收入。

（3）面向客流量最多的街道。如果商店处在客流量最多的街道上，受客流量和通行速度的影响，可使多数人选择就近购买所需的商品。

（4）交通便利的地区。各个车站或主要车站的附近——顾客步行不超过20分钟路程的街道设店，就会拥有源源不断的客流。

（5）接近人们聚集的场所。在剧院、电影院、公园等娱乐场所附近，或者大工厂、机关附近，一般人流较大，并且交通方便，有很多商业街，在此设店是个不错的选择。

（6）同类商店聚集的街区。大量事实证明，对于那些经营耐用品的商店来说，若能集中在某一个地段或街区，则更能招揽顾客。因为经营的种类繁多，顾客在这里可以有更多的机会进行比较和选择。

三、选址评价参数

店址是商圈的"点",它的位置举足轻重。选址评价涉及已有店址扬长避短和开发新店址两项内容。已有店址位置是否合适、存在哪些问题及如何克服问题,可通过改善网点位置环境加以分析评价,而对开发新店址,则需做深入分析。

1. 人口分布参数

一个商圈内的人口分布不可能是均匀的,分析人口分布状况及其变化,可判断商圈的消费重心。网点的一个基本功能是创造"空间效用",将商品呈现在"适当的地点",越便于顾客购买,吸引力就越大。

2. 人员流量参数

通过一个地点或区域的客流量越大,在其他条件不变的情况下,该地点越适于开设分店。人员流量参数主要包括流动人数及其类型分析和入店率分析。例如,上海的豫园商城是集园林、庙宇、市场为一体的商业区,每天的客流量在十万以上,但大部分客流是旅游者,不是买客。所以,如果在这里开设近万平方米的大百货商店,肯定是不行的。

3. 地理位置参数

顾客购物时总要选择商店地理位置的便利程度,如果商店处在十字路口等交通要道上,就具有了很好的地理位置。所以在选择店址时,一定要考虑它的地理位置参数。

4. 交通状况参数

网点前的道路拥挤程度、过往交通限制、到达网点的交通便利度,以及网点是否接近车站、是否在商圈的主干道附近等,都与客流量有着密切的关系。同时,交通状况也与配送、上货速度有直接关系。

5. 场地空间参数

在国外,由于家庭车辆的普及率很高,因而对网点场地空间的要求是:购物中心平均每 100 平方米营业面积有 4~5 个停车位,超市平均每 100 平方米有 10~15 个停车位。目前,我国的车辆普及率还不高,但连锁网点的周围至少要有足够的自行车停车场地,特别是那些顾客一次性购物量大的仓储式网点。

6. 辐射范围参数

网点的影响力有向周围辐射的能力,这一能力的大小决定了网点是否可有效地"以点带片"、连点成线组网并不断扩张。

7. 产权归属参数

拥有网点产权,虽然一次性投资大,但不受租期和房地产涨价的限制,不用担心到期后不能续签契约而可能造成的停业或迁址损失,并可享受房地产增值带来的利益,提高消化费用上升的能力和银行贷款的能力。相反,租赁房产虽投资小,但受价格波动的影响大。

8. 识别特征参数

可见度可使顾客在远处就能注意到商店的存在。一般来说,两条街道相交的地点较为理想,其步行客流量和车流量大于任何一条街道。但是,街道相交地点的人行道处有交通限制的就不一定理想。

四、店址评估

备选店址一旦确定,就要进行评估。选址与评估工作都是由连锁总部统一计划和实施的,再一次体现了连锁经营管理的标准原理。

评估应该具体,首先是要确定评估项目,其次是进行定量化评估,最后做出相关分析并选定店址。这是一系列的标准化流程。评估项目应视特许发展战略而包括店面结构、交通状况、竞争环境、顾客流量、店面成本、发展趋势六个方面。

1. 店面结构

店面结构需要从两方面评估:地理位置和竞争角度。

(1) 地理位置角度。从地理位置评估一个店址,应该从它的地理位置出发,看它是属于商业中心型、准商业中心型、郊外型,还是居民小区型。再根据连锁店本身的性质来评估店址的优劣。

①商业中心型店址。位于全市的繁华商业区,这里各类商业、娱乐、服务设施林立,人流、车流量大,店址的辐射力强,商圈范围也比较广泛。此类店址适合各类连锁专卖店的开设。

②准商业中心型店址。位于地区性商业中心,有重要的交通干线相联结,顾客流量较全市性商业中心少,尤其是流动顾客数量很少。此类店址适合食品、日用商品和各类专卖店的连锁经营。

③郊外型店址。这是随着城市人口的外迁而设立的店址,其顾客少但固定,经营成本最低。

④居民小区型店址。这是位于居民集中居住区内,为小区生活配套设施。此店址最适合食品、日用生活品等连锁商店的经营。

(2) 竞争角度。另一方面，需要从竞争的角度出发，看店址是属于竞争型店址还是孤立型店址。

①竞争型店址。这是指同一商圈内有竞争对手存在。竞争对手有两类：一是同类连锁商店，来自这类对手的竞争压力可谓最大；二是与本店有经营交叉的商店，如百货店、食品店、蔬菜店等。

②孤立型店址。孤立型店址正好与竞争型店址相对，商圈内没有上述两类竞争对手存在。

上述各类型店址各有利弊，如租金低的地段客流少，而客流多的地段房产价格又极其昂贵；竞争对手少的地段往往缺乏商业吸引力，而商业吸收力大的地段又总是拥挤着众多的竞争者，且觅得合适的店址非常困难。

2. 交通状况

仅仅做出了店址的区域位置等店面结构选择还不够，因为在同一个区域内，一个连锁店铺可能会有好几个可供选择的开设地点，但有些地点对某个连锁店来说，是百分之百好的开设地点，而对另一个连锁店来说，就不一定是最满意的开设地点。因此，一个新设连锁店在做好区域位置选择以后，还要切实考虑多种影响和制约因素，做出具体地点的选择。

其中，交通条件是影响连锁店铺选择开设地点的一个重要因素，它决定了企业经营的顺利开展和顾客购买行为的顺利实现。

从企业经营的角度来看，对交通条件的评估主要从两个方面进行：一是在开设地点或附近是否有足够的停车场所可以利用。绝大多数购物中心设计的停车场所与售货场所的一般比率为4∶1。规模较大的连锁店必须有专用的汽车停车场，面积较小的连锁店可以不设专用停车场，但必须有自行车、三轮车停车场地，连锁店铺根据需要做出选择。二是商品运至连锁店是否容易。这就要考虑可供连锁店利用的运输动脉能适应货运量的要求并便于装卸，否则，运货费用的上升会直接影响到经济效益的发挥。

为方便顾客购买，促进购买行为的顺利实现，对交通条件要作如下具体分析：

(1) 设在边沿区商业中心的连锁店，要分析与车站、码头的距离和方向。一般距离越近，客流越多，购买越方便。

(2) 开设地点还要考虑客流来去的方向，如选在面向车站、码头的位置，以下车、船的客流为主；选在邻近市内公共车站的位置，则以上车的客流为主。

(3) 设在市内公共汽车站附近的连锁店，要分析公共车站的性质，是中途站还是始终站，是主要停车站还是一般停车站。一般来说，主要停车站的客流量大，连锁店可以吸引的潜在顾客较多；中途站与始终站的客流量无统一规律，有的中途站多于始终站，有的始终站多于中途站。

（4）要分析市场交通管理状况所引起的有利与不利条件。如单行线街道，禁止车辆通行的街道，与人行横道距离较远的街道等，都会造成客流量的减少。

3. 竞争环境

商店周围的竞争情况对零售经营的成败产生巨大影响，因此，在商店开设地点的选择时，必须分析竞争对手。一般来说，如果在开设地点附近竞争对手众多，商店经营独具特色，将会吸引大量的客流，促进销售增长，增强店誉，否则与竞争对手相邻而设，将难以获得发展。

当然，作为零售店铺的地点，还是尽量选择在商店相对集中且有发展前景的地方，这对经营选购性商品的商店尤其如此。

另外，当店址周围的商店类型协调并存，形成相关商店群时，往往对经营产生积极影响。如经营相互补充类商品的商店相邻而设，在方便顾客的基础上，扩大了各自的销售。

4. 店面成本

店面成本包括很多方面，具体来讲，主要包括：建筑物的新旧程度与装修成本，房地产价格与利用方式、利用期限，搬迁补偿费，水电增容费，有无城建规划限制等。

房地产价格与利用方式、利用期限是所有项目中最重要的一项，利用方式大致有四种：一是租房；二是买房；三是买房地产；四是买地盖房。此外，还可能通过联营、合作搞房地产、兼并等方式进行。因此，是否要拥有产权这一问题就变得非常突出。拥有产权，一次性投入大，但不会受租用期限和房地产涨价的限制，不用担心契约到期后不能续签造成的停业或迁址，而且还可享受房地产增值带来的利益等。房地产价格对销售价格、投资回收期有直接影响，而付款方式也会对实际价格产生影响，这些因素均应做具体的定量测算。

有无城建规划限制指有无良好的水电、下水道、暖气等条件；是否位于规划红线之外；有无绿地限制；能否加盖临时建筑等。

5. 发展趋势

对店址发展趋势的评估其实就是要分析城市规划。在选择商店的开设地点时，要分析城市建设的规划，既包括短期规划，又包括长期规划。有的地点从当前分析是最佳位置，但随着城市的改造和发展，将会出现新的变化而不适合设店；反之，有些地点从当前来看不是理想的开设地点，但从规划前景看会成为有发展前途的新的商业中心区。因此，零售经营者必须从长远考虑，在了解地区内的交通、街道、市政、绿化、公共设施、住宅及其他建设或改造项目的规划的前提下，做出最佳地点的选择。

另外，零售经营者还要对商店未来效益进行评估，主要包括平均每天经过的人数；来店光顾的人数比例；光顾顾客中购物者的比例；每笔交易的平均购买量等。

【开拓视野】

新开店铺的基本程序

新店开发共包括八个步骤：新店开发计划、市场资讯收集、地点优劣评价、确定合理价格、地点实务评估、营业额预估、财务状况分析、事后分析。

1. 新店开发计划

在开发一个新店之前，首先应制定新店开发计划，该计划是为了配合整个公司的发展计划而制定的。因为公司在不同阶段对同一个地区的发展计划会有较大的区别。例如，在刚刚进入某地区时，首先考虑的是在消费者心目中树立起品牌形象，因此该阶段的新店开发数量会比较少，也不会过分注重利润，通常会选择特别醒目的地理位置及面积比较大的新店。另外，还必须密切关注竞争者的扩张计划，在竞争者加快扩张速度时，公司也会相应加快新店的开发计划，以保持甚至增加市场份额。

2. 市场资讯收集

为了在某一地区开发新店，需要详尽地了解该地区的市场资讯，包括：人口（人口数、年龄、男女比例、住宅人口分布）；就业（就业人口分布数量、类别、来新店之便利性、主要办公大楼的固定和流动人口）；购物场所（所在地区、营业时间、主要顾客）；娱乐（地点、使用率、年限、外观、营业时间）；交通（总乘车人数、车站之乘客数）；竞争者（位置、相对的优点与缺点、预估其营业额）；政府之计划与法规（限建、未来计划、公路变更）；商业动态（经济增长率、失业率、新工程）等。在市场资讯的收集中，最重要的是商圈。

3. 地点优劣评价

地点优劣评价就是评定一个地点的好坏，将一个地点同商圈内其他地点的几项特定属性进行评比而得出的结果。

一般来说，对于地点优劣的评价分为以下四种类型：

（1）超级点。这是一个商圈内众人瞩目的焦点，其能见度与接近性尤其突出，是整个商圈中的绝佳地点。

（2）A点。这是商圈内众人瞩目的好地点，但其能见度与接近性不如超级点，此商圈中极少数的地点较其优越。

（3）B点。位于商圈中较不显眼的次要位置，在此商圈中的很多地点较其优越。

(4) C点。C点与B点类似，在接近性和能见度上条件差，在此商圈中不如很多地点。

4. 确定合理价格

根据地点的评定等级、面积大小、时间因素、建筑物结构和外观、商圈中相似物业的租售价等，确定业主或经纪人的要价是否合理。因为地点租金或售价的高低对新店未来的赢利能力有较大的影响。

5. 地点实务评估

不是所有的好地点都适合开设专卖店，特别是对于各种不同类型的专卖店，需要考虑各种实务因素是否可以满足要求。

6. 营业额预估

在进行商圈调查和地点分析后，选择相类似的专卖店做比较，预估新店每小时、每天、每周的营业额分布，再考虑季节性和假日的营业收入差异，来预估新店每月的营业额。

7. 财务状况

财务状况预测和分析是新店选址中极为重要的环节，在这一步骤中要重点评估新店的各项财务指标，包括获利能力、开发总成本、投资回报率、投资回收期、保本营业额、贡献利润、现金流量等。

8. 事后分析

在新店开设以后，将预估的营业额及各种财务指标与实际相比较，以检查新店选址中各个步骤是否正确，如有，则修正，同时为以后新店的开设积累经验。

以上八个步骤系统、完整，部分企业由于行业或者时间的关系，可以将其中几个步骤简化。

典型连锁企业门店选址案例

一、7-11门店选址实例

在零售业中，便利店作为一种追求便捷的优质服务的商业形式，一直占据着举足轻重的地位。良好的店址选择是其店铺开发过程中首要的和最被重视的要素,店址选择的失误将直接导致店铺运作的低效率和投资损失。因此,选址历来是一店铺管理中十分重要的内容。

1. 7-11便利店的基本概况

7-11是全球最为知名、规模最大的以自选销售为主,销售即食方便食品、小容量应急性食品、日常生活用品,提供各种便民服务,满足顾客便利性需求为主要目的的便利连锁店。目前在全世界16个国家和地区共有3.6万多家店铺,店铺数量超过麦当劳和肯德基。

2. 7-11便利店选址的主要原则

(1) 便捷原则。在店址的选择上,7-11考虑的一个基本出发点是便捷,从大的方面来讲,就是要在消费者日常生活的行动范围内开设店铺,如距离居民生活区较近的地方、上班或上学的途中、停车场附近、办公室或学校附近等。

(2) 最优原则。7-11在店铺开发中还十分关注其他便利店的选址情况,因为强调店铺的便捷性是所有便利店共同的出发点,因此,极有可能产生选址地点一致的现象。在这种情况下,7-11侧重的是通过细微的对比寻求最优的点。也就是说,任何地方都有位置的优劣之分,这可能是因为方向不同、主要建筑物不同或地势不同等所造成的,因此,7-11的店铺开设就要找出这种差异,让它在最优的位置上"生根"。例如,有红绿灯的地方,越过红绿灯的位置最佳,因为它便于顾客进入,又不会造成店铺门口的拥挤堵塞现象;在有车站的地方,车站下方的位置就要比车站对面的位置好,因为来往的顾客购物比较方便,省去了过马路的麻烦;在有斜坡的地方,坡上要比坡下好,因为坡下行人过往较快,不易引起顾客的注意。

总的来说,7-11特别注意在居民住宅区内设立店铺,而且在决定店铺位置的时候,非常注意避开这些地点建店,即道路狭窄的地方、停车场小的地方、人口狭窄的地方以及建筑物过于狭长的地方等。当然,不能说7-11完全避免了上述情况,但是这些情况发生的比率非常小。

(3) 战略相符原则。如果说以上还是从细微之处来考察店铺设立的话,7-11公司还有其他战略性的措施,以保障店铺设立的正确性和及时性。

①店铺的建立是否与伊藤洋华堂的发展战略相吻合。在伊藤洋华堂已进入的地区,由于商业环境和商业关系都已经建立和完善。所以,在这些地区,7-11可以立即进入。

②在进入新地区时,根据地方零售商的建店要求从事店址考察,并在此基础上,探讨有无集中设店的可能,即在目标市场实行高密度、多店铺建设,迅速铺开市场。由于

集中设店能降低市场及店铺开发的投资，有利于市场发展的连续性和稳定性，便于7-11的高效率管理。因此，它已成为7-11在设店管理中的主要目标和原则。

二、肯德基餐饮连锁店选址

1998年，拥有肯德基、必胜客、塔可钟三个著名品牌的餐饮系统从百事公司分离并在纽约证券交易所独立上市时，世界上最大的餐饮连锁集团——百胜（全球）餐饮集团便正式成立了。

而作为百胜子品牌之一的肯德基，自1987年在北京开设第一家餐厅以来，深受中国消费者的喜爱，已成为中国最受欢迎的快餐品牌之一。是什么原因使得肯德基餐厅能在中国开一家火一家呢？专家认为，肯德基能在中国大地上扎根、开花、结果，靠的不仅仅是它带来的"洋文化"，也不仅仅是它的标准化，而是它的一套独具特色的经营理念和管理经验。其中，作为肯德基核心竞争力之一的是它选址的成功率——几乎是百分之百。毫无疑问，肯德基对餐厅的选址是非常重视的，而且是非常专业的。"地点，地点，还是地点"这一使连锁店经营成功的首要因素，肯德基深信不疑。

1. 肯德基选址的基本要求

众所周知，开设一家连锁店首先遭遇到的就是选点，即选择合适的开店位置。目前，在中国的大多数城市中，房地产的价位一直在直线攀升，而具有开店潜力的商业门面已日趋稀少。因此，房产价值、租金、涨幅比例、租期年限等，都影响着经营者在扩张和投资策略中的开发定位，更与店铺的营业额的预估和软硬件投资的成本风险密切相关。所以，开店中选址策略的正确与否，将左右连锁店60%以上的经营命运。

肯德基在这方面的成功就是其成功的首要因素，它的选址要求包括以下几点。

（1）专门的市场开发部门及选址人员。公司拥有专门的市场开发部门，并拥有优秀的选址决策小组和专业的选址人员。选址人员凭其专业知识，根据自身品牌的市场定位选择商圈，评估每个地点的经济效益，而这些评估的过程都应有准则可循。

（2）详细进行市场调查和相关资料、信息的收集。市场调查、资料及信息的收集内容包括：人口、经济水平、消费能力、城市发展规模和潜力、消费者收入水平、商圈的研究和划分、未来发展机会及成长空间。

（3）用科学的方法对不同的商圈进行评估。建立一套选址评估方案，将有助于选址人员以合理而系统的方式累积和分析市场重要资讯，它是选址思考模式中极其重要的一环。

（4）选择集客点并评估地点。这包括竞争对手分析、人流量测试、营业额预估及对等店分析、店址的可见度和方便性的考虑等,并要在掌握该地点的房产租赁市场价格、面积划分、适合餐厅营运的工程和物业配套条件及产权属性等的基础上,进行财务分析,考虑中长期的稳定收入,建立投资回报模型,这样才能较好地控制风险,达到投资收益的目的。在得到最佳的位置分析和合理的选择后,确定该位置是否有能力开设餐厅。

2. 肯德基的选址步骤

具体来说,肯德基的选址步骤如下。

(1) 拟定商圈策略计划。肯德基进入的新市场,一定是被列入公司市场发展规划中的目标市场。因此,开发人员要对该市场做3年期的开发计划,并对预定开设的市场区域及发展地点做详细的评估,同时还要完成下列工作。

①确定该市场属地区性开发还是单店开发,以便完成该市场或城市的总体发展规划和开店布局。如肯德基公司已确定将开发南京市场,以南京市的城市人口规模600万计算,假设20万人口可以开一家分店,则南京市在未来可规划30家分店,并要做出大致的布局规划。

②对目标市场的开店规模和投资做出规划和预估。如肯德基公司计划在第一年开出3家分店,则发展部人员要根据市场的分析预估出这3家店的规模和投资总额,以便于公司提前做好资金的规划和调度。

(2) 划分商圈。对肯德基品牌而言,目标消费者和餐厅所在的商圈特性已相当清晰。选址人员也具有丰富的商圈划分经验。因此,一旦进入新市场,选址人员将通过获得的各种文字、地图、经济和消费数据等资料进行分析并划分商圈,确定肯德基分店的设点商圈。一般来说,从连锁店扩张管理上的方便来看,商圈可划分为第一商圈、第二商圈和第三商圈。

①第一商圈。最容易吸引消费者的区域,原则上是在顾客步行5分钟以内的范围。此商圈的消费力约占该店营业额的60%~70%。肯德基餐厅的选址大多在第一商圈内。

②第二商圈。与第一商圈相比,属于较不容易吸引消费者的范围。此商圈的消费力约占该店营业额的20%~30%。

③第三商圈。最难吸引消费者的区域。此商圈的消费力约占该店营业额的5%~8%。

(3) 商圈的选择及评估。在商圈划定后,发展部人员开始规划将在哪些商圈内开店,主要选址目标是哪些。在选择商圈的标准上,既考虑到肯德基自身的市场(包括目标消费者、价格等)定位,更要考虑该商圈的稳定度和成熟度。餐饮品牌的市场定位不同,锁定的顾客群也不一样,商圈的选择也就不同。例如,必胜客和肯德基的市场定位就不同,目标顾客群却是两个"相交"的圆,即顾客喜欢肯德基也可能喜欢必胜客,有的顾客可能从来不去必胜客却是肯德基的常客,或相反。但必胜客的商圈却与肯德基相同,如在南京新街口,肯德基与必胜客的店址相邻并分占了上下楼层。由此可以看出,肯德基的选址理念是:努力争取在成熟的商圈和最集客的地方开店,即使其租金很贵。

(4)店址选择和相关要素评估。选择店址就是要确定该商圈内最主要的集客点,因此,集客点的选择也影响到商圈的选择。因为一个商圈有没有主要集客点是这个商圈成熟度的重要标志。在一个成熟的商圈或有发展潜力的商圈内的店址是否有很大的集客点,肯德基通过候选店址门前的人流量统计即可做出评估。

由以上可知,选择的地点恰当与否不但关系到连锁店的成败,而且关系到品牌和连锁体系的成败。可以说,肯德基选址的成功在于其有独特的选址理念、科学性及专业执行力。因此,连锁企业在选址过程中,应着重做好三方面的工作:

第一步,根据自身品牌的市场定位和直营店,确定适合开店的商圈和位置条件,并将其过程知识化。

第二步,在确定进入的市场后,选址人员应根据选址战略的三大因素(消费者条件、交通条件及集客条件)和选址的流程来选择和评估商圈。

第三步,对候选的地点和房屋的相关要素进行仔细的评估。

最后,在候选的店址中,尽可能选出两个地点,在对其优点和弱点进行比较后,选择更符合自身开店标准的地点,就是该店地点的最佳选址。

【开动脑筋】
说说餐饮业连锁店与零售业连锁店在选址时的异同。

>> 本模块小结

城市商业网点的规划必须以反映商业活动的基本规律为出发点。商业经济学作为一门专门研究商业活动规律的学科,是城市商业网点规划的基础理论,其中尤以商圈理论与城市商业网点规划息息相关。商业经济学理论、城市经济学理论、空间经济学理论、城市规划理论是城市商业网点规划的理论基础，运用这些理论指导商业网点规划，能够促使城市商业网点规划更加科学、合理。商业网点空间布局受城市总体规划、城市发展规划及城市商业网点发展的影响，在综合分析城市商业网点分布现状、客流规律、交通状况、商业环境、历史传承、城市规划等因素的基础上，对城市商业资源在空间上做出统筹安排与配置，具体来说，它包括宏观（面）、中观（线）、微观（点）三个层面。

商圈是商店吸引顾客的地理区域，是商店的辐射范围。商圈由核心商圈（顾客占55%~70%）、次级商圈（顾客占15%~20%）和边缘商圈构成。商圈构造归结为"点、线、面、流"四个方面，"点"即网点，"线"即网点可以辐射到的最远距离，"面"即辐射的范围，"流"即商圈的市场动态。确定商圈后，门店选址要基本满足客流量、地理位置等基本条件和判定竞争对手、商业环境、门店性价比等综合条件。好店址应具备商业活动频度高、人口密度高、面向客流量多、交通便利、接近人们聚集、同类商店聚集等六个条件。

备选店址一旦确定，就需着手进行评估。首先是要确定评估项目，其次是进行定量化评估，最后做出相关分析并选定店址，这是一系列的标准化流程。评估项目应视发展战略而定，主要包括店面结构、交通状况、竞争环境、顾客流量、店面成本、发展趋势六个方面。

>> 本模块参考

浏览网址

[1] 7-eleven 有限公司 http://www.7-11bj.com.cn/

[2] 国美电器 http://www.gome.com.cn/

[3] 苏宁电器 http://www.cnsuning.com/

[4] 小肥羊 http://www.littlesheep.com/

[5] 麻辣诱惑 http://www.mala.com.cn/Html/about/gsjs/index.html

>> 思考题

1. 结合你常去的某家商店，谈谈你对商圈的理解。
2. 思考城市商业网点规划对于连锁经营企业店铺选址的影响。
3. 细心观察麦当劳、肯德基、必胜客三家店铺的周围环境，总结出几点普遍性的规律。

4. 7-11 店铺的选址案例对你有何启示?

5. 如果你想加盟某一便利店企业,你认为选在何处最为合适?为什么?

>> **案例分析题**

以下是某品牌连锁店选址调查(简表),请选择某一连锁品牌,根据你认为可以开店地方的实际情况(选择 2~3 个地点),分别填写下表。完成后对这 2~3 个地点的情况进行简要评估和比较。

某品牌连锁店选址调查表(简表)

所属区域:_____

店长姓名:_____ 联系电话:_____

联系地址:_____

请根据最佳候选店铺的条件填写下表:

	项 目	店 铺
外部条件	1. 所在区域(步行街、商业区、住宅区)	
	2. 行人流量(非自行车、汽车,写出店址所处马路两侧人流量,步行街、店中店、广场除外)	平均人流量——人/小时 (节假日 15:00~16:00)
	3. 所在区域主流消费类型(服装、化妆品、食品、药品、日用百货、其他)	
	4. 三年内是否列入市政规划	
	5. 与大型超市的距离(米,请标注超市商场名称)	
	6. 与最近自动提款机的距离	
	7. 是否在服装专卖店附近	
	8. 是否在化妆品专卖场附近	
内部条件	1. 实用面积是否大于 20 平方米(店中店除外,注明实际面积)	
	2. 门面高度是否在 2.8 米及以上(请注明实际高度)	
	3. 是否有橱窗,若有,请注明尺寸(高×宽 米)	
	4. 可租赁的年限是否在 2 年以上	
	5. 场地交付使用日期是否在三个月内(请注明实际交付使用日期)	
	6. 店铺形状:方形、长方形、多边形	

模块三 商业网络与连锁门店选址

续表

项　　目	店　　铺
7. 招牌面积是否在 5 平方米以上（请注明实际面积）	
8. 楼宇年龄	
9. 每月租金	
10. 租金付款方式（年结，月结）	
11. 供电是否在 2.5 千瓦以上，电表功率 10A 以上	
12. 有无供水系统	
13. 有无冷暖气	
14. 有无电话	
15. 天花板是否能改动	
16. 墙壁是否能改动	
17. 地面是否能改动	
18. 房屋结构（砖木，混凝土，简易房，其他）	

（表格左侧纵向表头：内部条件）

模块四

连锁企业特许经营

>> **学习目标**

1. 理解特许经营的基本概念、基本要素
2. 理解特许经营的优缺点
3. 了解特许经营的七大体系
4. 理解并掌握特许经营的开展步骤
5. 了解商业特许经营存在的欺诈现象,掌握投资者规避风险的方法
6. 了解我国特许经营的现状

【案例导读】

全家便利店加盟

一、优势

主要有 9 点：专业的市场考察及店铺评估、提供统一的店铺经营模式、专业的投资预算及回报分析、个性化的店面装修及陈列设计、整体品牌宣传以及市场推广、高效的库存分析、长期的销售管理与培训支持、提供稳定丰富的货源保障厂价供货、零库存风险。

二、特色

（1）中日交流，专业可期。全家便利结合了日本/中国台湾全家便利商店专业经营技术，为加盟商和合作经营者随时提供最新信息，使全家团队在激烈的市场竞争中作最好的表现。

（2）用心坚持，永续经营。全家便利加盟总部在经营系统迈向稳健的同时，在照顾合作经营者的立场，大力推动"合作经营制度"，鼓励经营业绩比较好的加盟者进一步实现个人合作经营连锁事业，推动全家便利店的发展。

（3）顾客满意，共同成长。全家便利店总部向加盟者提供商标及专业的经营指导，以合作经营者利益为出发点，将其创业风险降至最低，帮助加盟者短时间内快速实现盈利。

三、流程

（1）加盟申请。加盟者通过电话咨询，或是直接去总部实地考察，有意者填写加盟申请表递交给总部。

（2）签订合约。在双方都满意的情况下，签订正式的《加盟合同书》，加盟者向总部交纳合同款，总部将为加盟商办理授权书，颁发授权牌匾。

（3）店面筹备。总部会派专业的人员对加盟店进行统一标准的店面装修和店内设置，同时会为加盟者提供开业免费大礼包。

（4）开业指导。总部会给加盟店的店长、店员做专业系统的培训，同时会对业务、产品知识、店面管理、营销计划等进行详细的讲解，让加盟店快速进入正常运营状态。

（5）物流配送。对于加盟者，总部会提供首批配货建议。店面筹备完毕，加盟商提前一周电话通知总部发货，总部会把相关货物送到加盟店。

(6) 正式营业。在人员到位、货物上架后,总部会对加盟店开业前期进行一系列的活动宣传。在开业后,总部还会对加盟店售后服务和营销进行指导,帮助加盟者在最短时间内盈利。

资料来源:全球加盟网(http://www.jiameng.com/quanjiaquan/)。

连锁企业特许经营概述

在商业市场中,除产业品外,任何制造商都会经过"零售"这一商业活动,将其生产的消费品销售给最终消费者,而特许经营是扩张市场、实现企业经营目标的重要手段。特许经营是特许人与受许人之间的一种契约关系,根据契约,在零售业特许经营系统中,所有单个特许经销人构成紧密联系的群体,特许人向受许人提供一种独特的商业经营特许权,并给予人员训练、组织结构、经营管理、商品采购等方面的指导与帮助,受许人向特许人支付相应的费用。

一、特许经营的基本概念

特许经营被著名未来学家奈斯比特称为"21世纪的主导商业模式"。特许经营之所以能够风靡全球,主要是其制度上的优越性,它能使企业低成本、低风险的实现快速扩张。同时,对加盟者来说,可以通过加盟特许经营体系,更成功地投资创业。

1. 特许经营的定义

(1)我国法律对特许经营的定义。特许经营是指拥有注册商标、企业标志、专利、专有技术等经营资源的企业(以下称"特许人"),以合同形式将其拥有的经营资源许可给其他经营者(以下称"被特许人"或"受许人")使用,被特许人按照合同约定在统一的经营模式下开展经营,并向特许人支付特许经营费用的经营活动。

(2)国际特许经营协会对特许经营的定义。特许经营是特许人和受许人之间的契约关系,对受许人经营中的经营诀窍和培训,特许人有义务提供或保持其持续的兴趣;受许人的经营是在特许人所控制下的一个共同标记、经营模式和(或)过程之下进行的,并且受许人从自己的资源中对其业务进行投资。

（3）欧洲特许经营联合会对特许经营的定义。特许经营是一种营销产品和（或）服务和（或）技术的体系基于在法律和财务上分离和独立的当事人——特许人和他的单个受许人——之间紧密和持续的合作，依靠特许人授予其单个受许人权利，并附加义务，以便根据特许人的概念进行经营。

【开拓视野】

商　标

产品商标、商店字号和服务字号，是一种可以明确描述自然人或法人产品和服务的标志。无论是何种类型的特许经营，商标都是特许经营的基本因素，是其体系的基石。特许经营协议签字之后，特许商便把商标提供给加盟商使用，且负有严格维护该商标形象和声誉的义务。

---

2. 特许经营的基本要素

（1）特许经营资源。特许人必须拥有注册商标、企业标志、专利、专有技术等经营资源，并通过合同形式许可被特许人使用上述经营资源。特许人如果不具备上述条件，特许经营也就无从谈起。因此，《商业特许经营管理条例》对特许人从事特许经营活动应当具备的条例做了明确规定。

（2）特许人和被特许人之间的合同关系。特许人和被特许人之间是一种合同关系。特许人和被特许人是相互独立的市场主体，双方通过订立特许经营合同，确定各自的权利和义务。《商业特许经营管理条例》明确规定，特许人和被特许人应当采用书面形式订立特许经营合同，并对特许经营合同的内容以及订立特许经营合同的有关要求做了明确规定。

（3）统一的经营模式。被特许人应当按照特许人的要求，在统一的经营模式下开展经营。特许经营是一种高度系统化、组织化的营销方式，统一的经营模式是其核心要求之一，也是保证其服务的规范性、一致性以及维护品牌形象的需要。这种统一的经营模式体现在各个方面，大到管理、促销、质量控制等，小到店铺的装潢设计，甚至标牌的设置等。

（4）特许费用。被特许人应当向特许人支付相应的费用。特许人拥有的经营资源一般都经过了较长时间的开发、积累，具有较高的商业价值。被特许人经许可使用这些经营资源也是为了开展经营活动，因此需要支付相应的费用。支付费用的种类、数额以及支付方式，由双方当事人在合同中约定。

3. 特许经营的特点

特许经营是一种销售商品和服务的方法。作为一种商业经营模式,在其经营过程中有以下四个特点。

- 个人(法人)对商标、服务标志、独特概念、专利、经营诀窍等拥有所有权;
- 权利所有者授权其他人使用上述权利;
- 在授权合同中包含一些调整和控制条款,以指导受许人的经营活动;
- 受许人需要支付权利使用费和其他费用。

二、特许经营的优缺点分析

特许经营是利用自己的品牌、专有技术、经营管理模式等,与他人的资本相结合来扩大经营规模的一种商业模式。特许经营对特许人来说,是技术和品牌价值的扩张、经营模式的克隆,而不是资本的扩张。因此,特许经营既有优点,也有缺点。

1. 特许经营的优点

(1) 降低失败风险。特许加盟可以减少创业失败的风险,并提高创业成功的机会。尽管没有人敢保证加盟必定有百分之百的成功,但是与个人创业比起来,成功的几率还是要高一些,因为基本上加盟总部都有一定的开店基准,它可以把这套模式复制给你,你只要照着去做。若不选择加盟,除非本身对这个行业已经很熟,否则就需要慢慢摸索,而摸索的过程就是尝试,尝试就会有一半的风险,所以失败的几率往往比加盟方式高。

(2) 拥有品牌的知名度。选择了一个连锁总店后,自然地就挂上了它的招牌,这就使门店的知名度比独立开店要高。知名度越高,自然顾客就容易上门,因为他们已对连锁体系的店名已耳熟能详了。目前,许多品牌的知名度是通过广告打出来的,如果个人开店,自然无法投入那么多的广告。若再通过广告来促销新的商品,它的销量自然会越来越好。

(3) 后勤支持辅导及商品开发由总部来负责。由总部提供后勤与商品,加盟店只要负责店面操作及管理就可以了。如果自己开店,不仅要管店面,而且还要做营销、促销、研发管理制度等,所以很难面面俱到。而且,连锁加盟店的商品往往不断地推陈出新,且能够掌握市场的第一手信息。其中重要的是机器设备,如果有新的设备开发出来或是从国外引进,一般会推广给总部。当总部觉得效果不错时,自然会引进给加盟店。这样一来,加盟店的竞争力也会逐渐加强。

2. 特许经营的缺点

（1）要受总部的规范。相对于独立开店者来说，特许经营的自由度较低。因为连锁总部要求各个加盟店的操作一致性、制式化、标准化。换句话说，就是加盟主必须按照总部的规划来做，不能有太多的自主意识。

（2）必须支付给总部费用。由于总部把它的品牌授权给了加盟商，又帮加盟店做了很多的后勤支持辅导，自然加盟店要付给总部一些"报酬"，包括加盟金、权利金、保证金等。

三、特许经营的类型及其特点

1. 按特许经营的内容及对象分类

（1）商品销售特许经营。商品销售特许经营是指加盟商在一定区域内以自己名义买入及转销由特许人生产或销售的产品，使用特许人的产品商标，并按照特许人的经营理念进行经营。商品销售特许经营类似于供货商和经销商的关系，但比这种关系更加紧密，加盟商可能是专营或半专营特许人的产品，相应的也从特许人那里得到更多的服务与支持。两者之间紧密的长期合同，构成了特许人稳固的产品营销网络。

（2）经营模式特许经营。经营模式特许经营是指特许人许可加盟商有权在一定区域内使用特许人的专有技术及技术指导，以特许人的企业形象生产、销售一定的产品或服务。加盟商不仅使用特许人的商标和经营理念，并按照特许人营销商品的营业系统进行经营，保持与特许人营销商品和服务的一致性。通常，特许人制订的机密营业手册会提供创建加盟店的所有经营细节，包括店铺视觉形象设计、订购设备、招聘员工、竖立标牌，甚至包括如何倾倒垃圾。因此，它可以形象地比喻为特许人店铺的"克隆"。

2. 按特许经营的经营权分类

（1）直接特许。直接特许是指特许人将特许经营权直接授予特许经营申请者，获得特许经营权的被特许人按照特许经营合同设立特许点，开展经营活动，不得再行转让特许权。

（2）区域特许。区域特许是指由特许人将在指定区域内的独家特许经营权授予被特许人，该被特许人可将特许经营权再授予其他申请者，也可由自己在该地区开设特许点，从事经营活动。换句话说，在该地域或国家，分特许人扮演着特许人的角色。分特许人为得到这一权利，向特许人支付补偿费。这补偿经常采用初始特许费或持续使用费（分特许人从分许可的特许店获得收入的百分比）的形式。补偿费的形式和组成部分的比重，因国家、特许经营种类的不同而不同。

需要说明的是，区域总特许协议不仅用于国际特许经营中，在国内特许经营中也可使用。

> 【开拓视野】
>
> ### 区域总特许协议
>
> 区域总特许协议基本涉及两个协议：一个是特许人与分特许人之间的国际协议（即区域总特许协议），另一个是分特许人和每一个分被特许人之间的国内特许协议（即分特许协议）。总的说来，在特许人和分被特许人之间没有直接关系，但有些国家的知识产权法就与特定权利相关的问题有直接规定。
>
> 特许人一般概括地将其权利、义务转移给分特许人，在被授权开发的国家和地区，分特许人负责分特许协议的履行、网络总体发展和运转。

连锁企业特许经营管理

特许经营的本质是以知识产权的许可使用为核心的产权交易，是一种成功的商业模式、经济发展模式乃至社会发展模式。特许经营的商业模式经过西方发达国家100多年的实践，已成功地为可口可乐、麦当劳、柯达、福特汽车、沃尔玛、7-11便利店、希尔顿酒店、迪斯尼乐园、21世纪房地产等世界各行各业的品牌巨人所实践，并为全球中小企业的成长和个人创业提供了最成功的捷径。

特许经营管理属于经济管理范畴，涉及经济学、管理学和法学等多个学科领域，并将知识产权、系统论、精益管理、资源整合、双赢博弈、投资创业等一系列当代前沿理论加以综合运用，是一门具有复合性、前沿性、实践性特色的新管理。

一、特许经营的八大体系

特许经营体系是指在统一的品牌和经营模式下，由特许人和被特许人共同经营的一个管理和运营系统。特许经营体系构建的科学性与合理性将直接关系到整个系统运营的成败。特许经营一般包括八大体系。

1. 加盟体系

加盟体系包括招募人员和招募加盟商两方面内容。也就是说，在招聘人员上，之所以能顺利招到有用的人才，是因为你的品牌的影响力和企业文化。对投资人来讲，则是看到了你的体系优势和价值所在。加盟合同具体包括区域合同、单店合同、意向书、商标使用合同、网络使用合同、保密协议、保证金合同、广告基金合同等及加盟条件、加盟步骤、授权方式等。

2. 管理体系

管理体系是特许人所开发的一套非常成熟的操作体系，以帮助所有加盟者管理区域或店面。具体有加盟手册、运营手册、培训手册、行为规范手册等。

3. 培训体系

培训体系在特许经营中显得非常重要。例如，企业如何保证工作人员拥有较高的业务素质，如何保证服务让消费者都满意，如何保证加盟商复制的模式不走样等，都是与一个完善的培训体系分不开的。它具体表现为管理者培训、授权人员培训、培训教师培训、区域运营培训、加盟店运营培训和咨询顾问的培训等。

4. 支持体系

支持体系是整个系统的后台和保障。在大多数特许经营的公司里，都有客户服务部或客服中心，它涉及了加盟商签约后的入门辅导及后续支持。通常，特许经营的支持表现为：强大的广告宣传、完善的电子商务系统，以及持续不断的培训系统等。设定了系统，就要有人懂得如何去操作，而支持就体现在如何帮助加盟者学会运用这些系统。

5. 信息传递体系

信息技术在传统行业中已得到广泛应用，其发展潜力巨大。它可以使特许体系内的资源得到共享，拉近总部与区域分部的距离，成为双方共同发展的最佳纽带。如商品配送管理、监控管理、体系内部培训、上传数据、网上答疑、网络会议及新业务的传送等。

6. 监督管理体系

它是保障特许系统能否正常运转的重要手段。如果有一些不良人员混在里面，怎么监督、发现和纠正，都是靠监督管理体系来保障的。它具体包括运营、财务、法律三大方面。

7. 视觉形象体系

所有的特许品牌都有一个显而易见的共同之处——视觉识别，也就是商标、店面装修、店内布置、制式物品、广告、工作制服等。它是品牌战略的重要组成部分。

8. 组合推广体系

每一个加盟商的力量都是有限的，但如果在整个特许经营系统内，所有的加盟商一起来做推广组合，市场效应会呈现一个爆炸性的放大作用。通常，通过总部全国广告基金及各地加盟商的统一宣传来实现，如通过电视、报纸等从而达到在媒体宣传上的轰动效应。

此外，在建立特许经营体系时，要结合本企业的状况、产品的特性及赢利模式，设计好特许费用的构成及授权方式。例如，加盟费、保证金、特许权使用费、广告基金等的数额，有哪些收取比例，是区域授权还是二级授权、单店授权等，一定要结合具体情况来确定。

二、特许经营的开展步骤

开展特许经营并不难，但是要使特许经营获得成功，就需要构建完善的特许经营系统，把握其中的关键环节和细节。开展特许经营可分为以下七大步骤。

1. 可行性研究

虽然特许经营是一种良好的经营模式，使很多企业获得了巨大成功。但是，开展特许经营需要具备一定的条件，并且特许经营并不一定就是你的企业的最佳经营模式。因此，在开展特许经营前，一定要进行可行性研究论证。

可行性研究分为政策可行性、市场可行性、技术可行性、经济可行性等几个方面。

（1）政策可行性。政策可行性主要是指企业打算开展特许经营的项目是否符合政策法律规定。比如，在开展特许经营的基本条件方面，《商业特许经营管理办法》明确规定了三点，一是必须拥有有权许可他人使用的商标、商号和经营模式等经营资源；二是具有向被特许人（加盟商）提供长期经营指导和培训服务的能力；三是要求在中国境内拥有至少两家经营一年以上的直营店或子公司、控股公司建立的直营店。

（2）市场可行性。市场可行性是从市场角度来评估该项目是否具有广阔的市场需求或潜在市场需求，包括消费人群以及在不同区域市场的适用性。如果该产品或服务的顾客面非常的狭窄，并且数量有限，那么可能就不适合开展特许经营。

（3）技术可行性。技术可行性主要论证的是项目是否具有可复制性，以及总部对项目开展特许经营的支持控制能力。特许经营是对成功模式的克隆复制，并且对总部的支持管控能力具有较高的要求，如果不容易复制，或者总部不能进行有力的支持或者有效的管理控制，那么就很难开展特许经营或者很容易失败。

（4）经济可行性。经济可行性主要是从经济角度来论证特许经营模式对企业或对项目而言是否具有相对优势。企业要进行市场扩张的方式有很多种，除了特许经营外，还有直营连锁、经销、代理、直销等。如果特许经营模式相对其他模式来说，对企业有更多的好处和优势，那么企业就可以特许经营进行扩张。

2. 特许经营战略规划

特许经营对企业来说，往往是影响企业长远发展的重大决策，也牵涉到企业整体资源的配置等问题。因此，当特许经营可行性研究的结论是可行的，那么接下来就要做整体性的战略规划了。特许经营战略规划主要包括以下内容。

（1）特许经营发展战略目标的设定。切实的发展战略是确保企业良性发展的关键，通过确定战略来规划经营，通过经营来选择产品，通过产品（服务）的特性来选择战略目标。发展战略不需要"独霸天下"，但要实实在在，具有可持续性和成长空间。

企业发展的战略目标是建立在自身品牌知名度、控制能力和资源拥有量的基础上的，确定的战略目标是否适合，通常要通过项目的整体评估才能判定。例如，在模式的选择上、市场的推进上、资源配置和发展进度上，都需要有科学的论证过程，但对于国内许多开展特许经营的企业来说，这种战略目标常常是模糊的、多变的。

（2）连锁经营模式的选择。例如，是以特许经营为主，还是直营连锁、特许经营混合；是单店特许，还是区域特许等。

（3）连锁经营范围的选择。这是指选择全国性市场还是区域性市场。也就是说，开展特许经营的范围是面向全国，还是只在某一个区域。

（4）战略性资源配置。战略性资源配置是指根据组织的业务战略目标，获取和配置实施战略所需的各类资源。比如，开展全国连锁经营，可能涉及物流问题，那么，是自建物流体系，还是借助第三方物流等。

（5）发展的节奏。一般的情况是先慢后快。比如，第一年发展5家特许加盟店，第二年20家、第三年100家、第四年200家等。

3. 特许经营单店模式的设计与提炼

特许经营整体性的战略规划完成之后，接下来就要具体设计特许经营体系了。首先需要设计或提炼的是单店模式。成功的单店模式是特许经营成功的基础。单店在不同行业或不同项目中可能有不同的形态，如可能是便利店、超市一样的店铺，也可能是医院、美容院这样的服务机构，还可能是可口可乐装瓶厂这样的生产企业。

单店模式的设计与提炼可以分为两个层次，一是单店的赢利模式，也就是单店作为一个利润中心是如何获得利润的。二是单店的运营模式，也就是一个单店的日常经营管理操作流程是怎样的。单店模式的设计与提炼，需要遵循特许经营的"3S"原则——"标准化、简单化、专业化"来进行，这样使单店的运营容易被加盟者掌握，并且能体现专业化的水平。

企业在开展特许经营以前已经有了直营连锁店，但往往不够规范，这个时候仍然要对单店的模式进行设计和提炼。一般来说，单店模式设计与提炼的物化成果是形成一整套的《单店运营手册》，这个（套）手册是加盟商日常经营需要遵照的标准。

4. 特许经营手册的编写

对于特许经营的整个过程来说，往往是从独立的主体经营开始，等成绩显著后扩大直接经营，总结积累经验并形成独特性后进行加盟招募，进而建立加盟体系。此时，原来的独立经营主体成了特许总部，扩大的直接经营主体成为特许经营法律法规所要求的直营单店，至于加盟体系，则因特许人的思路不同而采取区域特许或单店特许的不同形式。

基于上述特许体系发展进程的特点，特许经营手册的编制基本上都要经过如下几个阶段。

（1）公司总体介绍性手册编制阶段。由于特许体系是从有独立经营成功经验的公司发展而来，在市场中往往已经形成了独特的风格特点，或树立了自己的形象和文化，因此，公司总体介绍性手册的编制是其他手册的基础，贯穿于公司发展的全过程，并随公司的发展而不断修改、完善。它主要指《公司介绍手册》。公司总体介绍性手册是公司面对外界市场、加盟商等的主要资料，制作时应根据其特点精心设计，把握要点。

（2）公司经营理念及特许权要素分析、设计阶段。主要包括如下几方面：

①公司整体经营理念性手册的编制。这是由于公司的整体经营理念和公司文化是建立特许体系的基础，是整个特许体系保证品质及长期存在和发展的最重要的因素之一，也是如何建立特许体系的指导性文件。主要指《MI 手册》（即《理念识别手册》）。

②特许权要素分析、整合性手册编制。有了公司的整体介绍和经营理念，接下来要做的工作就是分析特许权的组成要素，并将各要素进行整合，这个过程也是对特许权的总结、设计过程。根据分析与整合的结果，编制成的特许权要素及组合性手册，对特许体系的建立起到具体的指导作用。

③各种 CIS 手册的编制。主要包括《BI 手册》（即《行为规范识别手册》）、《VI 手册》（即《视觉识别系统手册》）、《SI 手册》（即《感官识别系统手册》）、《BPI 手册》（即《工作流程识别系统手册》）等。这些识别系统手册的编制，是建立特许体系一标志的基础。

（3）加盟分部、单店运营手册及单店各项管理手册的编制阶段。总体指导性手册编制完成后，就可以对实际的经营管理经验进行总结、提炼，并在此基础上编制具体的单店经营管理手册了。主要分以下两部分：

①分部运营手册、单店运营手册的编制。运营手册是分部或单店的经营管理总则。

②各项单店经营管理手册。主要有《单店开店手册》、《单店常用图表及资料》、《单店店长手册》、《单店员工手册》、《单店技术手册》、《单店制度汇编》等。这些手册从单店开办、经营、管理的各个角度给加盟店提供指导和帮助，使加盟商在学习、掌握了这些手册内容后即能够迅速开展实际有效的经营。

（4）总部各项手册的编制阶段。针对特许经营体系的建立理念和单店网络运营的实际特点，编制总部各项手册是接下来的又一重点。总部手册的编制主要有如下几项工作。

①总部总则的编制。

②总部组织职能手册的编制。

③总部各项经营管理手册的编制。主要包括：《总部财务管理手册》、《总部人力资源管理手册》、《总部行政管理手册》、《总部商品管理手册》、《总部产品知识手册》、《总部物流管理手册》、《总部信息系统管理手册》、《总部市场推广管理手册》、《总部法务管理手册》、《总部产品设计管理手册》、《总部产品生产管理手册》、《总部样板店管理手册》、《总部培训手册》等。总部有了健全、科学的一系列经营手册，才能给加盟店信心和实际的指导。因此，这部分手册的编制也是非常重要的。

④加盟指南及加盟常见问题类手册的编制。加盟指南及加盟常见问题与解答类手册是特许经营体系建立的桥梁，是加盟商借以了解并初步对特许人建立信任的主要途径。这类手册能够展现特许人的实力及经营经验，并能够站在加盟商的角度考虑问题。

⑤总部总体工作管理性手册的编制。主要包括总部招募管理、总部营建管理、总部对加盟体系的督导、总部销售管理及总部的CI及品牌管理等方面手册的编制。

在编制各类特许经营手册时，可以参考已有体系的文本或模板，但仍应注意的是，不同行业之间、相同行业不同企业之间的具体情况和经营理念各有不同，因此，所分析得出的特许权要素均不相同。编制特许经营手册的最终目标是使手册适用于自己的企业、自己的体系，并能为特许体系的运营发挥实际有效的作用，所以不能轻易照搬。

对于编写手册的具体人员，也应以由实践经验的人员讲述内容，文字功底深的人员具体把握整体结构与表述，两方面有机结合，针对不同的情况具体做出安排。

（5）手册编制中应坚持的保密原则。在手册编制的整个过程中，始终贯穿着知识产权、商业秘密的保护问题，因此，应坚持几个基本的保密原则。

①控制流程中的保密工作。从手册的结构设计、内容编写、稿件讨论、调查实践，到后续的修改、交付使用等，都应当对所有接触者进行保密教育，并制定实施有计划的、切实可行的、全面的保密措施。

②控制人员的保密工作。加强对相关人员的教育培训，要求每一位接触手册的人员承担相应的保密义务，采取保密措施，并承担违反保密义务的责任。

③控制手册本身的保密工作。这包括手册的编写、保存、使用、更替等，并要对每一本手册都采取必要的保密措施。

④采用全面的保密措施。保密计划及措施的设定应当全面、周密，不仅关注纸质手册的保密，还要考虑到电子版本、数字版本、音频、视频等的保密，应该专人专管，防止通过网络、电话、传真等形式的外泄。

⑤求助于专业法律人士。可以求助于专业的法律人士，为企业设计有效的、实用的保密体系，并从法律角度建立预防和补救的各项工具，使手册的保密工作落到实处。

5. 总部运营支持管控体系设计

当单店模式和特许加盟模式完成之后，就该设计总部的运营支持管控体系了。总部运营支持管控体系是特许经营运营成功和持续发展的保障系统。一般来说，需要设计的内容包括特许经营总部的组织架构、主要的业务流程、支持系统等。而支持系统一般包括品牌形象、市场营销、人员培训、产品与技术研发、物流配送、经营辅导等方面。

6. 特许经营体系的推广

当特许经营模式的设计完成之后，就进入到特许经营项目的推广阶段。在特许经营的推广阶段，需要考虑以下几个问题。

（1）推广的基本策略。比如，是以总部为中心向周边逐步辐射，还是有计划的全国布点，或是根据加盟申请的情况随机发展，这是在特许经营推广前需要考虑的基本策略。

（2）推广的渠道策略。特许经营的推广渠道很多，包括内部创业、专业展会、媒体推广、加盟说明会等。这就需要根据项目特点、市场状况及企业资源进行综合考虑，很多时候也可能是多种推广策略的组合。

（3）推广的基本流程。一般来说，特许经营推广包括特许加盟招商信息发布、加盟咨询、申请评估、加盟谈判、加盟签约、开店前的筹备等环节。一个完善的流程，将会大大提高加盟发展的成功率和工作效率。

7. 特许经营体系的运营

新的加盟店开业之后，就进入到日常运营的阶段了。总部需要有专门的运营督导部门，来负责对特许经营店的日常运营管理。运营管理的重点是按照总部制订的统一化标准对加盟店进行支持、辅导、维护和监督。支持和管控的执行能力往往决定了一个特许经营体系的成败。

三、加盟商需要具备的能力

加盟连锁店在经营过程中，一定会涉及财务管理、人事管理、开拓市场、同行竞争等诸多因素，而且各个加盟店会因为地方习俗、所处市场、竞争环境等的不同，与总部存在很大差异。所以，加盟者必须把总部的经营理念、运作方式等吸纳为自身可用的方法，培养自己的经营管理能力。

1. 合理投入资金

由于急于创业开店，有些加盟者为了筹措加盟金、保证金等，到处张罗，甚至借高利贷也在所不惜。一旦开店，虽然生意还算顺利，但是每天为了筹钱偿债，无法全身心的投入店铺经营。本该在阵前领军的经营者，一旦因为资金的调度而离开第一线，店内其他员工马上会受到影响，于是服务品质逐渐低落。对此，顾客也会逐渐远离该店，当然业绩就不可能再往上提升，本来生意还不错的店面往往因此而垮掉。

因此，加盟者要量力而行，选择适合自己门槛的加盟费用，否则，债台高筑，整日忧心忡忡，对店面的经营造成很大的影响。

2. 经营成本和进货策略

经营过程中的成本控制十分重要，少一分开支就等于多出一分利润，把成本压缩在较低的范围内是绝对必要的。但是，过分的节省也是不行的。以饰品店为例，灯光效果是吸引顾客的必不可少的条件，如果为了省电而将射灯关闭，则肯定会得不偿失。

同时，要规划好进货策略，调节好周转速度，这也是控制成本的有效方法。店面应尽可能地避免压货，以免出现资金占压严重的情况。对季节性滞销货品，应及时降价清仓，用新货补充原有空缺。毕竟，只有卖出去的商品才有利润。

3. 员工管理

加盟后，总部虽然会给员工提供一系列的培训，给加盟商相应的支持，但是，远水救不了近火。加盟者只有从源头上找问题，真正地融会贯通，学会如何管理员工。

加盟者必须认识到，管理员工是自己的事，而且是必须要做好的事。因此加盟商要充分了解自己的员工。作为管理者，充分认识员工不是一件很容易的事，"尺有所短，寸有所长"，每个员工在能力、性格、态度、知识、修养等方面各有优点和缺点，有的工作起来利落迅速，有的谨慎小心，有的擅长处理人际关系，有的却喜欢默默工作。

同时，加盟商要允许员工犯错误，对表现好的员工要实时表扬。作为一个管理者，若要求下属不犯任何错误，就会抑制员工的创新精神，使之工作起来畏首畏尾。当然，对作出贡献的员工，要及时给予奖励和表扬，以鼓舞士气。

4. 客户关系

一粒麦子有三种命运：一是磨成面，被人们消费掉，实现其自身价值；二是作为种子，播种后结出新的麦粒，创造出新的价值；三是由于保管不善，发霉变质，丧失其价值。换句话说，麦子管理好了，就会为人类创造出价值；管理不好，就会失去其价值甚至会带来负价值。客户也是这样，加盟店管理得好，客户就成为其忠实的消费者；管理不好，则会大量流失，并且影响其他的客户。

加盟商应学会管理客户档案，留住老客户，挖掘新客户。客户档案包括顾客的基础资料、交易状况等，是加盟者进行管理、跟踪的重要资料。认真分析客户档案，就会发现他们各自的喜好、眼光、购买力，从而使更有针对性地为他们推荐商品、提供服务。

为客户做好售后服务，加强与客户的沟通，是行之有效的方法。同时，通过会员优惠活动，可以和附近的咖啡馆、电影院、网吧等具有共同客户群的商业机构形成联营，比如买一种规定的商品将可能获得一张电影票等，及时回报老会员，以提高客户的满意度和忠诚度。

5. 与加盟总部协调共进

加盟店与加盟总部有着很微妙的关系，既唇齿相依，又各有其利益轴心。因此，加盟店与总部难免会发生一些冲突。加盟店往往埋怨总部存在官僚主义，只懂得瞎指挥，对实际情况缺乏了解；而总部也会认为加盟店以自我为中心，一意孤行，对总部的工作不支持、不配合。

出现这种情况，往往是因为加盟店对公司的政策或多或少地抱有怀疑或抵触情绪，或者至少是留有戒心的。因此，加盟者在选择加盟总部时，一定要选择一个能为加盟商提供切实支持和指导的加盟品牌，选择那些能很好地与加盟商合作共赢的品牌。在通过与加盟总部一段时间的接触，并增进彼此的信任以后，加盟商就应该抱着"共创双赢"的心态，积极配合总部的工作。

加盟者应该在听取总部意见的基础上，积极与总部进行沟通，及时传递当地的信息，借助总部已有的经验和指导，共同探讨出适合当地情况的经营策略。

6. 积极积累行业经验

行业经验对于加盟者来说，是"韩信点兵，多多益善"。所谓"隔行如隔山，同行不同利"，就是由于熟悉与否造成的。行业经验很难从一本或几本书中得来，许多经验只有亲身体验才能获得。

特许加盟的风险规避

一、商业特许经营的欺诈现象

特许经营自20世纪80年代末进入我国以后,凭借其扩张快、低成本、高效率等优点获得了快速的成长。但由于种种原因,特许经营这一商业模式在近年来的发展中也出现了一些问题,甚至出现了被异化的现象。

这些问题可以归纳为三个方面:一是我国特许经营的规模、管理程度与国际上发达的特许经营模式有很大的差距;二是特许经营行业的欺诈现象越来越严重,对社会造成了一定的不稳定;三是特许经营行业的法律不够完善,行政执法效果不够理想。其中,诚信危机已成为特许经营行业面临的一个重大挑战。由于高收益、高回报的虚假宣传诱惑了广大投资者,再加上投资者大多缺乏辨别能力,致使很多加盟者上当受骗。

对加盟者而言,在创业加盟的过程中,最常遇到的创业陷阱有下列五项。

1. 总部吹嘘夸大连锁店数

许多总部为了招募加盟店,往往会在店数上"灌水",宣称自己的加盟店高达多少家,但是否真的有宣称的那么多,外界往往不得而知。如欲印证,最好的方式就是请总部提供一份所有加盟店的名单,加盟者可据此名单,去走访其加盟店,与加盟店主聊聊目前的经营现况,则可获得真实的答案。

2. 权利金一次收齐

由于权利金是持续性的收费,某些加盟总部在签约时,会要求加盟者一次开出合约期限内全额权利金的支票。例如,合约期限为5年,权利金采取年缴方式,某些总部便要求加盟者将5年的权利金一次性缴给总部。后来曾有这样的案例发生,某一体系的加盟者开店2年就因为生意不佳而关门大吉,但5年的权利金已缴给总部了。

3. 毛利保证

能够实施毛利保证这套制度的总部,基本上都是规模比较大,而且总部能够精准了解加盟店的营业收入及销货金额。这就像便利商店一律强制打发票,而且建立起POS系统,每家加盟店卖了哪些商品,毛利有多少等都一清二楚。能够建立这样的机制,总部才有能力做毛利保证制度。

但坊间绝大多数的连锁加盟体系都采用自愿加盟，总部对加盟店的控管力相对较弱，加盟店每天做多少营业额，总部通常都无法精准掌握。所以，一旦有自愿加盟的总部宣称有毛利保证时，加盟者可得好好睁大眼睛，以免掉入陷阱。

【开拓视野】

毛　利

毛利（gross profit）是商业企业的商品销售收入减去商品原进价后的余额。它是净利的对称，又称商品进销差价。因其尚未减去商品流通费和税金，还不是净利，故称毛利。在中国，工业品进销差价系指同种产品的出厂价与批发价之间的差额（批发价与零售价之间的差额称批零差价），农副产品进销差价是指同种农副产品的产地收购价格与产地批发或零售价格之间的差额。若毛利不足以补偿流通费用和税金，企业就会发生亏损。毛利占商品销售收入或营业收入的百分比称毛利率。毛利率一般分为综合毛利率、分类毛利率和单项商品毛利率。商品销售毛利率直接反映企业经营的全部、大类、某种商品的差价水平，是核算企业经营成果和价格制订是否合理的依据。

毛利率的计算是：（不含税销售收入－不含税成本）/不含税销售收入

4. 加盟总部没有注册服务标章

加盟者为确保加盟权益，在签约时应要求加盟总部出示服务标章证书。因为所谓加盟，就是总部将品牌授权给加盟店使用。换句话说，总部必须要先拥有这个品牌，才能授权给加盟店。也就是说，总部必须先取得智能财产局所颁发的服务标章注册证才行。所以，加盟者在加盟前，务必要先确认总部的确拥有这一品牌，才能放心地加盟。

5. 要求加盟者当场签约加盟

有的总部为了快速拓展加盟店，对加盟者不仅是来者不拒、毫无筛选，甚至在与加盟者第一次面谈时，就会鼓动加盟者当场签约。加盟者如果一时不察，在还没搞清楚的情况下，很容易就糊里糊涂的签约而落入陷阱。

有的总部对加盟者毫无筛选，只要加盟者缴加盟金就可签约。结果，加盟者加盟之后，总部的支持辅导相对较少。在这种情况下，加盟店的生意要好，也只能自求多福了。

二、投资者规避隐藏风险

"特许加盟"的成功与否，同市场状况、变化趋势、店面位置、经营水平及后续服务能力等都有很大关系，投资者必须经过细致入微的调研考察，才能决定自己的投资方向。不少"特许加盟"授权方抛出"一日上手经营,一月收回成本"、"一年包赚百万"等诱人的广告,往往只是空头支票。

> 【开拓视野】
>
> ### 消费者网
>
> 　　消费者网(12315.com)成立于1999年,是从事"消费投诉咨询、用户满意度调查"的专业机构。消费者网利用自身庞大的消费者投诉和咨询数据库,结合消费者会员样本进行问卷调查,通过专家分析和整理,每年为政府和行业企业提供准确、权威的满意度调查数据。
>
> 　　消费者网与全国知名律师事务所和行业媒体合作,在消费者网会员的基础上组建"消费者理性维权俱乐部"。通过这个平台,消费者在合法权益受到侵害时,可以随时得到消费专家和律师的专业指导和帮助,进行理性维权和依法诉讼;企业也可以及时了解消费者心声,迅速、合理地解决消费者投诉,预防企业公关危机。

1. 合同陷阱

某些"特许加盟"授权方满口承诺回收产品,但他们会在合同上注明产品要达到的标准,而这些标准又非常模糊。加盟商生产出产品后,授权方则依标准恶意拒收,加盟商只能吃哑巴亏。所以,一方面,投资者可以选择市场需求增长相对旺盛、含金量高的项目合作;另一方面,可以求助专业人士对拟订的合约进行认真推敲。长久诚信的合作需要时间来验证,创业者最好同真正有技术实力的企业来合作。

2. 圈钱形式

有的"特许经营"授权方做几个样板店,再通过前期包装、广告造势就开始圈钱。他们只顾收取加盟费、管理费、原料费,再出售一套机器,别的事情推得干干净净。这类授权方一般有以下几个特征:没有健全的运作体系;不提供必要的培训系统、管理和物流系统;没有长期的发展规划等。作为投资者,要选择强势品牌合作,详细了解授权方的经营范围、经营方式、注册资本、法定代表人的资历背景等,谨防上当受骗。

三、规避风险的对策建议

对于如何规范特许经营,专家认为应该采取"齐抓共管"。

- 政府相关部门应使条例真正地落实到实处,净化特许经营市场;
- 特许人要深刻地了解法律,严格地遵守法律;

- 加强媒体宣传和监督，增强老百姓的辨别能力；
- 依靠政府部门联动，共同推进行业发展；
- 建立一个连锁经营诚信系统，对连锁经营企业进行考核打分。

在《民事案件案由规定》中，将涉及"特许经营"这一新型的商事行为的案件以特许经营合同纠纷确定案由，并作为"与知识产权有关的纠纷"这一案由的三级案由，这标志着我国《商业特许经营管理条例》在司法实践领域实现了新的突破。

相关法律专家提醒，对于投资者来说，应该采取谨慎的投资策略，在加盟前一定要对加盟项目做冷静的市场分析和全方位的调研。此外，在发生加盟欺诈后，建议投资者多搜集证据，采取集体维权的方式。

项目四

我国特许经营的发展现状

一、我国特许经营概述

2009年2月6日，国务院颁布了《商业特许经营管理条例》，这标志着商业特许经营步入了法制化、规范化的轨道。

2013年，中国特许连锁120强共拥有连锁店139701个，其中加盟店115380个，每家企业平均拥有店铺1164个。120强企业2013年新增店铺9322个，同比增长7.2%，其中加盟店新增5360个，同比增长4.8%。120强企业销售规模达4367亿元[①]。

1. 开店速度放缓，销售增幅下降

2013年，特许120强企业的店铺总数和加盟店数的增长幅度都较去年有所收窄，分别下降了4个百分点、2.9个百分点，开店速度有所放缓。其中，超市便利店、食品零售、酒类专卖等零售业态以及餐饮业的开店增幅都较2012年有较明显下滑。

从营业额增长率看，超市便利店、食品专卖、餐饮、经济型酒店、培训教育、洗染、家装的增幅比上一年度有所下降。

2. 经营成本持续攀升，盈利能力面临挑战

2013年特许企业经营成本继续走高，尤以人力成本和租金为甚。调查结果显示，

---

① 中国连锁经营协会网站（http://www.ccfa.org.cn/portal/cn/view.jsp? lt=37&id=+416480）。

近八成企业的人力成本增长率超过5%，其中超过四成企业人力成本增长率超过10%。

参加调查的特许企业普遍表示，租金压力进一步加大，68%的特许企业的租金成本较上年度增长5%以上，20%的企业租金增长超过10%。

持续增加的成本压缩了企业的盈利空间。除食品专卖、经济型酒店、培训教育、洗染行业的平均利润率较上年度有小幅增长外，综合零售、餐饮、家装、汽车后市场、美容休闲健身及其他服务行业的平均利润率都有所下降。

从销售利润率看，综合零售业平均利润率为2.07%，培训教育业近两年的平均利润率都在25%以上，2013年的平均利润率为28%。

成本上升使加盟投资回收期的预期延长，近半数的120强企业认为2014年的投资回报期将会有所延长。

3. 加盟快于直营，二、三线城市好于一线城市

面对当前经济下行的预期和持续走高的经营成本，以及员工招聘困难局面的加剧，特许企业经受着资金和管理方面的重大考验，特许120强企业未来的开店战略将进一步转向缩减直营店规模，增加加盟店比重。统计显示，特许120强企业中有37家企业减少了直营店数量，19家企业2013年新开店铺全部为加盟店。调查显示，未来三年，近九成的特许120强企业将增加加盟店数量，并逐步扩大加盟店的比例。

在开店的区域选择上，二、三线城市将成为特许企业未来逐鹿的重要战场。一线城市竞争日趋激烈、人力成本和租金居高不下，市场趋于饱和，市场拓展重心向二、三线城市转移已成行业共识。调查显示，85%的特许企业和投资人看好二、三线城市的发展前景。来自中国特许展的数据显示，展览吸引了来自快餐、烘焙、咖啡、小吃、休闲饮品、婴童培训、洗衣、美容养生、金融理财等超过20多个行业的近百个连锁品牌参展，餐饮巨头肯德基更是携手同门兄弟小肥羊首次在西部地区公开招募加盟商。

二、我国现有的特许经营种类

根据相关部门的分类，我国对特许种类有下述的12种分类。
①餐饮业特许经营；
②便利店特许经营；
③教育培训业特许经营；
④房地产经纪业特许经营；
⑤汽车维护与修理业特许经营；

⑥化妆品业特许经营；
⑦刚洗业特许经营；
⑧家装家居业特许经营；
⑨服装业特许经营；
⑩药店特许经营；
⑪健身休闲业特许经营；
⑫经济型酒店特许经营。

三、我国特许经营现状及发展趋势

2015年6月，中国连锁经营协会根据完成的"2014年度行业发展状况调查"，发布了"2014中国特许连锁100强企业"榜单。

统计显示，2014年，中国特许连锁100强企业销售规模达4280亿元，拥有连锁店124086个，其中加盟店97068个，每家企业平均拥有店铺1241个。

1. 各行均涉足O2O，线上线下加速融合

调查显示，"互联网+"在特许加盟各行业均有运用，97%的百强企业已开始发展O2O业务。有60%的企业选择自建网络平台开展网上业务，有近25%的企业选择自建平台与入驻第三方平台相结合的方式开展网上业务。同时，有40%的企业支持支付宝或微信支付。

中国连锁经营协会在百强发布时表示，2014年作为线上线下加速整合的一年，对百强企业提出了更高的要求，除了线上引流推广，线下提供体验的基本职能外，特许100强企业更需要在洞察客户需求，挖掘客户价值的基础上，打造线上线下的无缝对接购物体验。

2. 行业增长分化明显，成本占比增幅不同

从销售额增长率看，不同行业销售额增长率分化明显。总体看，零售与餐饮行业增长乏力，其中餐饮行业部分企业出现销售额负增长。与此形成对比的是，汽车后市场行业持续保持快速增长态势，所有入选百强的汽车后市场企业均呈现出两位数字的增长速度。

从成本占比增幅看，2014年特许100强企业的房租成本占比比2013年增长了14.9%，与此同时，人力成本占比比2013年增长9.1%。

3. 对2015年持乐观态度，四线城市受到关注

对于2015年的总体预期判断，有90%的企业认为企业销售额会保持增长，其中

43%的企业认为增长幅度会高于 2014 年。

在投资回报周期方面，66%的企业认为投资回报周期基本不变，12%的企业认为投资回报周期会缩短，同时这 12%的企业分布在不同的行业。

在开店的区域选择上，四线城市受到关注。超市、干洗、饰品专卖、快餐、汽车后市场行业的部分企业在未来发展的重点区域中均提及四线城市。

【资料阅读】

2014 年中国特许连锁 100 强

行业	业态	企业名称	品牌	销售规模（万元）	总店数	加盟店数
综合零售	超市	联华超市股份有限公司	联华	6175076.00	4325	2673
	超市	苏果超市有限公司	苏果	3342400.00	2103	646
	超市	世纪华联超市连锁（江苏）有线公司	世纪华联	1254045.00	3226	460
	便利店	东莞市糖酒集团美宜佳便利店有限公司	美宜佳	768408.00	6390	6388
	便利店	浙江人本超市有限公司	十足.之上	486734.00	1693	147
	便利店	中国便利店（开曼岛）控股有限公司	全家	420000.00	1281	864
	便利店	山西省太原唐久超市有限公司	唐久	355360.00	1340	1250
	便利店	河北国大连锁商业有限公司	国大36524	283941.00	1040	944
	便利店	上海联华快客便利有限公司	快客	239727.00	1801	960
	便利店	广东上好便利店有限公司	上好	196700.00	2071	2059
	便利店	广东天福连锁商业集团有限公司	天福	162791.00	2568	2557
	便利店	罗森（中国）投资有限公司	LAWSON	100000.00	508	243
	便利店	山西金虎便利连锁股份有限公司	金虎便利	93159.00	849	681
食品零售	茶叶	中国茶叶有限公司（新名称）	中茶	140000.00	400	350
	茶叶	北京张一元茶叶有限责任公司	张一元	120000.00	271	218

续表

行业	业态	企业名称	品牌	销售规模（万元）	总店数	加盟店数
食品零售	茶叶	北京吴裕泰茶业股份有限公司	吴裕泰	62000.00	395	347
	茶叶	厦门山国饮艺茶业有限公司	山国饮艺	33466.00	561	533
	酒	广州市富隆酒窖酒业有限公司	富隆	49957.00	258	200
	营养保健品	獐子岛集团股份有限公司	獐子岛	266221.00	294	249
	营养保健品	厦门市双丹马实业发展有限公司	燕之屋	50000.00	276	268
	营养保健品	北京百花蜂业科技发展股份有限公司	百花	22100.00	400	390
	风味食品	北大荒营销股份有限公司	北大荒绿野	409000.00	330	325
	风味食品	湖南绝味食品股份有限公司	绝味	301299.00	6187	6028
	风味食品	湖北良品铺子食品有限公司	良品铺子	214253.00	1384	542
	风味食品	上海摩提工房食品有限公司	摩提工房	32486.00	818	618
	风味食品	南京桂花鸭（集团）有限公司	桂花鸭	31300.00	350	310
非食品零售	化妆品	琪雅集团有限公司	琪雅	71500.00	5219	5197
	化妆品	广州康缇企业管理有限公司	康缇	38000.00	257	137
	化妆品	深圳唯美度生物科技有限公司	唯美度	29000.00	3877	3870
	饰品	哎呀呀饰品连锁股份有限公司	哎呀呀	35895.00	3108	3100
	黄金珠宝	中国黄金集团黄金珠宝有限公司	中国黄金	5070000.00	2064	1991
	家居用品	特百惠（中国）有限公司	特百惠	160000.00	4900	4886
	文具	上海晨光文具股份有限公司	晨光	529799.00	4876	4826
	农资	吉峰农机连锁股份有限公司	吉峰	396876.00	1438	1225
	农资	安徽徽商农家福有限公司	农家福	349653.00	2087	1982
	工艺品	◆重庆谭木匠工艺品有限公司	谭木匠	298269.00	1449	1449

续表

行业	业态	企业名称	品牌	销售规模（万元）	总店数	加盟店数
非食品零售	眼镜	福州宝岛眼镜有限公司	康明宝岛	13980.00	465	456
	通讯	北京迪信通商贸股份有限公司	迪信通	1690279.00	1484	602
餐饮	中式正餐	中国全聚德（集团）股份有限公司	全聚德	327624.00	104	76
	中式正餐	陕西阿瓦山寨品牌投资有限公司	阿瓦山寨	167433.00	236	230
	中式正餐	湖南韶山毛家饭店发展有限公司	毛家	143000.00	254	249
	中式正餐	北京便宜坊烤鸭集团有限公司	便宜坊	66834.00	59	28
	中式快餐	永和大王	永和大王	176597.00	314	17
	中式快餐	上海世好餐饮管理有限公司	吉祥馄饨	103226.00	2600	2294
	中式快餐	四平李连贵饮食服务股份有限公司	李连贵	62647.00	265	248
	中式快餐	北京嘉和一品企业管理股份有限公司	嘉和一品	36259.00	101	35
	中式快餐	马兰拉面快餐连锁有限责任公司	马兰	25694.00	120	31
	火锅	内蒙古小尾羊餐饮连锁有限公司	小尾羊	392810.00	298	264
	火锅	浙江凯旋门澳门豆捞控股集团有限公司	澳门豆捞	310249.00	340	89
	火锅	北京黄记煌餐饮管理有限责任公司	黄记煌	292121.00	492	102
	火锅	重庆德庄实业（集团）有限公司	德庄	261622.00	534	482
	火锅	北京东来顺集团有限责任公司	东来顺	199278.00	158	132
	火锅	陕西一尊餐饮管理有限公司	一尊皇牛	136973.00	164	101

续表

行业	业态	企业名称	品牌	销售规模（万元）	总店数	加盟店数
餐饮	西式快餐	百胜餐饮集团中国事业部	肯德基	5070000.00	6600	500
	西式快餐	◆麦当劳（中国）有限公司	麦当劳	1150000.00	2100	NA
	西式快餐	天津顶巧餐饮服务咨询有限公司	德克士	866210.00	2277	2148
	西式快餐	巴贝拉意式休闲餐厅	巴贝拉	100000.00	138	80
	西式快餐	北京比格餐饮管理有限责任公司	比格	65574.00	140	99
	西式快餐	上海棒约翰餐饮管理有限公司	棒约翰	50518.00	166	61
	西式快餐	北京好伦哥餐饮有限公司	好伦哥	33196.00	132	84
	西式正餐	广州市绿茵阁餐饮连锁有限公司	绿茵阁	48781.00	104	80
	咖啡	浙江两岸食品连锁有限公司	两岸咖啡	365896.00	752	623
	咖啡	迪欧餐饮管理有限公司	迪欧	152379.00	678	646
	咖啡	青岛耶士咖啡有限公司	SPR COFFEE	9233.00	300	299
	休闲饮品	沈阳碰碰凉连锁企业管理有限公司	碰碰凉	74750.00	750	730
	休闲饮品	上海快乐柠檬餐饮管理有限公司	快乐柠檬	43883.00	504	419
	休闲饮品	迪孚时代（北京）国际商业连锁有限公司	DF	19680.00	505	440
经济型酒店	经济型酒店	如家酒店集团	如家	2142420.00	2609	1695
	经济型酒店	铂涛酒店集团	7 天	1028114.00	2331	1833
	经济型酒店	上海锦江都城酒店管理有限公司	锦江之星	639159.00	968	701
	经济型酒店	华住酒店集团	汉庭	526522.00	1995	1384
	经济型酒店	速伯艾特（北京）国际酒店管理有限公司	速8酒店	371032.00	688	675

续表

行业	业态	企业名称	品牌	销售规模（万元）	总店数	加盟店数
培训教育	英语培训	优能中学教育	优能教育	250000.00	600	NA
	IT培训	北京阿博泰克北大青鸟信息技术有限公司	北大青鸟	197379.00	168	166
	婴幼儿培训	北京红黄蓝儿童教育科技发展有限公司	红黄蓝	199151.00	1008	892
	婴幼儿培训	金宝贝（天津）教育信息咨询有限公司	金宝贝	97000.00	240	235
	婴幼儿培训	北京市东方爱婴咨询有限公司	东方爱婴	45843.00	578	562
洗衣护理	洗衣	北京福奈特洗衣服务有限公司	福奈特	75000.00	1217	1075
	洗衣	四川布兰奇洗业有限公司	布兰奇	50359.00	1086	1080
	洗衣	北京荣昌科技服务有限责任公司	伊尔萨	36648.00	708	567
	洗衣	上海象王洗衣有限公司	象王	21600.00	540	526
	皮具护理	北京翰皇伟业皮革清洁养护连锁服务有限公司	翰皇	60400.00	3020	3006
房屋中介&装修	房屋中介	北京埃菲特国际特许经营咨询服务有限公司	21世纪不动产	122199.00	857	745
	家装	东易日盛家居装饰集团股份有限公司	东易日盛	188001.00	213	88
	家装	北京业之峰装饰有限公司	业之峰	127050.00	256	132
	家装	北京元洲装饰有限责任公司	元洲	126000.00	251	173
汽车后市场	汽车养护/维修	驰加（上海）汽车用品贸易有限公司	驰加	492634.00	1130	1123
	汽车养护/维修	广州华胜企业管理服务有限公司	华胜	81266.00	82	27
	汽车养护/维修	博世汽车技术服务（北京）有限公司	博世车联	80000.00	80	78
	汽车维修/维修	杭州小拇指汽车维修科技股份有限公司	小拇指	55200.00	710	704

续表

行业	业态	企业名称	品牌	销售规模（万元）	总店数	加盟店数
汽车后市场	二手车经纪店	福州车友网络科技有限公司	273	46586.00	736	708
美容休闲健身	美容	克丽缇娜上海贸易有限公司	克丽缇娜	66965.00	3577	3575
	美容	青岛植秀堂养生养颜连锁有限公司	植秀堂	22116.00	240	234
	健身	青岛英派斯健康管理有限公司	英派斯	35085.00	155	138
	足疗	南京足生堂企业管理有限公司	足生堂	192269.00	612	603
其他服务	影楼	重庆金夫人实业有限公司	金夫人	200000.00	240	210
	家政服务	北京华夏中青家政服务有限公司	华夏中青	14395.00	360	333
	家政服务	上海爱君家庭服务有限公司	爱君	10741.00	384	344
	广告	北京亿邦联合广告有限公司	亿邦	121521.00	1314	1298
	宠物	北京派多格宠物用品有限公司	派多格	52000.00	1605	1600
合计				42820796.00	124086	97068

注：标注◆为估计值或数据来源于上市企业年报。
资料来源：中国连锁经营协会网站。

>> 本模块小结

特许经营是指拥有注册商标、企业标志、专利、专有技术等经营资源的企业（以下称特许人），以合同形式将其拥有的经营资源许可给其他经营者（以下称被特许人）使用，被特许人按照合同约定在统一的经营模式下开展经营，并向特许人支付特许经营费用的经营活动。其基本要素是特许经营资源、特许人和被特许人之间的合同关系、统一的经营模式、特许费用等。

特许经营一般包括八大体系：加盟体系、管理体系、培训体系、支持体系、监督管理体系、视觉形象体系、组合推广体系。成功开展特许经营的七大步骤：特许经营的可行性研究、特许经营战略规划、特许经营单店模式设计和提炼、特许经营加盟模式设计、特许经营支持管控体系设计、特许经营项目推广、特许经营体系运营。

特许经营自20世纪80年代末进入我国以后，凭借其扩张快、低成本、高效率等优点获得了快速的成长。但由于各方面的原因，特许经营这一商业模式在近年来的发展中出现了一些问题，甚至出现了被异化的现象。投资者要规避合同陷阱、圈钱现金。

>> 本模块参考

浏览网址

[1] 商务部商贸服务管理司特许经营频道 http：//syggs.mofcom.gov.cn/
[2] 商务部商业特许经营信息管理系统 http：//sytxjy.smfws.mofcom.gov.cn/
[3] 新浪特许连锁频道 http：//www.sinatx.com/
[4] 特许经营服务网 http：//www.tx001.org/
[5] 特许加盟网 http：//www.texujiameng.com/

>> 思考题

1. 比较特许经营与直营连锁、自由连锁的差异，试分析特许经营的优势。
2. 简述直接特许与区域特许的不同。
3. 举例说明特许经营七大体系的具体内容。
4. 举例说明某一品牌连锁店对加盟店组合推广体系的构建。
5. 我国有12种特许行业，分别举出每个行业1~2个企业。

>> 案例分析题

必胜客全面启动特许加盟　揭秘其特许加盟策略[①]

继2014年在收购小肥羊并暂停加盟业务2年，百胜餐饮集团再次重新开放特许加

---

① 苏霜，"必胜客全面启动特许加盟　揭秘其特许加盟策略"，《连锁》2015年2月。

盟。2015年新年伊始，百胜集团又全面启动必胜客在中国的特许加盟业务，并成为中国特许加盟领域的重磅消息，在为中国特许加盟增添新力量的同时，也佐证了中国特许经营市场进入有序健康的发展阶段。

正如百胜全球副总裁、中国区总裁苏敬轼之前就肯德基的加盟战略所表示的那样，"早先肯德基没有大规模发展加盟是与当时国内市场环境有关，当时适合肯德基加盟的市场条件不存在，合格的加盟商几乎找不到，而且肯德基品牌还在打造的过程中，所以采用直营的加盟是最快速有效的，而且肯德基经营效益非常好，投资回报高，百胜方面也有足够资金支持。"

这次必胜客全面启动特许加盟，中国连锁经营协会就此做了专门采访。

一、特许加盟发展策略"重质量而非数量"

百胜加盟部负责人介绍，必胜客，正如它的名字，从1990年在北京开出中国第一家餐厅以来，就以"必胜"的信念赢得了中国消费者的喜爱。到目前为止，必胜客已在中国300多个城市拥有了超过1100家欢乐餐厅。必胜客在中国率先倡导的"欢乐休闲"用餐理念也受到了消费者的欢迎，经过20多年的积淀，无论从产品、环境、服务到文化和精神，"欢乐"策略已经成为必胜客的信仰，深入品牌发展的脉络之中。现在，必胜客不仅是比萨领域的专家，还成为休闲餐饮专家。

这些年来国内餐饮业的发展日新月异，很多有志于从事餐饮行业的人都积累了丰富的营运经验，这时，必胜客开放特许加盟的时机更为成熟。为支持必胜客品牌的发展，2015年初，百胜餐饮集团全面启动必胜客欢乐餐厅特许经营业务，在全国范围内开放加盟。在发展加盟的策略上，百胜特别强调要坚持"重质量而不是数量"的原则，希望找到合适的加盟伙伴一起打造品牌。必胜客期望加盟商有对品牌和餐饮事业的热情、良好的企业家素质、成功的企业管理经验以及300万元以上的可调用资金，同时，加盟申请人需愿意处理日常经营事宜并能够亲自管理餐厅。如果具备餐饮服务及零售相关行业经验，将优先考虑。

二、特许加盟方式"不从零开始"

必胜客在中国采取"不从零开始"的特许经营模式。"不从零开始"的特许经营，就是将一家成熟的必胜客餐厅整体转让给通过了资格评估的加盟申请人，同时授权其使用必胜客品牌继续经营。即：加盟商是接手一家已在营业的必胜客餐厅，而不是开设新餐厅，加盟商不需从零开始筹建，避免了自行选址、筹备开店、招募及训练新员工的大量繁复的工作。从中国百胜接手一家已营业的必胜客餐厅，这样的模式加盟商的风险会大大降低，提高了成功的机会。

根据必胜客加盟发展规划，已从现有的必胜客餐厅挑选适合的"备选加盟店"。针对通过了资格评估的加盟申请人，必胜客会在"备选加盟店"范围内推荐餐厅供其评估。百胜不接受加盟申请人指定某一家餐厅，或者某一个城市进行加盟。

目前仅开放"不从零开始"的加盟模式，百胜暂不受理开新店的加盟申请。必胜客采取单店加盟形式，所有的特许加盟商都不享有区域性的或商圈的专有权。

三、资金不足可合伙，主申请人必须负责经营

必胜客对加盟商的财务资质要求是可变现的自有资金不少于300万元，个人总资产不低于600万元。如果申请人资金不足，可以找合伙人一同申请，但自有资金比例须大于30%。合伙人也必须一同进行申请流程，接受百胜的面试与第三方公司的独立调查，而且主要经营者的资金比例必须大于30%。合伙人只是作为投资者，不参与餐厅的日常经营管理。在加盟成功后，主申请人需担当"主要经营者"角色，即负责处理日常经营事宜及亲自管理餐厅，合伙人将不参与餐厅的日常经营管理。

四、加盟投资费用

初始投入：

加盟初始费：约合人民币30万元（为一次性的费用，以美金收取）。

培训费：6万元（加盟商接店前必须完成为期5个月的培训）。

餐厅购入费：人民币300万元以上。

持续经营：

特许经营持续费：按餐厅营业额的6%。

广告及促销费用：不低于餐厅营业额的5.5%。

申请人成为必胜客的加盟商之后，百胜将会提供强大的系统支持。包括：

健康的加盟体系：完善的加盟政策和加盟流程、良好的加盟商关系、专业的加盟管理团队。

财务支持系统：协助申请银行贷款、专业的财务管理咨询。

一流的营运管理及支持：连锁餐饮零售的"黄埔军校"、完善的营运管理系统、训练有素的营运团队、全面的追踪考核体系。

强大的市场策划和宣传：强大的全国性促销活动、提供单店行销方案辅导、品牌公关与媒体广告投入、专业的企划品设计和制作。

公共事务支持：提供专业的公关事务咨询、协助处理危机事务。

全方位的培训课程及体系：领军人物养成计划、顶尖培育课程、科学培育体系、千人讲师团；另外，餐厅培训内容主要包括营运操作及基础值班管理。培训地点根据实际情况就近安排。加盟商需在转店前完成培训内容。主要经营者必须亲自参加培训，不可由他人代替。

统一的采购和配销：规模化的统一采购、强大的配销系统；为保证必胜客统一产品品质与品牌的健康发展，加盟商只可向百胜核准的供应商采购统一标准的食品原料、包装和设备设施。新产品的开发和价格调整将由百胜根据市场情况统一确定。依据加盟合同约定，加盟商不得在餐厅销售未经百胜许可的任何产品，也不得随意调整价格。

五、加盟合同期限"10＋10"

必胜客加盟合同为期十年，如果加盟商在经营期内达到了各项评估标准，可申请续签十年。这是一项重大投入和长期合作，百胜对申请人有一套完整的评估流程。首先，在收到网上的加盟申请表约2周的时间内会通过E-mail或电话方式回复申请人。接下来的加盟申请流程包含面试审核、餐厅实习、背景调查、挑选餐厅及转店等环节，所需时间要依个案情况而定，至少需要7个月。

六、与肯德基、小肥羊加盟的区别

从文字上看，必胜客与肯德基的加盟模式完全一样，"不从零开始"，也就是申请人通俗所说的"转让老店"。但两个品牌分属不同的餐饮业态，肯德基为快餐，必胜客为休闲餐饮，品牌特点和营运方式也有所不同。因此，百胜对加盟商的要求会有所区别。

但相比较小肥羊品牌的加盟模式，则截然不同。小肥羊采取"单店加盟"模式，授权通过资格评估的加盟商使用小肥羊品牌，在双方确定的地域范围内选址开店。特许人将为加盟商提供选址评估、加盟商及员工培训、餐厅动线规划、工程验收等筹备支持，并共享餐厅设计、设备设施供应、装修施工等供应厂商资源。与肯德基和必胜客的加盟模式比较，小肥羊加盟商在经营地域方面有更高的灵活性。

问题：

1. 如果有一天你也想开一家必胜客分店？你的具体打算是什么？
2. 你有过在肯德基、麦当劳打工的经验吗？如果有，你的收货与体会是什么？
3. 思考加盟与品牌的关系？
4. 为什么在餐饮业、零售业加盟经营这么重要？

模块五

连锁企业采购与库存

>> 学习目标

1. 了解连锁企业采购的基本含义、特点
2. 理解连锁企业集中采购制度的主要内容及优点
3. 掌握连锁企业采购考核的指标体系
4. 理解连锁企业库存控制内涵、原则及主要内容
5. 理解连锁企业采购成本与库存成本的构成与控制

【案例导读】

企业采购纳入连锁体系

目前国内超市公司的做法是：超市公司设置负责营运的副总裁及负责采购的副总裁。采购副总裁下设几个采购部（按照商品大类划分，如食品采购部、生鲜采购部、非食品采购部等）。每一采购部又按照商品类别进一步细化为若干小组（如生鲜采购部可分为鱼类、肉类、蔬果类、熟食类、面包类）。每一小组包括买手、里手、排面员。买手是指与供应商进行业务谈判、签订采购合同的谈判员。里手是指根据采购合同以及门店销售、库存情况向供应商发出订单的下单员。排面员主要根据公司的商品经营计划、策略以及门店卖场布局和销售实际情况，制定、调整商品陈列配置表。同时，为了保证引进新商品及新供应商决策的科学性，很多超市公司成立了商品采购委员会这一非常设机构。该机构由采购人员、销售人员及财务人员等组成，定期召开会议，对引进新供应商、新商品做出决策，采购人员根据采购委员会的决策具体与供应商进行谈判。

连锁企业采购管理

对于连锁企业来说，企业经营的源头便是商品采购，采购工作好坏直接关系到企业是否拥有可靠稳定的货源、是否影响企业的成本。连锁超市、连锁便利店等零售型连锁企业通常采用集中采购，又称中央采购。集中采购是指采购权限高度集中于连锁总部，由总部设置专门的采购机构进行统一采购，供应所有门店所经营的全部商品。这是连锁企业经常采取的一种采购制度，在这种制度下，商品的引入与淘汰、价格制定及促销等基本上都由连锁总部统一规划实施。

一、连锁企业采购概述

采购是指企业在一定的条件下从供应市场获取产品或服务作为企业资源，以保证企业生产及经营活动正常开展的一项活动，是一个商业性质的有机体为维持正常运转而寻求从体外摄入的过程。

1. 连锁企业采购的基本含义

连锁企业采购的含义可以从以下两个方面来理解。

(1) 采购是从市场获取资源的过程。采购能提供给人们在生产或生活中的需要，但是自己又缺乏的资源。在连锁企业采购中，这些资源就是能保证企业正常经营活动所需要的各种商品。能够提供这些资源的供应商组成了资源市场，从资源市场获取这些资源都是通过采购的方式来进行的。

(2) 采购是商流与物流的结合过程。连锁企业采购的基本内容，就是将各种需要的商品从资源市场的供应商手中转移到仓库或货架上的过程。在这个过程中，一是要实现将商品的所有权从供应商手中转移到连锁企业中，二是要实现将商品的物质实体从供应商手中转移到连锁企业中。

2. 连锁企业采购的特点

(1) 采购管理信息化。连锁企业采购管理利用信息技术，在连锁企业和供应商之间实现了信息连通共享，通过计算机网络进行供需信息的沟通和业务活动的处理。信息系统为连锁企业提供详尽的销售情况，准确反映客户的需求动态和消费趋势，使连锁企业能够对客户需求变化迅速做出反应，及时调整采购策略和商品结构。

(2) 准时制（Just In Time，JIT）采购。连锁企业采购管理的核心内容是实现准时制采购。连锁企业以顾客为中心、以市场需求的拉动为原动力来发出采购订单。可靠的送货是准时制采购的前提条件，因此这种采购方法一般只针对少数供应商，采取小批量采购策略，对交货准时要求严格。

(3) 供应商管理库存（Vendor - Managed Inventory，VMI）。供应商管理库存是一种连锁企业和供应商之间的长期合作策略，产品的供应对双方来说都是最低的成本，二者共享超市的库存数据和销售信息，供应商根据这些数据和信息再依据预先制定的存货水平对超市进行补货。这种策略既是一种库存管理策略，也是一种及时供货技术。

二、连锁企业集中采购制度

采购是连锁企业总部的主要业务活动之一。为了保证企业采购到适销对路的商品，必须认识了解采购过程，做好采购业务决策，加强对商品采购过程的监督，确保采购工作的圆满完成。

1. 建立相应的商品采购机构

实行中央采购制度的连锁企业一般是在总部建立自己的采购体系，按照不同的商品设置不同的采购部门（如生鲜采购部、食品采购部、非食品采购不等）。

2. 制定商品经营目录

商品经营目录是连锁企业经营的全部商品品种目录，是连锁企业组织进货的指导性文件。连锁企业制订商品经营目录，是根据目标市场需求和企业的经营条件，具体列出各类商品经营目录；借以控制商品采购范围，确保主营商品不脱销，辅营商品花色、规格、式样齐全，避免在商品采购上的盲目性。连锁企业的商品经营目录并不是一成不变的，也会根据市场需求变化和企业经营能力适时进行调整。调整中可依据商品销售数据进行分析哪些种类的商品销售下降，如果较长时间内无销售记录，可逐渐筛选淘汰。如有些商品销售上升，可适当增加经营品种和采购数量。

3. 合理选择采购渠道

连锁门店的供货渠道可以分为三个：一是企业自有供货者；二是原有的外部供货者；三是新的外部供货者。

（1）企业自有供货者。有些连锁企业自己附设加工厂或车间，有些企业集团设有商品配送中心。这些供货者是连锁店首选的供货渠道。

连锁企业按照连锁门店的需要，组织附属加工厂加工或按样生产，自产自销，既是好的商品货源渠道，又有利于形成企业经营特色。有些商品如时装、针纺织品、鞋帽，市场花色、式样变化快，从外部进货，批量大、时间长，不能完全适应市场变化。而从加工厂或车间加工订做，产销衔接快，批量灵活。有些连锁店加工订做的时装品牌也有较高的知名度和市场影响，成为吸引客流、扩大销售的有力手段。

（2）连锁企业原有外部供货者。连锁企业与经常联系的一些业务伙伴，经过多年的市场交往，对这些单位的商品质量、价格、信誉等都比较熟悉，对方也愿意与连锁店合作，遇到困难相互支持。因此，其可成为连锁店稳定的商品供应者。

连锁企业稳定的外部供应者来自各个方面，既有生产商，又有批发商，还有专业公司等。在选择供货渠道时，原有的外部供货者应优先考虑，这一方面可以减少市场风险，又可以减少对商品品牌、质量的担忧，还可以加强协作关系，与供货商共同赢得市场。

（3）新的外部供货者。随着连锁企业业务扩大，市场竞争激烈，新产品不断出现，企业需要增加新的供货者。选择新的供货者是商品采购的重要业务决策，需从以下方面做比较分析：

①货源的可靠程度。主要分析商品供应能力和供货商信誉。包括商品的花色、品种、规格、数量能否按连锁店的要求按时保证供应，以及信誉好坏，合同履约率等。

②商品质量和价格。主要是供货商品质量是否符合有关标准，能否满足消费者的需求特点，质量档次等级是否和连锁店形象相符，进货价格是否合理，预计销售价格消费

者能否接受，销售量能达到什么水平，该商品初次购进有无优惠条件、优惠价格等。

③交货时间。采用何种运输方式，运输费用有什么约定，如何支付，交货时间是否符合销售要求，能否保证按时交货。

④交易条件。供货商能否提供供货服务和质量保证服务，供货商是否同意连锁店售后付款结算，是否可以提供送货服务和提供现场广告促销资料和费用，供货商是否利用本地传播媒介进行商品品牌广告宣传等。

为了保证货源质量，连锁店商品采购必须建立供货商资料档案，并随时增补有关信息，以便通过信息资料的比对选择供货商。

4. 购货洽谈及签订合同

在对供货商进行评价选择的基础上，采购人员必须就商品采购的具体条件进行洽谈。在采购谈判中，采购人员要就购买条件与对方磋商，提出采购商品的数量、花色、品种、规格要求，商品质量标准和包装条件，商品价格和结算方式，交货方式，交货期限和地点也要双方协商，达成一致，然后签订购货合同。

一项严谨的商品采购合同应包括的主要内容有：货物的品名、品质规格；货物数量；货物包装；货物的检验与验收；货物的价格，包括单价、总价；货物的装卸、运输及保险；贷款的收付；争议的预防及处理。

签订购货合同，意味着双方形成交易的法律关系，应承担各自的责任和义务。供货商按约交货，采购方支付货款。

5. 商品检验与验收

采购的商品到达连锁店或指定的仓库，要及时组织商品验收工作，对商品进行认真检验。商品验收应坚持按采购合同办事，要求商品数量准确，质量完好，规格包装符合约定，进货凭证齐全。商品验收要做好记录，注明商品编号、价格、到货日期。验收中发现问题，要做好记录，及时与运输部门或供货方联系解决。

三、连锁企业集中采购制度的优点

实行连锁企业总部的集中采购，可以真正做到统一陈列、统一配送、统一促销策划、统一核算，真正发挥连锁经营的优势。连锁企业实行总部的集中采购制度的优点如下。

1. 提高谈判中的争价能力

连锁超市公司由于实行集中采购制度，进货量大，可以获得一定的价格折让，同时还可以获得有条件退佣或无条件退佣。无条件退佣是指供应商在结算时按供货额的一定比例付给超市公司的佣金，而有条件退佣是指一定时期内（如一年）超市公司销售超过了与供应商签订合同时约定的销售额而付给超市公司的佣金。由于获得这些折让，连锁超市公司在价格竞争中处于有利地位。

2. 降低采购费用

连锁企业实行集中采购制度，只在连锁总部建立一套采购班子，而不必像分散采购那样需要各店建立自己的采购队伍，从而降低了采购费用。

3. 能够统一配送

如果没有统一配送，连锁企业为保证不缺货，各店需建立自己的仓库，同时需建立自己庞大的收货队伍。目前已实行统一配送的超市公司，其通常做法是：将配送中心建在城郊地价较低地段，供货商将商品统一送到配送中心，由配送中心将商品送到各连锁店，同时向供货商按供货额收取一定比例的配送费。各店铺可以大幅度压缩甚至取消仓库，收货队伍可压缩至最小。如天津大荣公司在天津郊县建立了自己的配送中心，向供货商收取2%～3%的配送费，基本可以维持配送中心的费用。

4. 采购行为规范

当前困扰超市公司的一个大问题是商业贿赂。商业贿赂是指供应商给零售商的采购员提供金钱或有价值的物品以影响其采购决策。通过集中采购，建立一套行之有效的规章制度及制衡机制，可以有效地解决这一问题。

【开拓视野】

商场物品采购人员"十不准"

某商场根据商业环境和职业道德，结合本企业的实际情况，规定商场物品采购人员在采购活动时的纪律和规则。

(1) 不准利用公司采购的信息谋取私利。

(2) 不准泄露公司商业秘密。

(3) 不准采购无正规发票、假冒伪劣或不符合公司要求的物品。

(4) 不准弄虚作假，伪填或涂改发票。

(5) 不准挪用公司的采购货款。

(6) 不准本人或帮他人利用公司采购搭购物品。

(7) 不准向供应商索取或接受其回扣、折扣、佣金及赠品。

(8) 不准向供应商借款。

(9) 不准到采购单位报销费用。

(10) 不准有偿（有损公司利益）接受供应商的宴请、邀请及服务。

四、连锁企业采购的控制

控制好采购环节是实现经营目标的重要手段,控制好采购环节就等于控制住了商品流通的起点和源头。

1. 采购计划的内容

采购计划是达到经营目标的依据,因此在采购计划的制定中要控制好经营目标值、市场份额值、盈利值和盈利率。

(1) 细分采购计划。采购计划的制定要细分,落实到商品的小分类,对一些特别重要的商品甚至要落实到品牌商品的计划采购量。细分采购计划的意图就是控制好商品的结构,使之更符合目标顾客的需求,同时也是对采购业务人员的业务活动给出了一个范围和制约。

(2) 制定促销计划。如果把促销计划作为采购计划的一部分,那么在供应商签订年度采购合同之前,就要要求供应商提供一年度的产品促销计划方案,以便连锁企业在制定促销计划时参考。连锁企业的促销活动,实际上是一种对应供应商产品的促销动员、促销组合。

2. 采购考核的指标体系

除了采购计划的控制外,还有与供应商进行交易的制度计划、采购组织机构控制和采购程序控制。但在日常具体的采购业务活动中,还必须建立考核采购人员的指标体系。采购考核指标体系一般由以下 10 个指标组成。

(1) 销售额指标。销售额指标要细分为大分类商品指标、中分类商品指标、小分类商品指标及一些特别的单品项商品指标。分类的商品销售额指标比例值应根据不同的业态模式中商品销售的特点来制定。

(2) 商品结构指标。商品结构指标是以体现业态特征和满足顾客需求度为目标的考核指标。如对一些便利店的商品结构进行研究发现,反映便利店业态特征的便利性商品只占 8%,公司自有品牌商品占 2%,其他商品则高达 80%。为了改变这种商品结构,就要从指标上提高便利性商品和自有商品的比重并进行考核。通过指标的制定和考核同时达到两个效果:一是在经营的商品上使业态特征更明显;二是高毛利的自有品牌商品比重上升,从而增强了竞争力和赢利能力。

(3) 毛利率指标。根据超级市场品种定价的特征,毛利率指标首先是确定一个综合毛利率的指标,这个指标的要求是反映超市的业态特征,然后分解综合毛利率指标,制定不同类别商品的毛利率指标并进行考核。毛利率指标对采购人员通过合理控制订单量来加快商品周转，并通过与供应商谈判加大促销力度，扩大销售量，增大供应商给予的"折扣率"，扩大毛利率。对高毛利率商品类的采购人员，促使其优化商品品牌结构，做大品牌商品销售量，或通过促销做大销售量，扩大毛利率。

要明白：超市毛利率的增加，很重要的一个途径就是通过促销扩大销售量，然后从供应商手中取得提高毛利率的"折扣率"。

(4) 库存商品周转天数指标。这一指标主要是考核配送中心库存商品和门店存货的平均周转天数。通过这一指标，可以考核采购业务人员是否根据店铺商品的营销情况，合理地控制好库存，以及是否合理地确定了订货数量。

(5) 门店订货商品到位率指标。这个指标一般不能低于98%，最好是100%。这个指标考核的是，门店向总部配送中心订货的商品与配送中心库存商品之间可供配的比例。这个指标的考核在排除总部其他部门的工作因素后，除特殊原因外，主要落实在商品采购人员身上。到位率低就意味着门店缺货率高，因此必须严格考核。

(6) 配送商品的销售率指标。门店的商品结构、布局与陈列量都是由采购业务部制定的，如果配送到门店的商品销售率没有达到目标，可能是商品结构、布局和陈列量不合理。对一些实行总部自动配送的公司来说，配送商品销售率可能还关系到对商品最高与最低陈列量的上下限是否合理。

(7) 商品有效销售发生率指标。在超级市场中，有的商品周转率很低，为了满足消费者一次性购足的需要，这些商品又不得不备，但如果库存准备的不合理，损失就很大。商品有效销售发生率就是考核配送中心档案商品在门店POS机中的销售发生率。如果低于一定的发生率，说明一些商品为无效备货，必须从目录中删除并进行库存清理。

(8) 新商品引进率指标。为了保证各种不同业态模式超级市场的竞争力，必须在商品的经营结构上进行调整和创新。新商品引进率指标就是考核采购人员的创新能力、对新的供应商和新商品的开发能力，这个指标一般可根据业态的不同而分别设计。比如，便利店的顾客是新的消费潮流的创造者和追随者，其新商品的引进力度就要大，一般一年可达60%~70%。当一年的引进比例确定后，就要落实到每一个月，当月完不成下一个月必须补上。比如，年引进新商品比率为60%，每月则为5%，如当月只完成3%，则下月必须达到7%。

(9) 商品淘汰率指标。由于门店的卖场面积有限，又由于必须不断更新结构，当新商品按照考核指标不断引进时，就必须制定商品的淘汰率指标。一般来说，商品淘汰率指标可比新商品引进率指标低 10% 左右，即每月低 1% 左右。

（10）通道利润指标。一般通道利润可表现为进场费、上架费、陈列费、促销费等，对采购人员考核的通道利润指标不应在整个考核指标体系中占太大比例，否则会把方向领偏。通道利润指标应更多地体现在采购合同与交易条件中。

连锁企业库存控制

库存管理是一个持续的日常工作，这项工作涉及企业内部的许多部门与人员，包括采购、补货员、营运部门、门店、库管等。这些管理要素仅仅是从技术层面提供了一个可能，企业应该在此基础上制定相关的制度和流程，整合企业资源，将库存管理作为一项持续的、不间断的重要工作来执行，方能够真正达成将库存维持在科学的、合理的水平线，提高库存周转率。

一、连锁企业库存控制概述

连锁企业库存控制是在满足各门店顾客服务要求的前提下通过对连锁企业总部的库存水平进行控制，力求尽可能地降低库存水平、提高物流系统的效率，以提高企业的市场竞争力。

1. 连锁企业库存控制

库存控制是对制造业或服务业生产、经营全过程的各种物品、产成品以及其他资源进行管理和控制，使其储备保持在经济合理的水平上。库存控制是使用控制库存的方法，得到更高的赢利的商业手段。

2. 库存的主要问题

（1）库存量过大所产生的主要问题。包括：增加仓库面积和库存保管费用，从而提高了产品成本；占用大量的流动资金，造成资金呆滞，既加重了货款利息等负担，又会影响资金的时间价值和机会收益；造成产成品和原材料的有形损耗和无形损耗；造成企业资源的大量闲置，影响其合理配置和优化；掩盖了企业生产、经营全过程的各种矛盾和问题，不利于企业提高管理水平。

(2) 库存量过小所产生的主要问题。包括：造成服务水平的下降，影响销售利润和企业信誉；造成生产系统原材料或其他物料供应不足，影响生产过程的正常进行；使订货间隔期缩短，订货次数增加，使订货（生产）成本提高；影响生产过程的均衡性和装配时的成套性。

3. 库存控制的作用

库存控制的作用主要有：在保证企业生产、经营需求的前提下，使库存量经常保持在合理的水平上；掌握库存量动态，适时、适量提出订货，避免超储或缺货；减少库存空间占用，降低库存总费用；控制库存资金占用，加速资金周转。

二、连锁企业库存控制的原则

连锁企业库存控制，一般应该遵循以下原则。

1. 经济性原则

企业是趋利性组织，追逐经济利益是其活动的最终目的，所以，每一次的订货与库存之间的控制要通过合理的预期进行测算，选择最佳的订货规模与库存数量。对零售企业而言，经济性非常重要，它可以为企业节省成本，提高竞争力。

2. 完整性原则

一方面，企业要通过下游客户有关需求的反应来分析所要订购的商品种类及数量；另一方面，企业还要和上游的供应商联系，选择某一个供应商进行采购，实现完整的物流运作；不完整的物流系统，会造成管理凌乱、信息不能有效传递等，以至影响整个物流系统的有效性。

3. 可靠性原则

这主要是要求企业物流信息系统的准确性和稳定性。信息系统的准确性能精确、及时地反映企业当前的状况和定期活动，以衡量经营状况和存货水平。可靠的系统不仅能在正常的情况下保证物流系统的有效运行，而且在非正常的情况下仍能保持部分使用和运行。

4. 灵活性原则

物流系统的灵活性是指物流系统能随着环境或需求的改变而及时的改变。这对增强企业的柔性、避免库存商品短缺和积压具有重要作用。

只有个性化和原则性相结合，才能使连锁零售企业建造出适合自己的全面的物流系统，才能真正享受第三方物流给企业带来的种种优点，使企业专注精力于自身能力的提高，巩固市场地位，从容地应对外来入侵者。

【开拓视野】

库存的分类

1. 基础库存

用于正常周转的物品储备,即在前后两批商品正常到达之间,提供生产经营需要的储备。一般种类较多但数量较少。

2. 安全库存

用来应付时间及需求等方面的不确定因素的影响。在正常情况下一般不动用,一旦动用,必须在下批订货到达之前尽享补充。

3. 中转库存

由于信息不对称的原因,在物流系统中各种节点之间的库存。

三、连锁企业库存控制的主要内容

1. 确定合理的补货数量

商品订货量太大,会造成周转缓慢;订货量太小,则有可能造成缺货而影响销售。那么,到底多少是合适的补货数量呢?通过运用补货数量计算公式可以给出一个合理的建议。

补货数量 =(订单间隔 + 在途天数)×(日预测使用量 + 日安全库存)− 可供货库存

公式中,订单间隔指平均订单频率;在途天数指下单与货物到达之间的天数;日预测销量指预估的每日理想销量;日安全库存指为确保销售设定的库存数量;可供库存指当前库存可销售商品数量。

在这个补货公式中,日预测使用量与日安全库存是两个非常重要的影响因素,尽管能够根据过往的销售数据并通过科学的计算公式给出合理的建议,但是两个因素会因为市场、气候、季节、事件以及促销等原因而改变。因此,补货人员还需要具备敏锐的市场洞察力以及丰富的经验,同时与采购人员保持良好的沟通,在补货公式给出的建议订货量的基础上进行适当的调整,来确定最佳的订单补货数量。

2. 及时处理存量过大的商品

即使运用补货公式并拥有经验丰富的补货人员,但由于市场与竞争环境的变化,商品依然有可能出现存量过大的现象。因此,零售商必须每周对库存进行分析、整理,对存量过大的商品进行处理。

（1）找出存量过大的商品。用下面公式找出存量过大的商品：

当前库存可销售周 = 当前库存量/前 4 周平均周销量

当前库存可销售周大于 N 的商品，即为存量过大商品。N 的具体数值应该结合企业的库存周转率指标进行界定，但还需要根据商品本身的性质进行适当调整。例如，季节性商品由于具有销售期短、密集程度高的特点，在进行库存分析时必须考虑这一因素，尤其是即将过季的时候，N 的数值设定应该大大小于常规商品。

（2）分析导致商品库存积压的原因后分别进行处理。例如，某些商品销售情况良好，但订货过多，这类商品的处理方法比较简单，可以暂停常规补货，同时在店内以堆头、端架的形式突出陈列进行促销，待库存数量进入合理范围后恢复正常补货。而另外一些商品是销售情况较差造成的周转慢、存量大，这时需要进行深入的分析、调研，了解造成滞销的原因后对症下药。

（3）对处理结果进行跟踪调整。对处理的结果进行跟踪回顾，并及时调整与修正处理方案，以确保积压库存能够有效得到降低。通过计算科学合理的补货数量，及时处理存量过大商品。

3. 商品单品数量的管理

当单个商品的库存数量变大时，库存总金额会随之上升，导致单个商品库存数量过大（此处讨论的是库存周转率低于所属品类库存周转率指标的前提下的库存数量过大的商品）。原因有两个，补货数量不合理以及存量商品处理不及时。解决这个问题可以从以下 3 个方面入手。

（1）限定单品总数。限定单品总数是指零售商设定允许销售的商品单品总数，并限定一定比例的浮动范围，如 10%。这项工作应该细化到每个门店以及每个品类，即以门店为基本单位来设定该店每个品类的单品总数。另外，还要考虑消费者特征及需求，根据不同门店商圈辐射范围内的目标消费群体的消费需求与特征来平衡门店不同品类的单品数量。

（2）建立新品引进管理制度。将一个新商品引进店内销售前，必须要实施严格的新商品引进申报审批手续，详细了解新商品的特征以及对应的消费需求、店内类似商品的销售及库存情况、供应商的广告及促销支持、该商品的预期销售与毛利等要素。

（3）建立商品淘汰制度。市场是动态的，零售商销售的商品会随着市场与季节的变化而变化，因此，单品数量也不可能是一个静态的数字。将这一数字始终控制在限定的范围内，定期对门店及品类的单品数量进行回顾并及时淘汰问题商品是至关重要的。方法很简单：定期（频率以每月一次为宜）查看品类商品列表，对销售排名进行分析，将滞销、过季、销售不良等问题商品设定为备选淘汰商品，制定清仓计划逐一处理，以确保品类整体的单品数量保持在限定的合理范围内。通过设定单品总数限额，严格管理新品引进，定期淘汰问题商品，可以对商品单品总数进行管理，从而有效控制影响库存的总金额。

四、连锁企业库存控制的指标

面对不断变化的商品，如何良好地控制连锁企业的库存，如何处理商品的库存周转显得格外重要。

1. 周转天数

商品周转天数，主要是考核配送中心库存商品和门店存货的平均周转天数。良好地控制商品的周转，是连锁企业日常工作的一项主要内容。通过这一指标，可以考核采购订单人员是否根据门店商品的销售情况，合理地控制库存，以及是否合理地确定了订货数量。周转天数大的商品不能滞压太多，这就需要我们适时观察每个单品的销售情况，分清楚哪些是畅销品，哪些是周转较慢的商品。根据商品的不同性质，采用不同的订货规则。

2. 订单满足率

订单满足率包括两方面，一方面是指供应商对采购订单的履行率；另一方面是配送中心对门店配送订单的履行率，两者缺一不可。订单科成员的工作在于及时制作订单，并督促供应商按照订单及时送货至配送中心。通常情况下，只要订单数量和制作订单的频率科学、合理，供应商能够按要求送货，门店的配送订单也就能够得到很好的满足。因此，一切问题的根源都在于订单的制作，合理制作订单是订单满足率的前提。

3. 不良商品的跟进率

在商品配送和销售过程中，难免会出现商品破损现象，对于有问题商品的处理也是库存管理的一部分，要监督供应商定期退货。在制作订单方面，对于公司买断商品中单位价值高、时效性强、损耗又大的商品，一般需要严格控制订单量，以满足门店需求即可。

同时，不良品的处理还需要业务科室在谈判中尽可能地让供应商承担一定的合理损耗，或提高供应商的残损折扣。另外，有些商品的损耗或短缺是因商品的外包装存在问题引起的，甚至有些破损是供应商送货过程中发生的，对于这种情况，采购人员应当及时对供应商提出改进意见。

项目三
连锁企业采购与库存成本控制

一、连锁企业采购成本的构成及控制

连锁企业采购过程中发生的成本可以划分为显性成本（即可计算的成本）和隐性成本（即机会成本）两类。显性成本是指在采购过程中实际可能发生的货币支出成本，隐性成本是指采购活动中的机会成本。它们在采购过程中又通过各种表现形式影响着采购成本的大小。

1. 显性成本的构成要素分析

（1）采购价格。零售企业以各种方式得到的采购报价，将直接进入到生产成本的核算，它是衡量采购过程成本高低的最重要的指标。供应商提供的价格不同，采购目标的指导方式也不同。供应商与采购者的内在关系，均可影响最终的采购价格。

（2）直接交易成本。直接交易成本是指为采购商品而进行的检验、传达需求以及为处理物流时均要付出的费用，这些环节所形成的费用将直接计入采购的成本中。这些活动环节包括检验存货需求、发出订货请求、准备向供应商传递订单、接受回执、处理货运单据和接受关于存货控制的信息等，如果不能有效地控制采购过程中的这些直接交易费用，采购成本将大大提高。

（3）供应商关系成本。采购者为了保证得到质量可靠的货源，常常与主要的供应商保持良好的合作伙伴关系，这种关系的维持费用也直接进入采购的费用成本。这些费用包括差旅费、供应商培训费、与供应商建立计划和运作联系费，以及其他的一些交往沟通费用，如双方在交通、工程技术、产品研发和开发上的联系等的费用。

（4）运输成本。采购计划确定后，就进入采购的实施阶段，这必然会涉及采购的运输问题。运输条款中会规定供需双方以及承运人之间的付款方式、损失和毁损索赔权等内容，其间产生的费用构成运输的费用成本，列入采购成本总额中。运输成本的伸缩弹性较大，人为的因素较多，这一环节控制得恰当，可有效降低采购成本。

（5）质量成本。质量要求是指采购的商品与采购者预期要求的一致性。它包括一致性成本、不一致性成本和最终使用成本。为使采购方要求的质量标准能与供应商所提供的质量状况相一致，采购方需付出相关的代价，如对采购商品抽查中的人力物力投入、支付给鉴定方的鉴定费用、保证采购质量的调研费等，均构成质量成本，而这一成本是必须的。

（6）运营和物流成本。运营和物流成本是指企业在采购过程中对各种形态的采购存货进行有效协调、管理时需要付出相关的费用，如采购中的运输装卸、仓储、加工包装、产品入库、发运业务等。采购的运营与物流费用的支出也是采购成本的重要组成部分，通过对其加强管理，可以进行有效的控制其成本。

（7）库存持有成本。库存持有成本与库存保管数量、保管时间、货物特性等因素有关，是指为保管存储物资而发生的费用，包括存储设施的成本、搬运费、保险费、折旧费、税金以及资金的机会成本等。每次订货数量越大，库存量也越大，保管费用也就越多。显然，这些费用将随库存量的增加而增加。

（8）订货费用。订货费用是指每次订货时所发生的各种费用，主要包括差旅费、通信费、运输费以及有关跟踪订单系统的成本。它与每次订货量的多少无关，在需求量一定的情况下，订货次数越多，则全年费用越大，分摊每次订货费用也越大。

2. 隐性成本的构成因素分析

隐性成本主要包括人力资源带来的成本、资金周转带来的成本、信息的利用带来的成本和再订货成本等。从另外一个角度来讲，当我们进行了采购，就一定存在机会成本，这个机会成本，我们称为采购的隐性成本。通过隐性成本的分析，可以得到降低成本的途径。

显性成本与隐性成本都在不同程度上影响着采购成本的变化，实践中若忽视其中一个因素，将对企业经营构成极大的潜在危机。

3. 影响连锁企业采购成本的因素

连锁企业的采购成本主要受以下因素的影响。

（1）运输对采购成本的影响。零售企业配送中心的建立是运输中很重要的一个环节。配送中心是根据用户的订单和销售预测，进行规模化采购、进货、保管；然后按客户订单所需商品及其数量，在规定的时间准时送达客户的物流场所。通过对内外运输环境的分析，可以使运输渠道更加合理化，降低运输装卸费用。同时，根据运输渠道和运送方式选择不同的采购方法，利用先进的运输管理对运输资源、运输方式和运输线路进行优化管理，对运输任务进行有效的组织调度，可以降低运输成本，实现对运输事项和货物的有效跟踪管理，从而降低采购成本。

（2）库存对采购成本的影响。对零售企业而言，采购与库存是互为因果的一组活动，不同的库存策略决定企业的不同采购方式；反之，采购策略方式不同，也直接影响企业库存。所以，在零售业中，产品的采购和库存之间存在一个最佳批量的问题。从某种程度上来说,最佳点的确定是采购价格和库存费用两个因素博弈的结果。通过供应商管理库存,零售企业可以使供应商成为本企业的"虚拟库存",以减少自有库存量,从而降低其采购成本。

(3) 销售对采购成本的影响。以客户满意度最大化为目标的市场环境下,销售由客户需求驱动,商品采购由销售驱动,以订单"统帅"企业销售。零售业采用的采购方式会直接影响到零售企业的采购成本,根据消费者需求,运用科学的采购手段,如电子商务的方式下,可以通过网上采购满足某些用户的定制要求,这样做就可以不经过库存直接进入到销售过程,以降低采购成本。

(4) 售后服务对采购成本的影响。在零售企业中,售后服务是供应链管理的最后一个环节,它不仅直接影响终端消费者的满意度和忠诚度,也影响到起始产品的采购。不同的售后服务对零售企业采购成本的影响不同,因此,在千变万化的市场需求面前,零售企业应从最终满足客户需求出发,以销定采,尽量取消中间库存,施行适时化采购,使产品尽量在靠近最终顾客的时间点采购,并根据产品特性和客户要求,采用订货采购、订货装配等不同模式,以节约采购成本。

二、连锁企业库存成本的构成及控制

成功管理库存并合理控制其成本是对库存及其成本构成的正确且全面的认识。

1. 库存成本控制的内容

由于库存成本的隐蔽性,使得管理人员对它的认识一般来说是片面的,常常会忽略一些重要的方面。例如,不会考虑仓库内库存物料所占的成本,更不会考虑库存物料对公司资金回转的影响等。库存成本的构成一般可分为三个主要部分:库存持有成本、库存获得成本和库存缺货成本。

(1) 库存决策——控制库存的持有成本。管理者通过对物料的定量分析来决定什么产品需要库存,什么产品不需要库存,以及各种产品库存的规模、周转率和分布情况,从而最终控制库存的持有成本。

确定库存的订货方法是控制库存获得成本。管理者通过确定库存的再订货点、订货周期和每次的订货量,从而最终控制库存持有成本。如采购点在意大利的,可将采购批量控制在一个月一次。

(2) 需求预测——控制库存的缺货成本。库存管理的一个重要内容就是获得相对准确的需求预测,包括生产计划、销售计划等。在实际的管理工作中,除了根据企业的产品特性确定正确的库存管理模式外,更重要的是对所确定的库存产品要区别对待,分类管理，也就是通常所讲的 ABC 分类法。

> 【开拓视野】
>
> ## ABC 分类法
>
> ABC 分类法是将库存物料按照占用资金的大小和销售额所占比例进行分类。销售额所占比例较大的物料归入 A 类，比例稍低的归入 B 类，最低的归入 C 类。这种分类方法的目的主要是为了通过对重点物料的严格控制，在整体提高企业交货水平的基础之上，降低企业的库存水平，同时又适当照顾一般的物料。在设置安全库存时，要分清楚哪些物料能够及时采购订货，哪些物料的采购订货周期会长一些，甚至实现零库存；采购订货时间长一些的物品，安全库存可以设置得高一些。此外，安全库存的设置，还与客户需求及其变动大小有关。至于库存的控制策略，还需要根据物料的种类、数量、规模、供应情况、需求情况等进行选择。例如，对于市场供应充足、随时能订到、品种多且价值低廉的货物，一般选择定量订货；而对于品种少、比较难订到的物资，则一般采取定期订货法。

2. 库存成本控制的具体措施

（1）减少可以不用的库存。虽然很多时候库存是必须要存在的，但并不是所有的库存都能发挥其作用——满足生产或交货的需要，或者说这些库存在一定的时间内是可以不用的。因此，降低库存成本的一个重要方面就是尽可能地降低这些可以不用库存的量。

对于一个企业来说，在途库存、淤滞库存、预留库存（可交货的订单因其他方面的原因而不能交货）、在制品或者是待检品都是可以不用的库存。库存管理的目标之一就是要提高可用库存占库存总量的比例。

（2）控制整批交货的订单。对客户来说，整批交货的订单可以大大降低其库存的水平，但是对供货方来说，却是不小的压力，所以企业对此类订单必须要严格控制。在确实必需的情况下，才能向客户提供整批交货的服务。而且，应该定期检查预留库存的情况，加强与销售部、财务部及客户之间的沟通，尽快消除因付款、客户项目延期等原因造成的预留库存。

（3）选择好的供应商。如果淤滞库存能够经过再加工而提高销售的机会，企业则与供应商合作对淤滞库存的再加工也是一个较好的处理手段。但是，如果供应商的物料总是出现类似质量的问题，导致公司无法预计可用库存及正常生产，则应该考虑更换供应商。

(4)采用合适的库存订货方式。采用合适的库存订货方式对库存控制也是至关重要的。其中,生产物料控制系统(Production Mertieral Cystem,PMC)在整个生产中起着承上启下的作用,不仅要随时对物料进行跟踪,要十分清晰地判断哪些物料即将出现缺货,而且应该立即做出缺货反应。PMC 采取的积极有效的措施将极大地提升企业的管理效率。一般来说,PMC 控制的手段通常包括三点:控制数量,以满足生产量的需求;控制进度,以满足生产期的需求;控制差补,以满足核销和结账的需求。

根据库存订货系统,PMC 首先需要解决何时补货以及每次补多少货的问题。正确的库存补货的方式可以大大降低安全库存量,对整体库存水平的控制是非常重要的。通常,对不同的物料可以通过两种方法考虑何时补货:第一种是当某种物料的库存量达到预先设定的水平时进行补货;第二种是动态补货法,它对管理者的要求比较高,是通过对现有库存量及未来一定时期内的需求预测数量的平衡,来决定当前是否要生成采购订单,进行补货。

>> 本模块小结

  采购是指企业在一定的条件下从供应市场获取产品或服务作为企业资源,以保证企业生产及经营活动正常开展的一项企业经营活动。连锁企业主要采取集中采购制度,采购活动具有信息化、准时制、供应商管理等特点。连锁企业实行总部的集中采购制度具有提高谈判中的争价能力、降低采购费用、建立统一配送、通道利润最大化、规范采购行为等作用。

  库存控制是对制造业或服务业生产、经营全过程的各种物品、产成品以及其他资源进行管理和控制,使其储备保持在经济合理的水平上。在保证企业生产、经营需求的前提下,使库存量经常保持在合理的水平上;掌握库存量动态,适时、适量提出订货,避免超储或缺货;减少库存空间占用,降低库存总费用;控制库存资金占用,加速资金周转。

  采购过程中发生的成本可以划分为显性成本(即可计算的成本)和隐性成本(即机会成本)。它们在采购过程中又通过各种表现形式影响着采购成本的大小。库存成本一般可分为三个主要部分:库存持有成本、库存获得成本、库存缺货成本。虽然库存成本与采购成本的控制对企业的整体运作有着至关重要的影响，但是，单纯地、一味地强调库存与采购成本的控制和降低，不但不能给企业带来积极的作用，甚至会起负面的影响。所以，在具体的工作中，还需要注意两个前提条件：服务水平与物流总成本。

>> 本模块参考

浏览网址

[1] 中国物流与采购网 http：//www.chinawuliu.com.cn/

[2] 中国采购与招标网 http：//www.chinabidding.com.cn/zbw/index.jsp

[3] 中国政府采购网 http：//www.ccgp.gov.cn

[4] 慧聪网 http：//www.hc360.com/

[5] 中国企业采购网 http：//www.qycg.com/

>> 思考题

1. 为什么大部分连锁经营企业实行集中采购？
2. 结合本模块内容，指出连锁企业库存控制的指标有哪些？
3. 库存成本由哪三个主要部分构成？
4. 连锁总部对物流配送进行管理时，可利用哪三种类型的配送方式？它们的利弊各是什么？
5. 供应链上有效库存控制的主要措施有哪些？

>> 案例分析题

连锁零售企业商品采购四原则

原则一：适宜的价格

作为采购商，谁都希望获得便宜的价格，可是"便宜没好货"，特别是在专业店，这种现象尤其严重，因此，首先应该把"便宜"这个词义弄清楚。便宜分三层含义：

第一，同样的商品，价格确比其他商店便宜。它又区分为三种情况：①商品的品牌、品号和品目相同。②商品品质相同。③仅名称相同。第③条很明显品质不同，而且被含在后面阐述的第二种含义之中。①和②一般按零折扣销售，在美国的连锁业中被命名为"cheapprice"。它是以不同于商品流通阶段一般业界习惯的交易方式或条件进行采购的。人们应该回避这样的折扣,可是消费者常常要求的条件是"如果是同样的商品价格就应便宜"。

第二,折扣(discountprice)。这个在日本易于和折扣价相混淆。美语的原意是,在生产加工阶段用同以前不同的方法生产而便宜下来的价格。这一点,同便宜在对象、对策上完全不同。

作为采购商研究问题时,有必要比便宜的商品花费更长的研究时间。在美国连锁商店的经营上,便宜价格商品的采购充分实现后,作为下一个能力阶段就是以折扣价商品为对象。

可以将前面列出的适销商品用更优惠的价格采购,潜在商品用折扣价采购。或者换一个角度讲,便宜价是对采购渠道和交易条件的挑战,折扣价是对产品开发的挑战,可以此相区别表现。

第三,具有顾客容易支付的价格特性。无论商品具有多么突出的功能,其价格应为大多数消费者所能接受。这在日本自古以来表现为适宜价格。它是一种轻松支付的价格,或者是一种同意后可以支付的价格。在美国表现为大众化价格(popuiarprice)。

原则二:信赖性和持续性

一般来讲,信赖性包含售价、品质(功能)、日后也能销售这三层意义。售价的信用是讲任何时候的销售价格对于顾客都处于同一水平。这时,顾客不用看价签或菜单就会决定购买。

在考察美国的连锁业的时候,日本人最吃惊的就是这一点。顾客不看价签就决定购买,在日本,这若不是富有的客户,是无法想像的。

商品品质、功能也一样,不加认真核实就冲动地购买,也是因为消费者对美国连锁商店经营的商品具有绝对的信任感的缘故。

"只要某某连锁店经营,价格和品质就可以信赖",这种来自消费者的信赖正是业内经营者的自豪。正因为如此,当收到顾客对经营商品的投诉时,他们常通过真诚的最大限度的道歉来进行事后处理,也会对业内有关责任人进行处罚。美国的连锁商店早在20世纪初期就提出了"退货还款,交换自由"及"保证满意"等口号。

在美国,顾客对零售连锁店、食品服务连锁店的信任超过了对名牌产品的信任,因此,厂家或产地对消费者进行的大众宣传很少,在连锁商店的广告中,许多却加进了厂家名称和商标。

原则三:大众化和实用化

大众品(everybodygoods)并不是百分之百的人使用的意思,正确地讲,应该是多数人(mostpeople)即八成人使用的意思。那是在收入、趣味、性格、学历、职业等没有区别,约有八成的人经常购买的商品。如有可能,在性别和年龄上也一样。这是将客户层扩大的考虑方法。日本商界的人们一般考虑的是它的另一面。许多商店努力卷入更狭隘的客户层。在日本的商工会议所的推销员资格考试或通产省的中小企业诊断师的资格考试中,都把"追求狭隘的客户层"作为正确答案。但这些是以单体店经营为前提的。

大众品、实用品是指多数人希望购买而且可以轻松购买的商品,并非所有人对店内所有商品都如此,而是多数人对多数商品。一件商品,如本质不是流行,则没有进行连锁的意义。

连锁商店的经营活动拥有相同的便利性,它是把生活用品作为主力商品向消费者提供,同时要谋求满足超过一半的购买力。这样一来,经营的商品必须是大部分人使用或食用的商品。例如,为了把青年人喜爱的设计使用在青年人以外的少年和中年人身上,应该努力改变其型号和性能,以扩大客户群体。在这一点上,独立店经营和连锁店经营的努力方向完全不同。

其次,实用品是一日之中或一周内一次又一次使用,而且在很长一段时间里使用频率较高的商品。

在日本市场,100克800日元的鸡素烧肉和100克280日元的大众肉的使用频率不同,如果连锁化,100克300日元以下的牛肉就应该获得65%的垄断,而100克800日元的牛肉即使垄断,因为频率小,也不能谋求连锁。价格越高,频率越小,因为这不属于实用品。

原则四：商品不古老

所谓商品不古老,不是商品必须新的意思,而是指商品质量在由每个品种决定的库存年龄的限制范围。在超级市场业态上,使用着公示(opendating)的方法。在日本,通过"品质表示法"来标识生产日期,这同公示日期的含义不同。把商品的价值完全确保的期限在一个一个商品上表示出来才称为公示日期。

为了以不古老的形态筹措商品,储存商品时限的披露制度很必要。

在企业效益不高、市场不景气时,首先最深刻的问题是商品的库存量过大、商品的周转率过低、相应资金运行恶化、周转差额资金缩小,而最根本的原因就在于没有实行储存时限披露制度。

使这一制度成为可能的手段是,变换价签或价签文字的颜色,颜色有三种即可,以四小时为单位变换,两个之前的颜色必须披露。例如最初以蓝色开始,然后向黑色转换。第三种颜色从绿色开始时,就必须披露黑色。无论什么样的商品,有这三种颜色足够使用。这样一来,只要看到颜色就知道哪些商品超过储存时限。但应注意不要搞错。

品种不同，储存时限也不同。像面包那样储存时间较短的商品，一般的储存时限是 4 小时；带有包装的生肉储存时间约 24 小时；有关的快餐食品或自己动手制作的产品（diy 产品），因为一年中商品周转率是 6~7 次，2 个月一次周转，所以 2 个月一变颜色，披露 2 个月前的颜色就可以。

有人认为，"在价签中放入隐蔽号码，就能自行进行披露"。事实上，那种方法操作起来很困难，不能成为制度。

问题：

1. 商品采购在连锁企业中处于什么样的战略位置？试想一下，如果缺少了商品采购中的某些程序，会出现什么后果？
2. 买方市场和卖方市场下的商品采购策略有什么不同？应该注意哪些问题？
3. 一名合格的采购员需要具备哪些素质？

模块六

配送及配送中心管理

>> 学习目标

1. 理解配送、配送中心的基本概念与功能
2. 了解配送中心的物流业务活动流程
3. 理解连锁企业配送中心建设的方式
4. 了解配送中心组建的内容及其方法
5. 理解配送中心运营模式的特点及其选择方式
6. 掌握配送合理化的判断标志
7. 了解目前连锁企业配送中心的建设趋势

【案例导读】

沃尔玛的六类配送中心

了解沃尔玛的人都知道，低成本战略使物流成本始终保持低位，是像沃尔玛廉价商品零售商的看家本领。在物流运营过程中尽可能降低成本，把节省后的成本让利于消费者，这是沃尔玛一贯的经营宗旨。在整个物流过程当中，最昂贵的就是运输部分，所以在设置新卖场时，沃尔玛尽量以其现有配送中心为出发点，卖场一般都设在配送中心周围，以缩短送货时间，降低送货成本。

沃尔玛各分店的订单信息通过公司的高速通讯网络传递到配送中心，配送中心整合后正式向供应商订货。供应商可以把商品直接送到订货的商店，也可以送到配送中心。有人这样形容沃尔玛的配送中心：这些巨型建筑的平均面积超过11万平方米，相当于24个足球场那么大；里面装着人们所能想像到的各种各样的商品，从牙膏到电视机，从卫生巾到玩具，应有尽有，商品种类超过8万种。沃尔玛在物流方面的投资，也非常集中地用于物流配送中心建设。沃尔玛公司共有六种形式的配送中心。

1. "干货"配送中心

这主要用于生鲜食品以外的日用商品的进货、分装、储存和配送。目前该公司这种形式的配送中心数量最多。

2. 食品配送中心

这包括不易变质的饮料等食品及易变质的生鲜食品，需要有专门的冷藏仓储和运输设施，直接送货到店。

3. 山姆会员店配送中心

这种业态批零结合，有1/3的会员是小零售商，配送商品的内容和方式同其他业态不同，使用独立的配送中心。由于这种商店1983年才开始建立，所以数量不多，有些商店使用第三方配送中心的服务。考虑到第三方配送中心的服务费用较高，沃尔玛公司已决定在合同期满后，用自行建立的山姆会员店配送中心取代。

4. 服装配送中心

服装配送中心不直接送货到店，而是分送到其他配送中心。

5. 进口商品配送中心

进口商品配送中心为整个公司服务，主要作用是大量进口，以降低进价，再根据要货情况送往其他配送中心。

6. 退货配送中心

退货配送中心接收店铺因各种原因退回的商品，其中一部分退给供应商，一部分送往折扣商店，一部分就地处理。其收益主要来自出售包装箱的收入和供应商支付的手续费。

沃尔玛的每种配送中心都是为适应它不同的商品或连锁店的需要而成立。对于不同商品和连锁店，严格区分配送方式，实行标准化管理。

配送及配送中心概述

配送作为连锁业物流的基本功能之一，在其中占有相当重要的地位。实践证明，连锁经营的发展离不开物流配送，合理的物流配送使连锁经营中的统一采购、统一配货、统一价格得以实现；能否建立高度专业化、社会化的物流配送中心，关系到连锁经营的规模效益能否充分发挥。

一、配送的概念及分类

《国家标准物流术语》对配送的定义是：在经济、合理的区域范围内，根据客户要求，对物品进行拣选、加工、包装、分割、组配等作业，并按时送达指定地点的物流活动。

据此，可以把配送归纳为：配送是拣选、包装、加工、组配、配备、配置、送货等各种物流活动的有机组合，而不是一般性的企业之间的供货和向用户的送货；配送处于"二次运输"、"末端配送"的地位，与运输相比，更直接面向并靠近用户。

1. 配送的主要特征和意义

由于在市场竞争中，由于将货物送达收货人的活动需要降低成本、提高效率，以达到占领和扩大市场、增加企业利润的目的。所以，对小批量、多品种货物的快速分拣、运输车辆合理配置，科学地制定运输规划，确定运送路线，并且将运送的货物事先进行配送、配装，形成了现代的配送活动。

（1）配送的主要特征。包括以下四点：

①配送是从物流据点至用户的一种送货形式。其特殊性表现为：从事送货活动的是

专业流通企业，而不是生产企业；配送是"中转"型送货，用户需要什么，就送什么。而工厂送货一般是直达型送货（直接送到用户手中），而且是生产什么，就送什么。

②配送不是单纯的运输或输送，而是运输与其他活动共同构成的组合体。而且，配送所包含的那一部分运输，在整个运送过程中处于"二次运输"、"支线运输"、"终端运输"的位置。

③配送不是广义概念的组织物资订货、签约、进货及对物资处理分配的供应，而是以供给者送货到户式的服务性供应，是一种"门到门"的服务。

④配送是在全面配货基础上，完全按用户要求，包括种类、品种搭配、数量、时间等所进行的运送，是"配"和"送"的有机结合。

（2）配送的意义和作用。做好配送工作具有十分重要的意义和作用，概括说有以下几点。

①完善了输送及整个物流系统。配送环节处于支线运输，其灵活性、适应性、服务性都较强，能将支线运输与小搬运统一起来，使运输过程得以优化和完善。

②提高了末端物流的经济效益。采取配送方式，可以做到经济地进货。它采取将各种商品配齐、集中起来向用户发货和将多个用户小批量商品集中在一起进行发货等方式，以提高物流经济效益。

③通过集中库存，可使企业实现低库存或零库存。生产企业可以解放出大量储备资金，改善财务状态，降低成本。

④简便手续、方便用户。用户只需要向配送中心一处订购，就能达到向多处采购的目的，减少订货等一系列费用开支。

⑤提高了供应保证制度。用户因缺货而影响生产的风险减少了。

（3）连锁企业配送的特点及作用。连锁企业配送的特点是：按订单要求进行配送，提供优质服务；是物流活动集中化的表现；保证购销关系稳定；连锁企业的配送以支线运输为主。

连锁企业配送的作用是：降低经营成本，提高市场竞争力；集中库存控制，加速资金周转；强化门店的销售功能；新的利润源泉。

【开拓视野】

配送与运输的区别

配送与运输的主要区别有两点：一是配送集经营、服务、社会集中库存、分拣和配货于一体，并非单一地送货；二是配送处于物流过程的末端，是一种短距离、高频率的输送,所以常常将配送简单地看成是运输的一种。配送与运输、送货的区别见表 6-1。

表 6-1　　　　　　　　　　　　配送与运输的区别

项目	主要业务	一般特点
配送	分货、配货、送货、运输方式和工具选择、路线和行程确定、车辆调度	支线、市场末端、短距离、多品种、小批量、多批次、短周期的货物移动
运输	集货、送货、运输方式和工具选择、路线和行程确定、车辆调度	干线、中长距离、少品种、大批量、少批次、长周期的货物移动

2. 配送的类型

配送有不同的分类,见表 6-2 所示。

表 6-2　　　　　　　　　　　　配送的分类及类型

分类方法	配送类型
按实施配送的主体分类	配送中心、仓库、商店、生产企业
按配送商品的种类和数量分类	单(少)品种大批量、多品种少批量、配套成套
按配送时间和数量分类	定时、定量、定时定量、定时定路线、即时
按经营形式分类	销售、供应、销售—供应
按加工程度分类	加工、集疏
按配送专业化分类	综合、专业

3. 配送的模式

配送模式是企业对配送所采取的基本战略和方法。根据国内外的发展经验及我国的配送理论与实践,目前,主要形成了以下几种配送模式。

(1) 自营配送模式。自营配送模式是指企业物流配送的各个环节由企业自身筹建并组织管理,实现对企业内部及外部货物配送的模式。这种模式有利于企业供应、生产和销售的一体化作业,系统化程度较高,既可满足企业内部原材料、半成品及成品的配送需要,又可满足企业对外进行市场拓展的需求。其不足之处表现在,企业为建立配送体系的投资规模将会大大增加,在企业配送规模较小时,配送的成本和费用也相对较高。

一般而言,采取自营性配送模式的企业大都是规模较大的集团公司,具有代表性的是连锁企业的配送,其基本上都是通过组建自己的配送系统来完成企业的配送业务,包括对内部各场、店的配送和对企业外部的配送。

(2)共同配送模式。共同配送模式是物流配送企业之间为了提高配送效率以及实现配送合理化所建立的一种功能互补的配送联合体。共同配送的优势在于,有利于实现配送资源的有效配置,弥补配送企业功能的不足,促使企业配送能力的提高和配送规模的扩大,更好地满足客户需求,提高配送效率,降低配送成本。

(3)互用配送模式。互用配送模式是几个企业为了各自利益,以契约的方式达到某种协议,互用对方配送系统的配送模式。其优点在于,企业不需要投入较大的资金和人力,就可以扩大自身的配送规模和范围,但需要企业有较高的管理水平以及相关企业的组织协调能力。

(4)第三方物流配送模式。第三方物流配送模式是指交易双方把自己要完成的配送业务委托给第三方来完成的一种配送运作模式。

二、配送中心概述

配送中心是实现配送业务的现代化流通设施。配送中的"货物配备"是配送中心主要的业务,是全部由它完成的;而送货既可以完全由它承担,也可以利用社会货运企业来完成。

1. 配送中心的基本概念

(1)配送中心的定义。《国家物流标准术语》将配送中心(Distribution center)定义为:从事配送业务且具有完善信息网络的场所或组织,应基本符合四点要求:主要为特定客户或末端客户提供服务;配送功能健全;辐射范围小;多品种、小批量、多批次、短周期。

(2)配送中心的设施。主要包括四点:一是各类仓库,主要有仓库、一般仓库、冷藏仓库、立体仓库、坡道式仓库等;二是装卸搬运设备,主要有起重机、连续输送机、叉车、托盘等;三是分拣设备;四是装卸搬运设备,按照作业的性质可分为装卸搬运、输送、检验、分货、储存、加工、包装作业机械等。

【开拓视野】

配送中心的一些设备

1. 主要输送机械

(1)各种连续作业式输送机械。如带式运输机、滚子式输送机、链式输送机等。

(2)各种搬运车辆。如叉车、牵引列车、无人搬运车、拖盘搬运车、手推车等。

2. 主要分货拣货装置

（1）设定装置。是在货物的包装上贴上或打印上表明货物品种、规格、数量、货位、货主等标签。

（2）识别装置。是对标签上的代码进行识别，把识别的信息与计算机下达的指令对照，向自动分类机发出执行的信息。

（3）自动分类装置。即自动分类机根据识别装置传来的指令，对货物进行分类。把货物输送到按照货物的类型，或按货主、规格、重量等分送到输送分支上去，完成货物的分类输送。

2. 配送中心的分类

配送中心是一种新兴的经营管理形态，具有满足多量少样的市场需求及降低流通成本的作用。但是，由于企业的背景不同，其配送中心的功能、构成和运营方式有很大的区别。在配送中心规划和设计时，应充分注意配送中心的类别和特点。

（1）按配送中心的设立者，可分为以下四类。

①制造商型配送中心。制造商型配送中心是以制造商为主体的配送中心。这种配送中心的物品100%是由制造商自己生产制造的，用以降低物流费用，提高售后服务质量，及时地将预先配齐的成组元器件运送到规定的加工和装配工位。它从物品生产制造出来，到条码和包装的配合等多方面都较易控制，所以，按照现代化、自动化的配送中心设计比较容易，但是不具有社会化的要求。

②批发商型配送中心。批发商型配送中心是由批发商或代理商所建立的，是以批发商为主体的配送中心。批发是物品从制造者到消费者手中的传统流通环节之一，一般按部门或物品类别的不同，把每个制造厂的物品集中起来，然后以单一品种或搭配向消费地的零售商进行配送。这种配送中心的物品来自各个制造商，它所进行的一项重要活动是对物品进行集中和再销售，而它的全部进货和出货都是社会配送的，所以社会化程度高。

③零售商型配送中心。零售商型配送中心是由零售商所成立的配送中心。零售商发展到一定规模后，就可以考虑建立自己的配送中心，为专业物品零售店、超级市场、百货商店、建材商场、粮油食品商店、宾馆饭店等服务。其社会化程度介于制造商型配送中心和批发商型配送中心之间。

④专业物流配送中心。专业物流配送中心是以第三方物流企业（包括传统的仓储企业和运输企业）为主体的配送中心。这种配送中心有很强的运输配送能力，地理位置优越，可迅速地将到达的货物配送给客户。它为制造商或供应商提供物流服务，而配送中心的货物仍属于制造商或供应商所有，配送中心只是提供仓储管理和运输配送服务。这

种配送中心的社会化程度往往较高。

（2）按配送中心的功能分类。在物流系统中，无论采用一体化配送还是共同型配送，其核心是配送中心。因配送中心的作业方式及功能不同，又分为库存型配送中心和流通型配送中心两大类。而共同型配送中心和一体化配送中心又都存在库存型和流通型两大类型。

①共同配送的库存型配送中心。这是最为传统的配送中心。商品进入配送中心后，先是分类储存，再根据用户的订货要求进行分拣、验货，最后配送到店铺。这种配送中心具有储存、进货、流通、加工等功能，有的批发商选择这种配送中心。但是这种配送中心并没有明显的优势，反而具有商品损失的危险。

②共同配送的流通型配送中心。这种配送中心不具有库存，仅仅是进货、分类、配货作业的中心。进货后迅速分类、配货并配送给用户，特别是连锁经营店铺，每天都需要接纳大量的商品，这就需要快速而无差错地分类、配货作业。同库存型配送中心相比较，它在业务和信息处理方面的高效化是必不可少的。商品在批发阶段，就要按不同的店铺进行分拣，然后将分拣后的商品装入通用货箱内，并将到货地点等标记及条形码粘贴在货箱上，再送到配送中心；在配送中心，立即用皮带输送机进行输送，并由扫描仪读取到货地址、店铺代码，后利用分选机按照不同店铺进行自动分类。

③一体化配送的库存型配送中心。这是与共同配送的库存型配送中心的特性完全不同的配送中心。共同配送的库存型配送中心的库存是大量采购后储存在配送中心，配送中心的进货量是按照中心规定的库存量进行的；而一体化配送的库存型配送中心的库存是以补充店铺货架为目的。一体化配送的库存型配送中心的发货业务和原来的库存型配送中心几乎没有什么区别，它只是根据用户订货的订单进行分拣时，按店铺内的货架将商品取出集中，因为配送中心的商品位置很容易形成原来的"按商品部门进货"的库存布局，所以，对于分拣作业并不太难。另外，在发货之前进行验货，并确认用户进货信息的准确性。一体化配送的库存型配送中心库存空间与"仓库商店"的标准库存单元相似，所有商品可以随时出库状态陈放在货架上。

一体化配送的库存型配送中心运营的关键业务是，熟练掌握库存管理和补货部分。必须根据销售信息，准确预测各个店铺各种商品的需求量，不足的部分应能够立即补充，始终维持适宜的库存。而共同配送的库存型配送中心因为销售量极难预测，库存管理也有很大困难，不得不由"高频率、小批量进货"来支撑库存。一体化配送的库存型配送中心的库存管理因为各店铺销售数量和销售计划都是由配送中心先行制定的配送指标，所以配送中心的发货量是可以预测的。如果预测的精确度高，还可以有计划地采用"低频率、大批量进货"来补充货物，配送中心也能够维持适宜的库存，并能够节约进货费用。

④一体化配送的流通型配送中心。不具有库存的一体化配送的流通型配送中心的作业难度最大。它在加工食品领域最先实施,日用杂货领域的一体化配送的流通型配送中心利用自动化仓库,将全部所进商品按照不同的店铺、不同的货架进行分类,具体的分类按照以下程序进行。

第一次分类:将全部进货商品解捆后,每个库区都以托盘为单位暂时存放在自动化仓库内。

第二次分类:将商品按照店铺的货架顺序,根据不同店铺进行分拣,然后按商品部门取出集中,以备配送。

上述四种类型的配送中心功能如表6-3所示。通过比较可以看出,③、④两个类型的配送中心将逐渐成为主流。也就是说,原有的共同型配送中心将会被一体化配送中心分阶段地所取代。

表6-3   配送中心功能比较

序号	配送中心的类型名称	进货方式	店铺商品全部接受	进货损失的控制	缺货的控制	进货信息的确定	按商品部门进货	当日进货
①	共同配送的库存型配送中心	大批量进货	○	△	△	△		○
②	共同配送的流通型配送中心	配车进货						
③	一体化配送的库存型配送中心	按货架群进货	○	○	○	○	○	○
④	一体化配送的流通型配送中心	按商品部门分类进货	○	○		○	○	

注:○表示完全能做到;△表示可以做到。

三、连锁企业配送中心的物流活动

1. 配送中心物流活动的主体

(1)连锁经营总部。总部是连锁公司经营管理的核心,它除了自身具有决策职能、监督职能外、还应具备网点开发、采购配送、财务管理、质量管理、经营指导、市场调研、商品开发、促销策划等职能。

(2) 连锁经营门店。门店是连锁经营的基础，其主要职责是按照总部的指示和服务规范要求，承担日常销售任务。

(3) 批发企业（供货商）。

(4) 配送承担者（第三方物流企业）。

(5) 最终消费者（客户）。

2. 配送中心作业流程与区位划分

配送中心的作业流程有订货、到货接收、验货与拒收、分拣、订单汇总、库存确认、进货与储存、加工、选拣、包装、装托盘、组配、装车、送货等。

(1) 进货。进货是指货物由供应商送达配送中心，在中心进行核对货单、检查货物外包装是否有损伤、核查数量、检验货物的质量等必要的作业。

(2) 分拣。分拣是将货物按不同的品种、不同的送货方向、不同的顾客等因素进行分货。这种作业一般有人工分拣、半自动分拣和全自动分拣，即按照货单人工或使用分类机进行分类，特别是流通型配送中心及一般配送中心的日配品，使这一作业显得格外重要。

(3) 保管。它是指将物资放置在一定的场所，采用科学的管理方法，使其在储存期间保持品质、数量不发生变化。这是配送中心特别是储存型配送中心的重要作业，它起到解决生产和消费之间的平衡作用。但是，随着储藏向流通的演变，保管向动管转化，利用物流学原理应该重新认识这一静止状态的保管，也可以说是时速为零的运输。

(4) 流通加工。它是在发货之前为商品粘贴标价及其他标记、装袋、切割、包装，将几种商品组合成套作为赠送的礼品等作业。其主要目的是提高物流效率、增加附加值及满足顾客多样化需求。配送中心的流通加工活动有分个包装、赠送礼品的组合捆包、装箱或成套化的捆绑、粘贴标记及标价、板材的切割、纸张的裁剪、食品的冷藏、家具的组装等。

(5) 按订单分拣。它是指根据用户的订货清单将所保管的商品取出的作业。按订单分拣是配送中心的中心业务，它占用了配送中心作业的大部分时间。分拣的作业速度和出错率直接影响配送中心的作业效率及顾客满意程度。

(6) 检验。检验是分拣之后开始的作业，它和分拣一样是一种费时间、费工夫的作业。检验投入的人力和分拣投入的人力基本相同，有的配送中心还进行二次检验。

(7) 包装。物品在运输、保管、交易时，为了维持其价值及状态，一般使用适当的材料、容器等进行保护。它分为个装、内装和外装三种类型。

(8) 发货。将货物发送到送货地点叫发货。一般采用汽车运输。主要有集货、检验、运输用的捆包与包装、发货文件（货单等）的整理与传递、货物重量及体积或个数的计量、货物在汽车上的位置区分及装车等作业。

(9) 信息处理。配送中心在干线物流与末端物流间起衔接作用,这种衔接不仅仅是实物流通的衔接,更重要的是信息的衔接。所以,配送中心的信息处理在整个物流系统中是重要的一环。

3. 配送中心的常设功能区域

配送中心的区域设置包括作业区域和辅助区域两个类别。作业区域主要是指进行有关物流作业的功能区域,如进货区域、理货区域、流通加工区域、保管区域等;辅助区域是指办公室、计算机房、维修间的辅助支持性的区域。配送中心的常设功能区域见表6-4所示。

表6-4   配送中心常设功能区域一览表

功能区域	区域作业内容
管理区	中心内部行政事务管理、信息管理、业务洽谈、订单处理以及指令发布的场所,一般位于配送中心的出入口
进货区	收货、验货、卸货的区域,货物暂停的场所
理货区	对进货进行简单处理的场所。在这里,货物被区分为直接分拣配送、待加工、入库储存和不合格需清退的货物,分别送往不同的功能区。在实行条形码管理的情况下,还要为货物贴条形码
储存区	对暂时不必配送或作为安全储备的货物进行保管和养护的场所。通常,配有多层货架和用于集装单元化的托盘
加工区	进行必要的生产性和流通性加工(如分割、剪裁、改包装等)的场所
分拣配货区	进行发货前的分拣、发货、待运的场所
进货处理区	存放进货时残损或不合格或需要重新确认、等待处理货物的场所
废弃物处理区	对废弃包装物(塑料袋、纸袋、纸箱等)、破碎货物、变质货物、加工废屑等废料进行清理或回收复用的场所
设备存放及维护区	存放叉车、托盘等设备及其维护(充电、充气、紧固等)工具的场所

配送中心建设与管理

从国外配送中心的发展情况来看,大型的连锁公司一般都有多个配送中心,如美国的沃尔玛公司共有25个配送中心,荷兰的阿霍德超市公司建有1个全国性配送中心、4

个区域性配送中心、5个蔬菜配送中心、4个肉食品加工配送中心、1个鲜花配送中心和1个乳酪配送中心。我国的大型连锁超市公司，目前正在由一个或多个配送中心向筹建大型的综合性配送中心的方向发展。如果连锁超市大量发展跨区域门店（在全国范围内），并且经营商品向百货服饰及大副食商品扩展，就需要建立多个配送中心，考虑配送中心之间的商品分工及区域分工问题。大型连锁企业要重视配送中心建设，根据企业的经营状况合理确定配送中心规模，提供安全可靠、高效率的配送体系。

一、连锁企业配送中心建设

连锁企业通过自建配送中心、利用社会化的配送中心及综合化配送中心解决对各门店的货物配送、仓储等问题。

1. 自建配送中心

此方法适用于已达到一定规模的连锁企业。配送中心与店铺面积有一个相适应的比例关系，从世界连锁业发展的实践来看，一个便利连锁公司在拥有20个店，总面积达到4000平方米时，就可考虑建配送中心；一个超市连锁公司在拥有10个店，总面积达到5000平方米时，就有建立配送中心的必要。考虑到配送收入与配送成本因素，配送中心也应具有相应的配送经济规模。一般来讲，判断标准应是：分店规模扩大使配送中心正常运转所取得的数量折扣和加速资金周转的效益，足以抵偿配送中心建设和配送设施所花费的成本。

一些大型连锁公司都拥有自己的配送中心，如沃尔玛公司是全美商业排位第一的大型连锁公司，公司拥有25个大型配送中心，2.3万辆集装箱卡车，其芝加哥配送中心建筑面积就有10万平方米，可同时接纳168辆集装箱卡车进行装卸作业。在日本，规模较大的零售商如大荣、西友、伊藤洋华堂等都有自己的配送中心。

在欧洲，德国的物流配送设置是世界第一流的，但其物流成本的高昂导致大零售商纷纷把物流业务送给了第三方的专业性配送公司。目前，在欧洲向主要连锁零售商发货的业务中，除30%由零售商自有的配送中心发货外，61%控制在第三方的专业性配送公司手里，也就是将连锁配送活动交给社会化的物流配送中心。

2. 社会化配送中心

一些大型超市公司投资建造的配送中心，往往能够比较顺利地完成本系统的商品配送任务。而一些中小型的超市公司在资金、设施和人才等方面遇到不少难题，开展配送业务问题较多，如缺乏规范作业，各种编码（包括商品编码、运输包装编码等）缺乏标准，出货选拣、到货分拣、组配、商品盘点等作业均无电子扫描装置，出货外包装不贴运输、送货的条码等，这些问题直接影响到企业的服务水平。随着科技的进步，生产的分工越来越细，在国外已经出现了许多专门承担配送任务的公司，一些连锁企业不再自建配送中心，转而依托社会化的配送中心。

3. 共建制配送中心

一些规模较大的零售连锁企业由于物流量较大，但又缺少物流操作与物流服务能力，于是与专业化物流企业共同出资建设配送中心，由第三方物流企业专门为该企业提供物流配送服务。

4. 综合性配送中心

由于业务所限，许多大型连锁企业的配送中心都开始或多或少地承担其他公司的配送任务。如日本的西友公司在自建物流配送系统的基础上，还同时为社会上其他企业配送商品。

二、配送中心的组建内容及方法

1. 配送中心组建的内容

连锁经营配送中心的合理布局在考虑以上原则的基础上，关键是解决定位选择与数量配置等问题。

（1）配送中心的定位选择。连锁经营企业配送中心的主要任务是为各连锁分店服务，加之购品种多、供应厂商多，无法考虑到离供应厂商的距离远近，唯一考虑的是如何方便地为各连锁分店服务。

随着连锁规模的扩大，连锁分店的数量大增，地域分布更广，运输上的压力也更大，为此，配送中心应尽可能地定位在中心区域。这个中心区域并不是指市中心，而是指相对众多的连锁分店来讲，位置较为适中，便于分送商品。此外，配送中心应具备一定的规模，有必需的场地，交通较方便，信息传递畅通等条件。

（2）配送中心的数量配置。一般而言，对于一个中小城市的连锁经营企业，其连锁分店有限，地域分布较广，加上这些城市的交通一般都不太顺畅，如果只设一个配送中心恐怕很难解决问题。单个的配送中心规模过于庞大，在组织上和管理上会带来不少难以预料的困难，经济上也难做到合理。所以，应该选择合适的地点配置若干个分中心，各自承担本地域的配送任务，同时用电脑网络把各配送中心联结起来，由总部加以协调。

（3）配送中心的人才配置要求。配送中心能否充分发挥其各项功能和作用，完成其应承担的任务，人才配置是关键。为此，必须为配送中心配备数量上合理、具有一定专业知识和较强组织能力、结构合理的领导班子和专业干部,以确保配送中心的顺利运转。

(4) 配送中心的管理水平要求。连锁经营企业作为一种全新的流通模式和运作结构,要求其配送中心达到科学化和现代化。只有通过合理的科学管理制度、现代化的管理方法和手段,才能确保配送中心基本功能和作用的发挥,从而保障连锁经营企业整体效益的实现。

(5) 配送中心的装备配置要求。连锁经营企业配送中心面对着成千上万的供应厂商和瞬息万变的市场,对内又承担着众多连锁分店的配送和及时满足它们不同需要的任务,这就要求必须配备现代化装备,才能使其获得必要的物质条件。其中,尤其要重视计算机网络的运用,通过现代化的计算机网络,可以广泛收集信息,及时进行分析比较;通过科学的决策模型,迅速做出正确的决策,这是解决系统化、复杂化和紧迫性问题最有效的工具和手段。

2. 配送中心的组建方法

配送中心的组建方法大体上有商品功能法、集散结合法及适当配比法三种。

(1) 商品功能法。商品功能法即按照商品类别建立分中心。例如,日本的大荣公司就是按照商品功能法来组建配送中心的,他们分别有衣料和杂货中心、电器和家具中心、食品中心等。

(2) 集散结合法。集散结合法即按照商品类别建立分支仓储中心,并建立统一的分拣、配组、送货中心,储存分散,配送集中。

(3) 适当比例法。适当比例法即按照商圈顾客分布、分店数量与配送中心的适当比例,来决定配送中心的位置、规模与数量。例如,日本的全家便利商店的配送半径为30公里,在半径为30公里的范围内平均设有70家店铺,由一个配送中心负责配送。通常,一个中心拥有4~5辆货车,按照本部送货单送货,一辆车一次送货10~15家店铺,先装距离最远的店铺的货物,后装最近店铺的货物,送货时先送最近店铺,后送最远店铺。

三、配送中心的运营模式设计

选择不同类型的配送中心后,就要解决配送中心的运营模式问题,包括如下内容。

1. 按组织方式划分

按组织方式的不同,配送中心可分为自营配送、代理配送和共同配送三种形式,如图6-1所示。

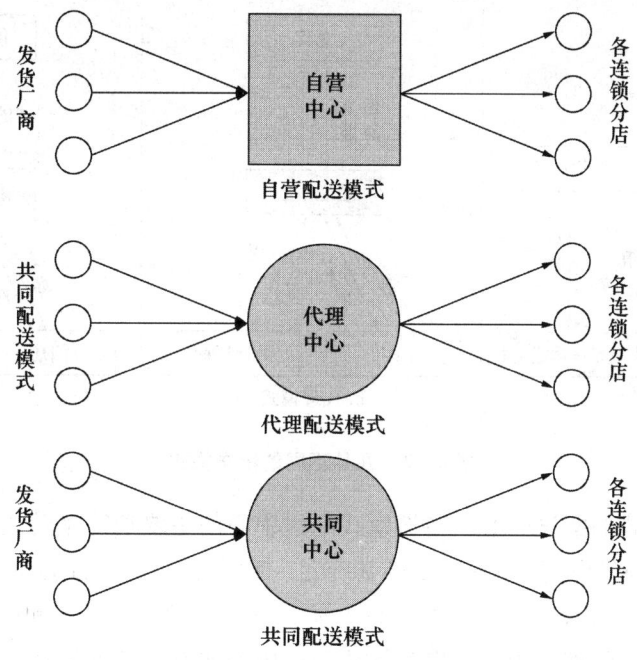

图 6-1 物流配送模式

自营配送是指某一连锁企业自行经营配送中心,并为下属各门店提供配送服务;代理配送是指连锁企业的配送业务由某供应商或配送中心代理,自身并不经营配送业务;共同配送则是指多家企业共同参与,只有一家公司独立进行的配送业务。目前,在我国采用较多的是自营配送模式,随着我国经济的进一步发展,连锁企业势必走向整合,后两种模式将逐步被广泛采用。

2. 按经营权限划分

按经营权限的不同,配送中心可分为物流模式、授权模式和配销模式,如图 6-2 所示。

物流模式的配送中心只根据总部的指示进行物流作业,商品经营决策则由连锁总部的商品部负责。授权模式的配送中心是指连锁总部将商品采购权及定价权授予配送中心,总部则保留商品组合、批发销售以及业务监管的权利。配销模式的配送中心作为相对独立的利润中心,不仅负责商品采购及商品配送作业,而且也可以向客户直接批发销售商品。上述三种职能模式的配送中心分别适用于小规模的、大规模的和跨地区跨国经营的连锁企业。

3. 按承担的商品分配职能不同

按承担的商品分配职能不同,配送中心可分为转送模式、发货模式和加工模式三种。

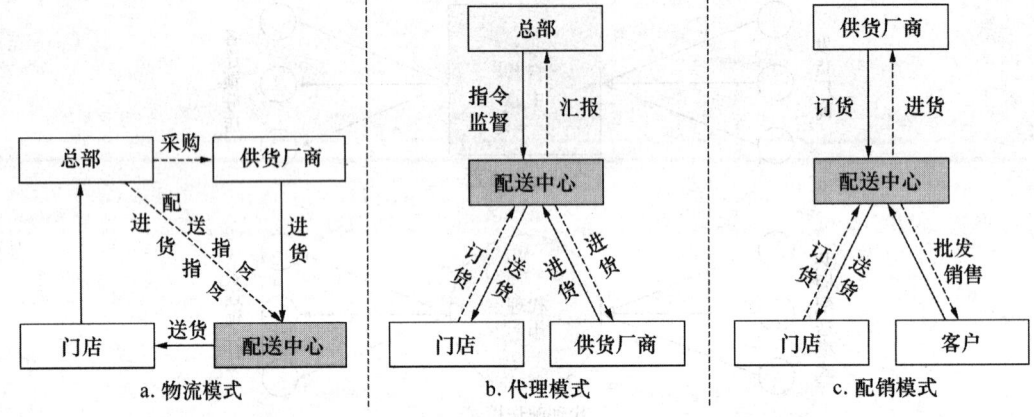

图 6-2 几种不同的配送模式

（1）转送模式的配送中心。转送模式配送中心的主要功能是转送。采用这一模式的连锁企业一般与供应商关系密切，货源充足，商品在配送中心的储存时间较短，储存量亦很少。

（2）发货模式的配送中心。发货模式配送中心兼有储存和配送的双重功能。商品在配送中心的储存时间比转送模式要长，这种模式适用于周转速度快的生活日用品、加工食品等。

（3）加工模式的配送中心。加工模式配送中心将大批采购的半成品（多数为生鲜食品）进行加工、解冻、分割、包装，然后分送到各分店。这种模式较适合于超市生鲜食品类。

一个连锁企业既可采用上述一种模式，也可同时拥有两种或三种模式。

四、物流配送合理化管理

合理化是指用经济的手段和方法实现配送管理功能。衡量配送合理化的重要标志是物流合理化，其必须从几个方面测评：配送是否降低了物流费用；是否减少了物流损失；是否提高了物流速度、发挥了各种物理方式的最有效果、有效衔接了干线运输和末端运输；是否增加了物流中转次数；是否采用了先进的技术手段。

1. 配送合理化的判断标志

（1）库存标志。在配送前后库存总量是否下降，客户库存量是否降低，库存周转是否加快等。

（2）资金标志。实行配送后由资金总量、资金周转与资金投入的形式三个方面来判断资金的占用和运作是否可行。其目的是提高对资金的调控能力。

（3）成本和效益标志。总效益、宏观效益、微观效益、资源筹措成本等都是判断配送合理化的重要标志。对于不同的配送方式，判断的侧重点不同。成本和效益指标可以细化到集货、配货、配装、送货等具体配送环节，来衡量配送的合理化程度。投入一定，配送企业的利润提高；供应水平一定，而客户企业的供应成本降低，都表明配送的合理化程度提高了。

（4）供应保障标志。供应保障能力可以从三个方面判断：一是缺货次数下降；二是配送企业集中库存量形成的保证供应能力远高于配送前单个企业的保证能力；三是使配送能力及速度必须高于未实行配送前用户紧急进货的能力及速度。供应保障能力与配送成本是有矛盾的。

（5）社会运力节约标志。社会运力使用的合理化是通过一个送货运量的规划和整个配送流通的合理流程及与社会运输系统合理衔接实现的。运力使用不当，会造成很大的浪费。

2. 不合理的配送形式

企业效益是衡量配送是否合理的重要指标，在进行配送决策时，要综合、全面地考虑各因素的影响。首先，应避免一些较明显的不合理配送形式。常见的不合理配送形式有：资源筹措的不合理；库存决策不合理；价格不合理；配送与直达决策不合理；送货过程中的不合理运输；经营观念不合理。

在配送实施中，有许多经营观念是不合理的，这不但使配送优势无法发挥，还会损坏配送的形象。这是配送中最应注意和避免的。例如，配送企业利用配送手段，向顾客转嫁资金、库存困难，在库存过大时，强迫客户接货，以缓解自己的库存压力；在资金紧张时，长期占用客户资金；在资源紧张时，挪用客户的委托资金；等等。

3. 连锁中的合理化物流

对于连锁企业来说，物流只是一个子系统。合理化物流就是对分系统物流进行局部合理化，根据连锁系统首要总目标和有关赢利及服务要求进行协调、平衡，以达到连锁利润最大化下的物流成本尽可能少的合理化，这对于发挥连锁企业的最大优势和取得最大的经济效益，都是关键性的。

连锁中的合理化物流包括两层含义。

（1）对于整个连锁企业来说，要保证其利润最大化。配送中心作为连锁企业这个大系统中的一个小系统，必须首先保证连锁整体的赢利性，这就要求将服务作为第一位。因此配送中心的合理化是以保证连锁系统的利润最大化为前提的。

（2）配送中心这个子系统的合理化。作为连锁内部系统的配送中心，在保证连锁企业大系统利润最大化的前提下物流子系统的合理化，必须首先保证提供连锁赢利所需的物流服务水平。在此基础上，对配送中心的物流子系统进行优化，提高作业效率，引入适当的科技手段，选择合适的运输方式，使子系统的总成本最小。

4. 连锁企业合理化物流的主要方式

（1）联合配送。几个企业联合起来，共同制定计划，共同对某一地区用户进行配送，共同使用配送车。

（2）最小订货量。各门店要求交货期短、定时配送，而且品种多、批量小，对于物流配送来说是比较困难的，而且浪费运输量，使物流成本上升。在这种背景下，许多配送中心对于最小定货量作了限制。采用这种方法最重要的是必须用帕累托方法进行顾客服务调查，区别不同的顾客提供适当的物流服务。

（3）商流、物流的合理化分离。根据商品周转、销售对象的不同，将保管场所和配送方式差别化；对作业、订货标准化以及物流计划化等方式，都是同一种合理化物流的具体模式。

（4）计算机化、自动化和现代化。建立完善高效的计算机化、自动化和现代化的配送中心，这种成本的增加，能对长期利益起很大的作用。

【开拓视野】

帕累托法

帕累托法也叫排列图，是为寻找主要问题或影响质量的主要原因所使用的图。它是由两个纵坐标、一个横坐标、几个按高低顺序依次排列的长方形和一条累计百分比折线所组成的图。

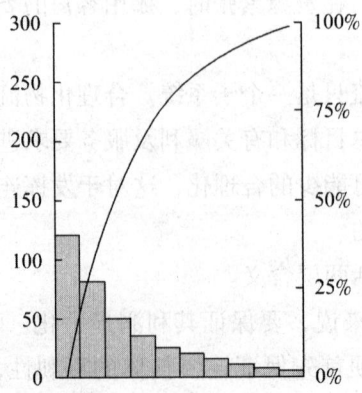

目前在仓库、物资管理中常用的 ABC 分析法就出自排列图的原理。

项目三
典型企业配送中心建设模式

一、连锁便利店的共同配送

前面已经讲过,共同配送是连锁企业对配送所采取的基本战略及方法之一,目前在连锁便利店企业应用较广。它是在配送中心的统一计划、统一调度下展开的,由多个企业联合组织实施的配送活动。共同配送的本质是通过作业活动的规模化降低作业成本,提高物流资源的利用效率。

1. 共同配送的主要内容

(1)配送企业做配送规划与计划。由一个配送企业综合各客户的要求,在配送时间、数量、次数、路线等方面的安排上,在客户可以接受的前提下,做出全面规划和合理计划,以便实现配送的优化。

(2)由一辆车对多客户混载。由一辆配送车辆混载多客户货物的配送,这是一种较为简单易行的共同配送方式。

2. 共同配送的主要类型

共同配送可以分为仓库中心型、物流中心型、往复输送型、百货店型、运输业者型与组合型六种(如表6-5)。其中,在批发商店及代理商店之间进行的是一种水平式的共同配送。相对来说,由制造商主导来汇集批发业的配送,或由连锁店总部主导来汇集供货厂商的配送,则属于垂直式的共同配送。共同配送是一种共存共荣的两利发展策略,但这种模式的形成要点在于参与配送者要能弄清自身的条件、定位、需求及成长的目标,并加强各自体系的经营管理与物流设备,否则,共同配送可能成为彼此的障碍。

表6-5　　　　　　　　　　　　共同配送的类型

类　型	形　态	适应情况
仓库中心型	多数的同业者委托一家进行保管、配送	中小型制造商、零售商
物流中心型	小卖店的采购配送通过物流中心	大型制造商、零售商
往复输送型	两家制造商有效利用主要都市间的输送,确保回程时不空车	掌握彼此信息,保证回程满载,帮助厂商降低物流成本

续表

类　型	形　态	适应情况
百货店型	多数的同业者共同利用物流中心，开展服务圈内的配送	视区域而定
运输业者型	输送业者把制造商、批发商的货物一贯集货配送	纸品业、家具业
组合型	多数批发商共同联合设立新公司，物流中心配送一体化	不同行业批发商联合

【开拓视野】

7-11 的共同配送

日本 7-11 是有着日本最先进物流系统的连锁便利店集团。典型的 7-11 便利店非常小，场地面积平均仅 100 平方米左右，但就是这样的门店，提供的日常生活用品达 3000 多种。虽然便利店供应的商品品种广泛，通常却没有储存场所，为提高商品销量，售卖场地原则上应尽量大。这样，所有商品必须通过配送中心得到及时补充。如果一个消费者光顾商店时不能买到本应有的商品，商店就会失去一次销售机会，并使便利店的形象受损。在日本首都圈附近（东京、埼玉、千叶、栃木和神奈川），从事向 7-11 店铺供应盒饭、寿司、三明治和调味面包的企业有 6 家。与点心和杂货不同，米饭、调味面包等食品的合作企业集生产机能与物流机能为一体，而且在配送形式上大多实行 1 日 3 次的配送体制。7-11 的共同配送具体见图 6-3 所示。

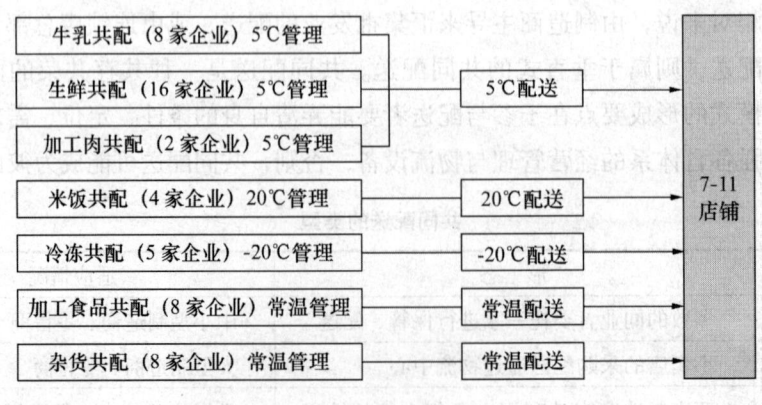

图 6-3　7-11 的共同配送示意图

共同配送无论是从企业利益还是社会效益来说，都节省了很多资源，满足了企业在经济上的价值，从经济整体来看，共同物流中心有着巨大的贡献。但是，由于商流的竞争，参加企业对共同物流中心的服务多样性、收费标准和信息保密性等方面有诸多不满。所以，一个成功的共同物流中心必须具备一定的条件。

共同配送是当今物流配送发展的总体趋势，是解决我国连锁零售企业物流合理化的重要手段。虽然共同配送在我国的发展还处于初级阶段，还需要不断的探索和实践，但我国连锁零售企业与国外连锁企业相比较，大部分规模较小、配送方式落后，亟须积极寻找适合自己的配送模式，发展共同配送，降低物流成本，提高物流效率和服务水平，从而提高连锁零售企业的竞争力。

3. 连锁零售企业开展共同配送应注意的问题

开展共同配送虽然有很多优势，但由于共同配送涉及许多具体的细节问题，在实践中可能会遇到一些困难和障碍。因此，连锁零售企业要顺利实施共同配送，应注意以下几个问题。

（1）利益分配的公开、公平。共同配送中的每一个企业在现实的经济运行中都是"理性的"经济人，都遵循着利润最大化的原则。因而，大部分加盟共同配送的企业通常实行一种松散的战略联盟或组成合伙制或股份制企业的形式，各加盟共同配送的企业按投入资源的多少索取剩余。所以，应建立公平的利益分配机制，明确物流成本在各企业之间公平的分配，保证共同配送所实现的利益在各参与企业间合理、公平的分配，做到利益的均衡。

（2）同产业信息的安全管理。在同产业共同配送中，由于运送业务的共同化和配送信息的公开化，各企业的交易条件、顾客名单等经营机密容易泄露给其他企业，从而对企业竞争战略的制定和实施有不利的影响。因此，在从事同产业共同配送时，应充分评估共同物流对企业战略产生的影响，包括积极因素和消极因素两个方面，如果消极方面大于积极方面，就应考虑异产业共同配送的开展。同时，在实践中，还应建立防止和监督企业机密泄露的机制与措施，确保企业经营机密不泄露，维护各参与企业的利益。

（3）合理选择合作伙伴。在异产业共同配送中，难以把握不同产业企业间物流成本的分担，因而在某种意义上增加了企业间的谈判成本。由于各经济主体间信息的不对称，可能会出现物流服务水平及成本方面的差异。应当注意几点：配送客户分布状态是否相似；商品特性是否相似；保管、装卸、备货等特征是否相似；经营系统是否相似；物流服务水准是否相似。

（4）做好商品管理。开展共同配送，必然在在库管理、订货方式、缺货管理等方面容易产生一系列复杂问题。因此,实施共同配送系统时,还应注意订、发货信息系统以及系统时间、账单、条形码等条件的具备与统一,这些都是共同配送管理能否成功的关键因素。

二、流通企业与厂商共建配送中心

通常,一些规模较大的连锁企业与较大规模的厂商共同出资建立配送中心,负责连锁企业的配送业务。连锁企业与厂商共同出资建立配送中心,可以各自投资,将节约的物流成本转化为利润,从而将更多的利润让渡给消费者。这一方面有利于地方企业形成稳定的销售渠道,另一方面连锁企业也有了稳定的供货渠道。

【阅读案例】

物美与首都农业集团共建配送中心

物美集团作为北京最大的连锁超市流通企业,早在2008年就与首都农业集团下属的东郊农场、三元双日物流公司签署了三方《物流配送中心项目框架合作协议》,由东郊农场、三元双日共同建设一个供物美使用的物流配送中心。

首都农业集团是北京市最大的农业生产企业集团,旗下拥有"三元"、"华都"、"双大"三个品牌,在生产供应丰富的农副产品和优质食品的同时,具备完整的土地与区位、物流配送和"从田间到餐桌"的产业链等优势。

两大集团通过物美物流配送中心项目,建立长期畅通、平等互信的沟通机制和信息共享机制,打造供商联动的协作关系,并利用首农集团的土地资源和物流配送优势,进行全方位的战略合作,使两家企业共同做大、做强。

物流配送中心占地约13公顷,建筑面积近7万平方米,包括常温库、冷库以及配套用房,能够满足北京市500余家门店的物流配送。该项目成为目前华北规模最大、现代化程度和信息自动化水平最高、首家与供应商实现库存一体化的物流配送中心。

三、流通与物流企业共建配送中心

连锁超市是连锁经营形式应用的成功典范,从某种程度上说,连锁超市配送体系的演变过程也显露出了连锁零售经营配送体系的发展轨迹。

下面将对流通与物流企业共建配送中心的效应进行分析。

(1)批量效应。由于配送中心为区域内多家连锁门店服务,较长的辐射半径聚集了充足的配送量,形成了配送网路化优势,所以可以充分利用配送中心的设施设备,促进配送中心达到盈亏平衡点甚至赢利。因此,降低各连锁门店的平均配送成本,充分发挥配送中心在连锁零售经营中的重要作用。

(2)协调效应。供应商将各个连锁门店订购的货物统一送到一个配送中心,避免各连锁企业自建配送中心时造成的多头配送,从而减少了从供应商到配送中心方向上的配送成本。另一方面,当两家连锁门店距离很近的时候,配送中心可以通过配货、配装,以节约运输工具,减少运输次数,从而降低配送成本,同时减少了物流配送的负外部性。

(3)速度效应。由于是专业化的配送中心,内部设施设备是按照某一连锁零售经营领域的具体配送要求设置的。这种专业分工增强了员工的工作熟练程度,提高了各个配送作业环节的工作效率,加速了商品的周转,保证连锁门店商品的准时供应,使配送中心成为一个高效运转的组织设施。

(4)资金共享效应。由大中型连锁零售企业与物流企业共建配送中心,解决了单个企业自建配送中心时遇到的资金紧张问题。资金的共享为配送中心购置先进的设施设备,建设完善的信息系统提供了强有力的后援支持。

【阅读案例】

淘宝网与安得物流

安得物流业务的优势在于其规模化、网络化、信息化、个性化的物流服务模式。目前,安得物流有11个分公司,130多个物流服务平台,利用公司自主开发的"安得物流供应链管理信息系统",结成高效物流网络。安得物流采用"配送中心+三定班车+循环配送+交叉离火+代收货款"的运作模式,通过全国近500个交叉理货平台和定点班车实现全国小件货品快速、高效的一体化运营、管理网络。

淘宝网与安得在上海共建了配送中心,还打算在全国铺开,成立多个配送中心。全国的商家都可以把货物放在配送中心,配送中心负责配货,快递公司负责送货。

淘宝网通过与外部第三方合作来建造物流配送中心的方式,可以让淘宝网上的电器类卖家在仓储和物流方面降低各方面的成本,会产生更大的吸引力。

四、大型流通企业配送模式的比较

同为世界500强企业的沃尔玛与家乐福是连锁零售业的代表,它们用各自完善的采购、物流、信息系统，实现了低成本运作。

1. 沃尔玛以其物流能力而闻名

随着世界500强之首——沃尔玛在中国内地市场的迅速扩张，越来越多的人把眼光聚焦于沃尔玛成功的秘诀。沃尔玛之所以能成功，主要有以下原因。

（1）独特的历史背景。1962年，当沃尔玛第一家店在阿肯色州的一个小镇开业时，由于其位置偏僻，路途遥远，供应商很少愿意为其送货。因此，它不得不在总部所在地本顿威尔建立了第一家配送中心。显然，一家店不可能单独支撑一个配送中心的运营成本，于是沃尔玛以该配送中心为核心，在周围一天车程（即500公里左右）的范围内迅速开店。获得成功后，又迅速复制该运营模式。而同期的凯玛特、伍尔柯等大连锁公司基本位于美国大城市，有大量的经销商为他们提供完善的物流等方面的专业化服务，因此，也就不会把商品配送视为自己的核心竞争力。

（2）强大的后台信息系统。随着IT技术的迅猛发展，沃尔玛以最快的速度把世界一流的信息技术运用到实践中。其耗资7亿多美元的通信系统，是全美最大的民用电子信息系统，甚至超过了电信业巨头——美国电报电话公司，其数据处理能力仅次于美国国防部。电子数据交换系统及条码等现代物流技术的使用，更为全球每个门店的销售分析、商品的分拨及进销存管理等，提供了强有力的保证。反观国内的零售企业，由于门店数量少，销售量低，单店利润差，很少有实力能投资完善的信息系统。

（3）门店数量众多。目前，沃尔玛在美国本土有近4000家店，配送中心30多家，可见，约100多家门店才能支撑一个现代配送中心的巨额费用。在门店数量不足时，配送中心的巨额费用往往会成为一个企业的经济负担。当沃尔玛进入中国时，也同样复制了美国的运营模式——在广东与天津分设了两个配送中心。虽然经过多年的苦心经营，但到目前为止，沃尔玛尚未实现全面赢利，不少业内人士认为与其完全照搬美国本土的运营模式有关。

2. 家乐福的供应商直供模式

家乐福选择的却是相反的商品配送模式。由于家乐福的选址绝大部分都集中于上海、北京、天津及内陆各省会城市，且强调的是"充分授权，以店长为核心"的运营模式，因此，商品的配送基本以供应商直送为主，这样做的好处主要有以下几方面。

（1）送货快速、方便。由于供应商资源多集中于同一个城市，上午下订单，下午商品就有可以到达，大大降低了商品缺货造成的损失。为了减少资金的占用及提高商品陈列空间的利用效率，超大卖场基本采取"小批量，多频次"的订货原则，同城供应商能更有效地帮助此原则的实现。

（2）便于逆向物流。商品的退换货是零售企业处理过时、过期等滞销商品的重要手段。如果零售商采用的是供应商直送的商品配送模式,零售商与供应商的联系与接触非常频繁,因此商品退换货处理也非常迅速;但如果采用中央配送模式,逆向物流所经过的环节大为增加,因此速度也相对变缓。

【开动脑筋】

7-11与家乐福同为连锁便利店企业,为什么前者采用共同配送的形式而后者采用供应商配送的形式?

【开拓视野】

外资零售巨头对国内零售业的挑战

据中国之声《央广新闻》2010年3月22日报道,外资零售企业在我国的扩张呈现一种很强势的事态,目前在东南沿海的一些大城市大卖场的业态已经被外资占据了90%,这种倾向已经开始向中西部的二、三线城市蔓延。国家统计局公布的数据显示,2009年,沃尔玛和家乐福在中国各增加了20个以上的门店,增幅在20%左右,与此同时,国内的一些零售企业却只有10%左右的增幅,为历年来的最低。

沃尔玛、家乐福等外资零售巨头在中国市场一直享受超国民待遇,对此,国内零售业疾呼,必须推进商业网点规划立法和条例出台,否则中国零售业将更加艰难。

>> 本模块小结

配送作为连锁业物流的基本功能之一,在其中占有相当重要的地位。配送中心是从事配送业务且具有完善信息网络的场所或组织,应符合主要为特定客户或末端客户提供服务,配送功能健全,辐射范围小,品种多、小批量、多批次、短周期等要求。

连锁企业通过自建配送中心、共建配送中心、利用社会化的配送中心及综合化配送中心解决对各门店的配送、仓储等问题。在配送中心的定位选择、配送中心的数量配置、配送中心的人才配置、配送中心的管理水平、配送中心的装备配置等要求的基础上,采用商品功能法、集散结合法、适当比例法组建配送中心。

衡量配送合理化的重要标志是物流合理化，其必须从几个方面测评：配送是否降低了物流费用；是否减少了物流损失；是否提高了物流速度、发挥了各种物理方式的最有效果、有效地衔接了干线运输和末端运输；是否增加了物流中转次数；是否采用了先进的技术手段。

>> 本模块参考

浏览网址

[1] 中国物流与采购联合会 http：//www.chinawuliu.com.cn/

[2] 中国交通运输协会 http：//www.cctanet.org.cn/

[3] 复旦物流网 http：//www.logistics-ec.com/

[4] 南开物流网 http：//logistics.nankai.edu.cn/

[5] 现代流通研究网 http：//www.cmlrc.org/

[6] 日本物流研究网 http：//www.bjqinteng.com/

>> 思考题

1. 什么是配送和配送中心？
2. 按配送中心功能，可将配送中心分为哪几类？各有什么特点？
3. 简述配送中心的作业流程与区位划分。
4. 连锁企业配送合理化的主要方法是什么？
5. 连锁企业可通过哪几种方式建立配送中心？
6. 共同配送的主要类型是什么？

>> 案例分析题

北京烟草物流中心[①]

该项目总投资1.98亿元，是国内规模较大、性价比较高的卷烟物流配送中心。物流中心总占地面积52700平方米，布置了生产区、装卸货场、停车场、建筑面积31937.68平方米，其中联合工房25081平方米，办公生活辅助用房6781.9平方米。物流系统主要由三个部分组成，其中的多项技术创新值得称道。

---

① 江宏、赵皎云："独具开创性的北京烟草物流中心"，载《物流技术与应用》，2010年第4期。

1. 自动仓储系统

由昆船公司承建的自动仓储系统占地面积 2800 平方米，包括自动化立体仓库、入出库输送线、国家烟草专卖局生产经营决策系统（简称"一号工程"）和仓储管理控制信息系统。立体仓库高 22 米，宽 24 米，纵深 120 米，货架共 8 层、10 排、91 列共 7280 个托盘位，每托盘 28 件卷烟，最大库容量 4 万箱（约 203840 万支）。堆垛机的水平行走速度每分钟 180 米，每小时可吞吐卷烟 3000 万支。

仓储系统按照高可靠性、高安全性、有限空间的最大存储量、流程最简捷、操作方便等原则进行建设其功能，主要有卸货、"一号工程"的条码扫描、卷烟入库、存储、整盘出库、分拣出库、托盘返库、空托盘供应与回收等。整个作业流程由计算机系统进行统一调度和控制，实现了仓储的数字化管理，体现了现代化设备快速、便捷、准确的特点，达到了预期的目标。

2. 自动分拣系统

占地 3672 平方米的卷烟自动分拣系统是北京烟草物流中心最大的亮点。这套由北京烟草和贵阳普天万向物流技术股份有限公司共同研究开发、设计制造的具有完全自主知识产权的首套国产卷烟自动分拣系统，追求分拣过程自动化和分拣效能最大化，主要包括订单优化、自动备货、自动补货、自动分拣、自动合单、自动装箱、总线自控、计算机监控、计算机信息管理 9 个子系统。

分拣系统的主要特点是设计新颖、自动化程度高、分拣效率高、分拣误差率低。特别是新研发的件烟缓存备货技术、多单并行配货控制技术、自动跟踪实时补货技术、预分拣技术、拆单合单技术、智能型条烟自动补货穿梭车、条烟卧式分拣机、条烟单排收集装箱机等多项新工艺、新技术、新设备创造性地解决了卷烟自动分拣领域的多个技术难题，创新并拓宽了国内卷烟自动分拣系统规划建设的思路。分拣系统的 3 个核心子系统尤其值得一提。

（1）自动分拣子系统。该系统采用 Ⅱ 型通道式分拣机、加强型塔式分拣机、电子标签拣选系统相结合的柔性分拣模式，分拣能力可达到每小时 1000 万支（1000 件），差错率控制在十万分之二以下，可满足约 210 个卷烟品规、每天 8000 个订单、1.4 亿支（1.4 万件）卷烟的分拣配送业务。卷烟自动分拣系统的研制成功，为北京烟草提高卷烟分拣的能力、速度、准确率和时效性，降低物流运营成本，改善工人劳动条件，提高对零售商户的服务质量，提供了强有力的支撑。

其中，主要分拣设备都在原来的基础上进行了改进，使其功能更强。如，Ⅱ 型通道分拣机将通道分离条烟数量从单纯的一次分离 5 条，改为可灵活分离 1、2、3、4、5 条，其目的是增加出烟的组合，实现不同订单对条数的要求，解决了对同一品牌卷烟需用不同设备来处理的问题，处理效率高、能力强，对订单数的多少和每个订单内条烟数量的多少没有限制。加强型塔式分拣机将原来机型的直立式烟仓改为侧卧式，其目的是增大烟仓的容量，降低补烟频率，提高烟仓的利用效率和主线的分拣效率，同时将传输线的订单输送改为同步跟踪型，使不同数量的订单占用不同长度的虚拟分区，提高了处理能力。

（2）自动备货子系统。件烟自动备货系统属国内首创，是北京烟草物流中心工艺设计的一大亮点。它作为立体仓库和分拣线之间的储水库，与仓储系统和分拣系统形成了一个有机的整体，实现了系统的柔性连接。其主要功能是，将从立体仓库中出来的盘烟（整托盘卷烟）转化为适合自动分拣需要的件烟，为分拣系统进行自动补货，实时保证分拣系统的条烟需要。自动备货系统采用重力式货架库，设计了3层存储滑道，每层65道，共计195个道，每道可储存28件烟，总储存能力5460件卷烟，实时补货能力达140件/小时。

（3）自动补货子系统。在件烟备货子系统与分拣子系统之间起到桥梁作用的是自动补货系统，它由积放式输送机、手动开箱工位和智能型条烟补货穿梭车组成，根据分拣系统的分拣计划和完成情况，分别向通道式及塔式分拣机的烟仓进行自动补货。

塔式分拣机的预存烟仓每仓可存放75条烟，烟仓以5条为一组装烟，为它补货的是智能穿梭车，从根本上解决了塔式分拣机的自动补货难题。一台智能穿梭车负责给20个仓位补货，以2米秒的行走速度到达指定的件烟储存仓（定位精度2毫米），将一件烟由小车上的推烟机构自动分5次、每次10条推进烟仓。

3. 信息系统

物流中心设有指挥调度中心、计算机中心、电话访销中心。其中，计算机中心是物流中心的神经中枢，中心所有数据都在这里进行存储、整理和发布，并实现中心内外数据的交换与共享。

物流信息系统分三个层次，底层为控制执行层，由高架库系统、分拣系统和"一号工程"扫描系统组成；中层为作业管理层，由仓储管理系统（WMS）和配送管理系统组成；上层为决策指挥层，由综合查询、指挥调度、可视化展示模块组成。物流信息系统的设计原则是"系统集成、均衡负载、业务整合、数据共享"，充分考虑到开放性、适用性、可操作性以及展示性，通过"统一网络、统一平台、统一数据库"，实现与北京烟草专卖系统、营销系统、资金核算系统的数据共享。

WMS系统作为物流中心的信息管理平台，接收货源与订单信息，以及零售客户订货信息，采用仓储货位管理、订单切分组合、线路优化、数据挖掘、远程监控、票据管理、三维仿真、条码识别等多项新技术，保证了系统先进性和各种功能的实现。

问题：

在网上再找出10篇关于北京烟草物流中心的文章资料，阅读后谈谈你的综合感受。

模块七

连锁企业信息系统及其管理

>> 学习目标

1. 了解信息系统、信息管理的基本概念
2. 了解连锁企业管理信息系统的开发程序
3. 掌握连锁企业主要信息系统的内容与应用
4. 掌握连锁企业管理信息系统的构建内容
5. 理解连锁企业信息系统结构的各组成部分的主要功能和相互关系
6. 理解综合超市与便利店物流信息系统的特点

【案例导读】

微信购物圈会给移动电商带来怎样的影响

影响一：首次开放社交关系链，社交电商成为一种可能

可以说，微信上的每一块资源几乎都是"寸土寸金"，微信社交关系链是宝贵资源，首次开放给京东，证明微信在社交电商上的野心和魄力，以及双方关系的深入。一直以来，用户对微信上的各种广告营销很抵触，但随着微信体验的不断优化和升级，用户渐渐地由抵触转变为接受。拿朋友圈广告来说，据腾讯科技发布的《朋友圈广告首份用户研究报告》显示，对于突然出现的朋友圈广告，一半以上的用户称不惊讶。微信如果能够从源头上杜绝破坏用户体验的恶意营销行为，那么以微信的活跃用户数为基准，社交电商就会成为一种可能。

影响二：加速了移动电商的变革，开启新商机

如果将 PC 电商时代定义为电商 1.0 时代，以 APP 为主的电商时代定义为电商 2.0 时代，那么以移动社交电商为主的时代就是电商 3.0 时代。无论是 APP 还是其他购物平台，几乎都是将传统的购物平台向移动端迁徙，本质上依旧是卖货，是 B（商家）到 C（消费者）的关系。而"微信购物圈"改变了这种单纯的"B 到 C 的关系"，它可以延伸到"从 B 到 C 的以及更多的 C 之间的关系"，简言之，在朋友圈内它会产生一个裂变式的效应。而这种裂变式的社交关系，会展现出更多的活力和商机。

影响三：教育市场，使乱象的微商开始步入正轨

时下，微商已经成为移动电商领域里最热门的话题。一方面微商背负着暴力刷屏、传销、售假的争议，另一方面即便通过正规的开店平台，也面临着"无流量，无客源，无订单"的"三无"尴尬，而京东微信"购物圈"在流量上有微信作后盾，在购物保障上有京东做信任背书。微商乱象有望得以改善，并逐渐步入正轨。

资料来源："揭开京东微信'购物圈'神秘面纱"，http://www.linkshop.com.cn/web/Article_News.aspx?ArticleId=323645。有删改。

连锁企业信息系统概述

一、连锁企业信息系统的内容与结构

信息系统是人造系统,由人、硬件、软件和数据资源组成,目的是及时、正确地收集、加工、存储、传递和提供信息,实现组织中各项活动的管理、协调和控制。

1. 企业内部信息系统的三个层次

第一层是销售时点系统(Point Of Sale,POS),主要负责信息的汇总、收集和处理,解决结构化问题。

第二层是管理模式系统(Management Information System,MIS),为中层领导定期提供分析报告、统计报表、联机查询,解决面向企业内部的结构化问题,用于企业的日常管理。

第三层是企业决策支持系统(Decision Support System,DSS),支持中层经理完成半结构化的决策问题;进行模式求解(Executive Information System,EIS),用于高层经理进行竞争优势分析,解决非结构化问题,制定企业的经营战略方针。

2. 连锁企业信息系统的组成

连锁企业信息系统由总部管理信息系统、配送中心管理信息系统、连锁分店管理信息系统及远程联网系统等四部分组成。各部分分别采用局域网络,各部分之间则采用广域网络,通过通讯线路、电话线或其他传输介质实现异地数据通信。

连锁门店必须建立完善的信息系统,生成基于每种商品的日报、周报、月报、季报、年报。根据库存高低,结合合理库存时间,分析商品的周转快慢,以决定续订频率。根据顾客需求变化、价格变化、竞争对手变化等进行市场调研,规划每个分店的单品选择,然后进行逐项分析。利用中央采购节省成本,获取更大的折扣。和供应商联网,提高采购效率,节省在途和备货时间,最终实现零库存管理。

3. 连锁企业信息系统的内容

(1)连锁总部信息系统。连锁总部管理信息系统,不仅要对其各职能部门实行管理,更重要的是指导、协调各部门之间的业务及采集配送中心、各连锁分店的信息,以便正确决策、统一指挥。

(2) 连锁配送中心信息系统。配送中心管理信息系统，主要实现商品库存的静态和动态管理，统一调度商品流向、车辆运输及仓储管理等。

(3) 连锁分店信息系统。连锁分店管理信息系统，一般包括：POS系统、电子订货系统（Electronic Order System，EOS）及店内管理系统等。

(4) 远程联网系统。远程联网系统是沟通总部、配送中心、各连锁分店之间的信息交流桥梁，是整个企业成为一个有机整体、发挥规模效益的重要环节。通过总部，配送中心和各连锁分店三部分管理信息系统的联网，总部能够及时获得配送中心和各连锁分店的有关业务资料，并能及时将有关信息反馈给配送中心和连锁分店，加速信息的流转。

4. 连锁企业信息系统的结构

目前，连锁企业的管理信息系统多是以通信联网系统为中心，采用客户机/服务器结构，并采用POS、EOS、EDI等技术手段连接零售业、批发业和制造业，构成了全面的信息管理系统。随着连锁业的不断扩大和发展，业务领域、经营内容和服务质量也会不断提高，所需要的经营信息、服务信息也更为完整、全面和灵活。连锁业的信息管理系统除了包括零售业、批发业、制造业外，还将把服务业和金融业结合在内。

5. 连锁企业信息系统的功能

进行单品和零库存管理，就要在零售业的每一个环节提高效率、降低成本，具体体现在：采购环节的价格、数量、时间的控制，分销网络的送货管理，店铺、仓库的空间优化，合理有效的商品分类管理。所以，从书面传真、柜台销售向电子数据交换、个性化销售和自动服务转变，从售前市场分析、销售策略制定到售后服务等方面全面支持上述特点，除全球定位系统（Global Positioning System，GPS）数据外，还应采用如下信息系统。

(1) 销售点信息收集处理系统。由收银机、条码扫描器、掌上型终端机和增值网组成销售情报收集分析系统，每天定时汇集销售和库存信息，供总部和分店研究分析之用。

(2) 仓库管理系统。提供详细灵活的仓位、货架记录，批、序号跟踪，拣货、理货的最优路线安排。

(3) 库存管理系统。为配货中心提供实时准确的库存信息，使整个库存水平处于较低的状态，同时能满足各分销点的需要，保持一种动态平衡。

(4) 运输管理系统。能充分满足分销网络送货对运输计划、路线选择和时间安排等的需要。

(5) 客户管理系统。根据掌握的客户信息对客户进行有针对性销售，使品种、款式、花色更贴近顾客需求，体现更多的人情味。

（6）时点销售管理系统。动态地管理在每一个时点上整个商品销售的状况，包括商品的金额、品种、单价，以及进货管理、库存管理。对整套系统流程实行计算机管理，从而知道整个商品的购销调查情况、经营情况，以及每件单品的位置；对商品的动向、数量、位置、价格进行全程监控、动态管理。

二、连锁企业管理信息系统的开发程序

连锁企业管理信息系统的开发，一般要经历系统分析、系统设计、系统实施、系统评价与系统维护等四个阶段。而在每个实施阶段中，又具体划分出许多分解的阶段性目标和实施步骤。

1. 系统分析阶段

系统分析阶段包含了许多具体工作内容，主要是解决"做什么"的问题。

（1）提出任务。提出任务是指用户提出建立新系统的初始设想和要求，以及新系统的功能需求。针对连锁企业的业务情况进行分析，确定整体的需求，以及总部、配送中心和分店的功能要求，功能要求要考虑到未来发展的需要。

（2）初步调查。在提出任务的基础上进一步补充、修改和完善功能要求。使用者提出的初始要求往往是含糊、不明确的，需要通过初步调查研究，进一步明确需求、确定问题，并了解现行系统的运行情况。另外，在初步调查的基础上需要进一步明确企业的信息需求，确定信息选取的规则、格式、类别、存储要求及历史数据的保存量等。

（3）可行性分析。在初步调查的基础上，对新系统要达到的功能目标、业务范围、系统配置、开发计划、资金投入、人员要求等提出建议，论证开发新系统的必要性和可实现性、技术上的合理性、经济上的可行性等。可行性分析还应包括环境可行性、效益可行性等。最终提出可行性报告，供项目审核部门讨论批准。

（4）详细调查研究。详细调查是形成开发方案的基础，不同于初步调查。详细调查要全面、深入、细致地调查和掌握现行系统的真实状况，为系统设计方案、功能指标分析提供素材。调查内容包括：各组织机构及其功能、各职能部门的业务流程和管理情况，现行系统中的数据与信息结构、存储方式和业务处理流程中输入、输出信息要求，业务处理过程的逻辑关系和算法，资源及其利用情况等。

（5）逻辑设计。在详细调查研究的基础上形成逻辑模块，提出系统逻辑设计方案并绘制逻辑图。逻辑设计要表示出达到新系统目标所具备的各种功能，同时还要表示输入、输出、数据存储、信息流程、系统界限和环境等新系统的全部概貌。用户可以通过

逻辑模型了解新系统，并提出具体的改进意见和合理的业务处理要求。

（6）编写系统分析报告。系统分析报告是系统分析阶段工作的总结，也是进行下一步系统设计的依据。系统分析报告的内容包括：现行系统的现状及存在的问题，全面描述新系统的功能和目标，新系统的逻辑模型，支持新系统方案的可行性分析等。在系统分析报告上报项目主管审核部门批准之后，即可转入下一工作阶段——系统设计阶段。

2. 系统设计阶段

系统设计阶段主要是解决"怎么做"的问题，分为总体设计和详细设计两步。

（1）总体设计。根据系统分析报告确定的系统目标、系统功能和逻辑模型，为系统设计了一个基础构架，从总体上解决了在计算机系统中如何实现的问题。具体包括：确定系统的输入、输出方式、内容以及介质；确定数据的发生、采集、介质和格式形式；根据系统的规模、数据量、性能要求和技术条件等，确定数据组织和存储形式、存储介质；对新系统进行划分，按功能划分子系统，明确各子系统的目标和功能，按层次结构划分功能模块，画出系统结构图、模块程序流程图、选择计算机系统的硬件和软件等。

（2）详细设计。在总体设计的基础上，对系统的各个组成部分进行详细的、具体的物理设计。内容包括：修改系统结构图、模块程序流程图，进行编码、代码设计，输入、输出设计，数据存储设计、处理过程设计以及编制程序设计说明书等。

3. 系统实施阶段

在系统实施阶段，把物理设计转化成能实际运行的计算机管理信息系统。

（1）程序编制。根据系统结构图、程序流程图、功能模块设计说明书，进行具体的程序编制。

（2）设备安装和软、硬件调试。根据系统设计提出的设备配置方案，购置计算机系统，进行机房设计施工、网络布线、计算机系统及各种设备的安装和调试。在软件试运行过程中，根据发现的问题和用户的实际要求不断地进行程序修改和功能增补，还需要人工系统并行，以检验计算机系统的稳定性和正确性。

（3）系统转换。软件系统经试运行全面达到系统功能目标之后，新系统即可全面投入使用。

4. 系统评价与维护阶段

系统在经过一段时间的实际运行，即功能、稳定性、可靠性等均达到系统设计目标之后，就需要对其运行情况进行测试和评估。

（1）系统性能评价。系统性能评价指评价新系统是否达到确定的系统目标和各种功能要求，评价新系统的各种性能指标情况，评价用户及管理人员对系统的满意程度等。

（2）经济效果评价。经济效果评价指开发费用和运行费用评价，投资回收期估算、系统综合经济效益的评价等。为使系统保持最佳的运行状态，延长其使用寿命，必须经常维护。维护的内容有：程序维护、数据维护、代码维护和硬件维护等。

三、连锁企业主要信息系统的内容与应用

1. 销售时点系统

销售时点系统（POS），是指在销售商品时，通过自动读取设备（如收银机）直接读取商品的销售信息（如商品的品名、单价、销售数量、销售时间、销售店铺、购买顾客等），并通过通信网络和计算机传送到有关部门（如连锁企业总部、采购部门、供应部门等），进行分析加工以提高经营效率的系统。

（1）POS系统的作业流程。POS的作业流程是：零售商在售出商品时，所售商品的条形码经过条形码阅读机的阅读，自动输入电脑和收款机；后台电脑就从数据库中得知物品的品名、价格等数据，并立即显现在收款机上；再经过网络传送到总公司，供那里的管理人员分配销售货物类别和数量；最后将订单数据传送到物流配送中心，由物流配送中心对零售点进行及时准确的补货。

（2）POS系统的主要功能。主要有以下几点：

①实时掌握销售情况。可预先针对店铺、商品类别或单品设定目标，随时查阅销售之达标率。以前所使用的电子式收款机只能进行部门类别的分析，而透过POS系统，可以精确到单品的分析，同时也可实时掌握单品的销售及库存情形。

②立即区分畅销品及滞销品。透过POS系统，可立即找出畅销品及滞销品，再进行适当的调整商品的库存量及摆放位置，以提高销售业绩、降低成本及提高顾客满意度。同时也可以进行单品分析，掌握每项商品的销售情况。

③自动控制商品适当的库存量。一般的，商店的库存管理是由门店负责人每天查看货架，了解所卖出的商品后，再向连锁总店或供货商订货，相当费时、费力。但是导入POS系统后，可依商品的销售特性，决定适当的订货方式，以维持商品数量在最适当的范围内。

④使卖场的使用更有效率。经由POS系统的销售分析，可以了解任何货架上所摆放的商品及销售情形等数据。根据此信息来调整货架摆放的商品种类及数量，以提高货架的使用效率。

⑤进行机动特卖。根据以往的促销数据、商品的保存期限等信息,决定要降价或进行特卖促销的商品,以增加销售量及买气。

(3) 应用POS系统的效果。主要有以下几点:

①收银台业务的省力化。商品检验时间缩短,高峰时间收银作业高效,输入商品数据的误差减少,核算购买金额的时间缩短,店铺内票据数量减少。

②数据收集能力大大提高。就在信息发生的时点收集数据,信息准确、可靠,信息收集的速度非常快。

③店铺作业合理化。提高收银台的管理水平,商品标签和价格标签使商品陈列和布置进一步合理化,可随时把握销售额和现金额,检查输入数据的作业十分简便。

④店铺运营的高效化。容易即时把握库存水平,容易测定销售目标的实现程度,可以快速做出销售报告,把握畅销和滞销信息,容易发现不良品。

⑤提高资金周转率。可以提前避免出现缺货现象,可以将库存控制在一个很合理的水平上,大大提高了商品的周转率。

⑥商品计划高效化。可准确分析促销效果,直接把握顾客的购买动向,基于销售动态制定采购计划和高效的店铺空间管理。

【开拓视野】

挖掘POS数据提升竞争力

专家分析指出,从零售业的现状来说,企业迫切需要分析消费者的消费习惯,应该通过深入的数据分析来了解自己的消费群体。事实上,通过数据挖掘技术来分析消费者的购物模式,可以对将来的趋势和行为进行预测,支持企业的决策。而将其运用到客户关系管理中,就能在海量的客户数据库中,将看似无关联的数据进行筛选、净化,提取出有价值的客户关系,对客户需求做出恰当的回应,并预测需求趋势。

某个店某天某一时段是做正常销售还是做促销?促销时间多长为准?门店主要顾客群的男女比例、大约年龄、收入水平等是多少?这个门店周围商圈的面积多大?消费人群处于什么层面……这些对零售企业至关重要的信息,分析POS机存储的数据,经过专业的数据挖掘工具,都可以得到很好的解决。POS系统会反映每笔销售的实际情况,通过会员卡制度与POS系统的结合,企业将轻而易举掌握消费的消费行为特征。

2. 电子订货系统

电子订货系统是指将批发、零售场所发生的订货数据输入计算机,通过计算机通信网络连接的方式将资料传送至总公司、批发商、商品供货商或制造商处。电子订货系统是连锁企业最常见的信息系统，一般包括订货系统、通讯网络系统和接单电脑系统。

（1）电子订货系统的构成内容。就门店而言，只要配备了订货终端机和货价卡（或订货簿），再配上电话和数据机，就可以说是拥有一套完整的电子订货配置。就供应商来说，凡能接收门店通过数据机的订货信息，并可利用终端机设备系统直接做订单处理，打印出出货单和检货单，就可以说已具备电子订货系统的功能。但就整个社会而言，标准的电子订货系统绝不是"一对一"的格局，即并非单个的零售店与单个的供应商组成的系统，而是"多对多"的整体运作，即许多零售店和许多供货商组成的大系统的整体运作方式。

（2）电子订货系统的类型。根据电子订货系统的整体运作程序，大致可以分为以下三种类型。

①连锁体系内部的网络型。即连锁门店有电子订货配置，连锁总部（或连锁公司内部的配送中心）有接单电脑系统，并用即时、批次或电子信箱等方式传输订货信息。这是"多对一"（即众多的门店对连锁总部）与"一对多"（即连锁总部对众多的供应商）相结合的初级形式的电子订货系统。

②供应商对连锁门店的网络型。其具体形式有两种：一种是直接的"多对多"，即众多的不同连锁体系下属的门店对供应商，由供应商直接接单发货至门店；另一种是以各连锁体系内部的配送中心为中介的间接的"多对多"，即连锁门店直接向供应商订货，并告知配送中心有关订货信息，供货商按商品类别向配送中心发货，并由配送中心按门店组配向门店送货。这可以说是中级形式的电子订货系统。

③众多零售系统共同利用的标准网络型。其特征是利用标准化的传票和社会配套的信息管理系统完成订货作业。具体形式有两种：一是地区性社会配套的信息管理系统网络，即成立由众多的中小型零售商、批发商构成的区域性社会配套的信息管理系统——营运公司和地区性的咨询处理公司，为本地区的零售业服务，支持本地区电子订货系统的运行；二是专业性社会配套信息管理系统网络，即按商品的性质划分专业，如食品、医药品、运动用品、玩具、衣料等，从而形成各个不同专业的信息网络。这是高级形式的电子订货系统，必须以统一的商品代码、统一的企业代码、统一的传票和订货的规范标准的建立为前提条件。

（3）电子订货系统配置。无论采用何种形式的电子订货系统，皆以门店订货系统的配置为基础。门店订货系统配置包括硬件设备配置与电子订货方式确立两个方面。

①硬件设备配置。硬件设备配置一般由三个部分组成：

其一，电子订货终端机。其功能是将所订的商品条码及数量以扫描和键入的方式暂时储存在记忆体中，当订货作业完毕时，再将终端机与后台电脑连接，取出储存在记忆体中的订货资料，存入电脑主机。电子订货终端机与手持式扫描器的外形有些相似，但功能却有很大差异，其主要区别是：电子订货终端机具有存储和运算等电脑基本功能，而扫描器只有阅读及解码功能。

其二，数据机。它是传递订货主与接单主电脑信息资料的主要通讯装置。其功能是将电脑内的数据转换成线性脉冲资料，通过专有数据线路，将订货信息从门店传递给商品供方，供方以此为依据来发送商品。

其三，其他设备：如个人电脑、价格标签及店内码的印制设备等。

②电子订货方式。电子订货系统的运作除硬件设备外，还必须有记录订货情报的货架卡和订货簿，并确立电子订货方式。常用的电子订货方式有三种：

其一，电子订货簿。电子订货簿是记录包括商品代码/名称、供应商代号/名称、进/售价等商品资料的书面表示。利用电子订货簿订货，就是由订货者携带订货簿及电子订货终端现场巡视缺货状况，再从订货簿寻找商品，对条码进行扫描并输入订货数量，然后直接接上数据机，通过电话线传输订货信息。

其二，电子订货簿与货架卡并用。货架卡就是装设在货架槽上的一张商品信息记录卡，内容包括中文名称、商品代码、条码、售价、最高订量、最低订量、厂商名称等。利用货架卡订货，不需携带订货簿，而只要手持电子订货终端机，一边巡货一边订货，订货手续完成后再直接接上数据机将订货信息传输出去。若有的日配品或不规则形状的商品难设置货架卡，可借助于订货簿来辅助订货。

其三，低于安全存量订货法。即将每次进货数量输入电脑，销售时电脑会自动将库存扣减。当库存量低于安全存量时，会自动打印货单或直接传输出去。

(4) 电子订货系统的操作流程。首先，在零售店的终端利用条码阅读器获取准备采购的商品条码，并在终端机上输入订货资料，利用电话线通过调制解调器传到批发商的计算机中。其次，批发商开出提货传票，并根据传票开出拣货单，实施拣货，然后根据送货传票进行商品发货。再次，送货传票上的资料便成为零售商店的应付账款资料及批发商的应收账款资料，并接到应收账款的系统中去。最后，零售商对送到的货物进行检验后，就可以陈列出售了。

使用电子订货系统时要注意，订货业务作业的标准化，是有效利用电子订货系统的前提条件：商品代码一般采用国家统一规定的标准，这是应用电子订货系统的基础条件；订货商品目录账册的设计和运用是电子订货系统成功的重要保证；计算机以及订货信息输入和输出终端设备的添置是应用电子订货系统的基础条件；在应用过程中需要制订电子订货系统应用手册，并协调部门间、企业间的经营活动。

(5)电子订货系统的特点。主要包括：商业企业内部计算机网络应用功能完善，能及时产生订货信息；满足零售商和供应商之间的信息传递；通过网络传输信息订货；信息传递及时、准确；电子订货系统是许多零售商和供应商之间的整体运作系统，而不是单个零售店和单个供应商之间的系统。电子订货系统在零售商和供应商之间建立起了一条高速通道，使双方的信息及时得到沟通，使订货过程的周期大大缩短，既保障了商品的及时供应，又加速了资金的周转，实现了零库存战略。

3. 电子数据交换

(1)电子数据交换的概念。电子数据交换是一种在公司之间传输订单、发票等作业文件的电子化手段。它通过计算机通信网络，将贸易、运输、保险、银行和海关等行业信息，用一种国际公认的标准格式，实现各有关部门或公司与企业之间的数据交换与处理，并完成以贸易为中心的全部过程。它是20世纪80年代发展起来的一种新颖的电子化贸易工具，是计算机、通信和现代管理技术相结合的产物。国际标准化组织（ISO）将电子数据交换描述成"将贸易（商业）或行政事务处理按照一个公认的标准变成结构化的事务处理或信息数据格式，从计算机到计算机的电子传输"。

由于电子数据交换可以减少甚至消除贸易过程中的纸面文件，因此它又被人们通俗地称为"无纸贸易"。从上述电子数据交换的定义不难看出，电子数据交换包含了三个方面的内容，即计算机应用、通信、网络和数据标准化。其中，计算机应用是电子数据交换的条件，通信环境是电子数据交换应用的基础，标准化是电子数据交换的特征。这三方面相互衔接、相互依存，构成电子数据交换的基础框架。

(2)电子数据交换的分类。根据功能，电子数据交换可分为以下4类。

①订货信息系统。该系统是最基本的，也是最知名的电子数据交换系统了。它又被称为贸易数据互换系统（Trade Data Interchange，TDI），它用电子数据文件来传输订单、发货票和各类通知。

②电子金融汇兑系统（Electronic Fund Transfer，EFT）。即在银行和其他组织之间实行电子费用汇兑。电子金融汇兑系统已使用多年，但它仍在不断的改进中。最大的改进是同订货系统联系起来，形成一个自动化水平更高的系统。

③交互式应答系统（Interactive Query Response，IQR）。它可应用在旅行社或航空公司，作为机票预定系统。这种电子数据交换系统在应用时要询问到达某一目的地的航班，要求显示航班的时间、票价或其他信息，然后根据旅客的要求确定所要的航班，打印机票。

④带有图形资料自动传输的电子数据交换系统。最常见的是计算机辅助设计（Computer Aided Design，CAD）图形的自动传输。比如，设计公司完成一个厂房的平面

布置图，然后将平面布置图传输给厂房的主人，请主人提出修改意见。一旦该设计被认可，系统将自动输出订单，发出购买建筑材料的报告。在收到这些建筑材料后，自动开出收据。

（3）电子数据交换系统的应用。一个传统企业简单的购货贸易过程是，买方向卖方提出订单。卖方得到订单后，就进行内部的纸张文字票据处理，准备发货。纸张票据中包括发货票等。买方在收到货和发货票之后，开出支票，寄给卖方。卖方持支票至银行兑现。银行再开出一个票据，确认这笔款项的汇兑。

而一个生产企业的电子数据交换系统，就是要把上述买卖双方在贸易处理过程中的所有纸面单证由电子数据交换通信网来传送，并由计算机自动完成全部（或大部分）处理过程。具体为：企业收到一份电子数据交换订单，则系统自动处理该订单，检查订单是否符合要求；然后通知企业内部管理系统安排生产；向零配件供销商订购零配件等；有关部门申请进出口许可证；通知银行并给订货方开出电子数据交换发票；向保险公司申请保险单等。从而使整个商贸活动过程在最短的时间内准确地完成。一个真正的电子数据交换系统将订单、发货、报关、商检和银行结算合成一体，从而大大加速了贸易的全过程。

（4）电子数据交换系统的有关标准。标准化的工作是实现电子数据交换互通和互联的前提和基础。电子数据交换的标准包括电子数据交换网络通信标准、电子数据交换处理标准、电子数据交换联系标准和电子数据交换语义语法标准等。电子数据交换网络通信标准是要解决电子数据交换通信网络应该建立在何种通信网络协议之上，以保证各类电子数据交换用户系统的互联。目前，国际上主要采用MHX（X.400）作为电子数据交换通信网络协议，以解决电子数据交换的支撑环境。

【开拓视野】

信息系统的专有名词

1. 条码（bar code）

由一组规则排列的条、空及其对应字符组成的标记，用以表示一定的信息。

2. 二维码（two-dimensional bar code）

在二维方向上都表示信息的条码符号。

3. 商品标识代码（identification code for commodity）

由国际物品编码协会（EAN）和统一代码委员会（UCC）规定的、用于标识商品的一组数字，包括EAN/UCC-13、EAN/UCC-8和UCC-12代码。

4. 全国产品与服务统一代码（national product code、NPC）

全国产品与服务统一代码由13位数字本体代码和1位数字校验码组成，是产品和服务在其生命周期内拥有的一个唯一不变的代码标识。

5. 射频识别（radio frequency identification，RFID）

通过射频信号识别目标对象并获取相关数据信息的一种非接触式的自动识别技术。

6. 射频识别系统（radio frequency identification system，RFID）

由射频标签、识读器、计算机网络和应用程序及数据库组成的自动识别和数据采集系统。

7. 射频标签（radio frequency tag）

安装在被识别对象上，存储被识别对象的相关信息的电子装置。

8. 射频识读器（RFID reader）

射频识别系统中一种固定式或便携式自动识别与数据采集设备。

9. 物流信息技术（logistics information technology）

物流各环节中应用的信息技术，包括计算机、网络、信息分类编码、自动识别、电子数据交换、全球定位系统、地理信息系统等技术。

10. 物流管理信息系统（logistics management information system）

由计算机软硬件、网络通信设备及其他办公设备组成的，在物流作业、管理、决策方面对相关信息进行收集、存储、处理、输出和维护的人机交互系统。

连锁企业信息系统的构建

一、连锁企业总部信息管理

连锁总部是经营管理的决策部门，主要负责商品的采购、定价、财务等工作，并通过网络查询及汇总各门店的销售、库存情况以及配送中心的库存信息。然后由系统及时生成各种报表供经理分析，以制定新的经营计划。连锁总部的计算机管理系统应具备如下功能。

1. 基本信息管理

应可建立、修改并查询公司、部门、各连锁门店的商品信息,以及往来客商编码、员工档案、员工密码管理及权限限制;商品价格管理即商品的定价管理,可按加价率、加价额等定价算法由系统自动定价,并可按用户的需要生成报价单,以满足批发客户的需要。

2. 合同管理

总部与供应商的合同管理,应可进行合同的录入、修改、查询,并根据实际供货情况分期、分次地管理合同的执行情况。

3. 采购管理

包括商品进货单的录入、修改、查询、打印,并通过审核自动生成入库单,转入配送中心,再经配送中心审核后自动入库。系统应可通过进货单的处理,自动生成针对某一供应商的累计进货额、累计结款额、应付总金额等。此外,还应根据用户的退货情况录入退回单,进行相应的处理。

4. 应付管理

若在进货中尚未付款,系统应自动由进货单生成应付信息和对账单,用户可随时查询应付明细。

5. 销售管理

批发销售功能可由总部在此模块统一处理。系统应可进行销售单的录入、修改、查询,并通过审核自动生成出库单转入配送中心,再经配送中心审核后自动出库。系统可通过销售单的处理自动生成针对某一客户的累计销售额、累计结款额、应收总金额等。还应可自动计算销售单中任一商品的毛利及本单的总毛利,并通过万能查询使用户得到自己需要的各种报表,如任一时间段的销售情况报表、业务员的销售表等,系统还可打印送货单(提货单)及一般纳税人的清单等单据。

6. 应收管理

针对批发商品时用户尚未付款的情况,系统应自动由销售单生成应收信息和对账单,用户可随时查询应收明细,并可跟踪处理应收及回款情况。

7. 财务管理

通过财务人员日常凭证的处理,系统应能自动生成明细账、总分类账、资产负债表、损益表等财务常用报表。

8. 信息流处理

具体包括处理连锁门店日常补货要求、连锁门店的退货要求、对配送中心生成商品配送单的通知、连锁门店之间的商品调配等信息流管理。

9. 综合查询管理

应可查询配送中心的库存情况、各门店的进销存及整个连锁店的销售情况、毛利情况、库存资金占压情况，以及应收款、应付款、综合性销售及回款报表等。该模块使管理人员及时把握经营状况，并通过系统自动生成的汇总分析报表，帮助经营者做出相应的商业决策。

10. 数据传送管理

应可向配送中心传送商品变动信息，如新增商品、商品价格调整、商品进货情况（要求其审核入库）、商品批发销售情况（要求其审核出库）、商品配送信息及连锁分店的退货信息等；接受配送中心向总部上传的信息，如进货入库验货信息、销售出库验货信息、库存商品盘点情况、报损情况，以及各门店的配货、退货情况和配送中心发现商品积压或损坏时要求的退货单；接受连锁门店向总部上传的信息，如补货信息、到货信息、销售信息、库存信息、退货信息等。

【开拓视野】

应收与应付账款

应收应付账款是企业在经济业务活动中发生的应收、应付、暂收、暂付款，是企业资产、流动负债的一个组成部分。随着经济的发展，市场竞争的加剧，企业为了扩大市场占有率，越来越多地运用商业信用进行促销。然而，市场的信用危机又使得企业间相互拖欠现象越来越严重，造成企业的应收应付账款增加，即形成所谓的"三角债"。由于企业财务及经营管理上的原因，许多不属于应收应付账款的其他经济内容，也体现在应收应付账款中，有些企业的应收应付账款中包罗万象，无形中也造成应收应付款的增加。尤其是在商业零售企业，应收应付账款所占比重越来越大，不仅造成企业资金周转困难，而且也使企业的会计信息失真。

二、配送中心管理信息系统

该系统对内可提高仓储、配送作业的自动化程度，降低仓储成本，加大仓储量，加强卖场补货的主动权；对外可提供第三方物流配送，增加企业新的利润来源，同时实现从"销售终端角色"向"部分品牌商品分销角色"的转变，或两者兼之，使企业在整个供应链中处于比较有利的位置。

配送中心管理信息系统是以商品的物流管理为对象，以商品的到货、验货、库存、配货、出库为管理内容的管理信息系统。应具备如下功能。

1. 入库管理

连锁企业配送中心分为以下四种入库方式。

（1）总部进货部应可将由进货单自动生成的入库单传入配送中心，配送中心在验货后将其审核确认。

（2）总部销售部应可将由销售退回单自动生成的入库单传入配送中心，配送中心在验货后将其审核确认。

（3）各连锁门店的退货单传入配送中心，配送中心在验货后将其审核确认。

（4）特殊情况下的入库管理，如赠品入库等。

2. 出库管理

连锁企业配送中心分为四种出库方式。

（1）总部销售部应可将由销售单自动生成的出库单传入配送中心，配送中心在验货后将其审核确认。

（2）总部进货部应可将由进货退回单自动生成的出库单传入配送中心，配送中心在验货后将其审核确认。

（3）总部传入的各连锁门店的配货单，配送中心在验货后将其审核确认。

（4）特殊情况下的出库管理，如赠品出库等。

3. 盘点管理

盘点管理应包括盘点单的生成、打印，盘点数量的录入，盘点单的查询等工作。

4. 报损报残管理

报损报残管理应包括报损报残商品的录入、查询功能。

5. 报警管理

报警管理应包括库存商品上、下限的报警功能，含保质期的报警。

6. 库存管理

包括货位的维护，可随时查询库存商品中的商品编码、名称、单位、库存单价、零售单价、库存数量、库存金额、售价金额、最高库存、最低库存、累入数量、累入金额、累出数量、累出金额、生产日期、有效期等。

7. 调拨管理

调拨管理包括商品在不同货位间的调拨管理。

8. 条码打印管理

条码打印管理包括将本系统的自编商品条码转入条码打印机所自带的数据库，以方便打印条码。

9. 查询管理

查询管理包括通过系统提供的万能查询器查询任意信息，如某一商品的入出库信息，某一段时间内所有的出入库明细、库存商品占压资金情况分析表等。

10. 数据传送管理

数据传送管理包括接受总部传送的商品变动信息，如新增商品、商品价格调整等，以及商品进货、批发销售、商品配送及门店的退货信息等；向总部上传信息，如进货入库验货信息、销售出库验货信息、库存商品盘点情况、报损情况和向各门店的配货、退货情况及配送中心发现商品积压或损坏时要求的退货单。

【开拓视野】

家乐福与微信合作　237 家店接入微信支付

2015 年 4 月 21 日，微信支付与家乐福中国（以下简称"家乐福"）宣布达成全面合作，家乐福全国 237 家门店将陆续接入微信支付，今后用户在家乐福购物买单时，将可享受到秒付的快感。

长久以来，无论是早间的居家人群购物高峰、下午的上班族购物高峰，还是周末的惯性购物高峰，排队严重都是颇让线下商超头疼的问题。微信支付加入后，首先解决的就是"买单"的流程，过去用户找卡、等待店员刷卡、签字确认往往需要 1 分钟左右，现金找零遇上柜台零钱不足则要耗时更久。而使用微信支付买单，系统自动汇总金额后，店员只需要扫一下用户微信"刷卡"功能里的条形码，即可自动划扣完成"买单"，用户 3 秒左右就可拿起商品走人，不仅减少了用户等待时间，也非常有助于超市运营效率的提升。

据透露，以"微信支付+微信公众账号"为中心的微信智慧超市解决方案，将围绕超市售前、售中、售后等环节，帮助家乐福等商超建立与用户的全方位连接。未来，或许用户仅仅带着手机，就能在家乐福购物、领取优惠券，通过虚拟会员卡享受会员优惠，甚至通过微信公众号与家乐福互动，享受电商、客服等在线增值服务。

资料来源：http://www.linkshop.com.cn/web/archives/2015/322548.shtml。

三、连锁门店管理信息系统

连锁门店是整个连锁组织实现利润的直接执行者，它除了要进行日常信息的处理外，还要及时传送相应的信息，使总部能了解实际的销售、库存情况，以便做出相应的决策。根据连锁门店的特点，它的管理系统分为两大部分：一是后台管理信息系统，二是前台零售开票系统。

1. 后台管理信息系统

后台管理信息系统的功能具体包括：录入、修改本连锁店的地址、电话等信息；可随时查询商品信息，此信息是以总部为来源和不断补充的，门店无权对其进行增加及修改；录入、修改本店的职员信息，并对员工密码进行管理及权限限制。货位管理应包括货位的维护，应可随时查询库存商品中的商品编码、名称、单位、库存单价、零售单价、库存数量、库存金额、售价金额、最高库存、最低库存、累入数量、累入金额、累出数量、累出金额、生产日期、有效期等；应可实时查询本店有关商品的数量、金额等信息，对在架商品做到心中有数，为商品资金占用、补货等提供依据。

此外，该系统还应包括入库、盘点、报损报残、报警、调拨、查询、数据传送管理等功能。零售管理应可进行零售日结，汇总前台的日销售信息，实时查询收款数据。并可随时查询销售情况，生成各种销售分析图表，如销售日报、旬报、月报、季报、年报。

2. 前台收款系统

前后收款系统是商品销售数据的来源，也是实现商品价值、进行交易的手段。对收款的严格管理，可以防止错误信息进入系统，也可以防止收款过程中的作弊现象。

三类收款机由于其网络的实时操作、商品信息的共享、PLU 数（可扩充数）的无限扩充、全汉化的友好界面等，使其渐渐成为各连锁超市的首选。收款机应支持现金、支票、储值卡、会员卡等多种付款方式，支持商品编码、商品条形码等多种输入方式，以及多种促销方式，包括单品折扣、整单折扣、优惠卡等。一般收款员可进行收款、价格查询、折扣、取消交易等工作，而退、换货等功能应由值班经理控制。

【开拓视野】

收款机分类

1. 第一类收款机

它是指只能单机使用，可以管理几个到几十个部门和少量商品单品，不能联网的收款机。这一类收款机的品种繁多，性能基本相同，且价格相对较低。其代表性的机型有：日本 CAISO 公司的 150CR、230ER，日本 TEC 公司的 MA-85、MA-315 等。这类收款机的处理程序固定在其内部，收款机只能提供简单的统计报告，由于数据存储区较小，所以数据的保留不可能是无限期的，需要定期清除。

2. 第二类收款机

此类收款机可以单机运行，也能够联网，可以管理几个到几十个部门以及一定数量的商品单品，还可以连接简单的外部设备，如条码扫描设备等。此类收款机的品种较多，价格和性能上有一些差异，个别收款机可以打印汉字。代表性的机型有：日本 CAISO 公司的 CE4700，韶关龙飞公司的 LF500 等。这类收款机的处理程序也固定在收款机内，但收款统计报告既能从收款机上得到，也可以从联网的计算机上得到。收款机与计算机多使用 RS232 口联网通讯。

3. 第三类收款机

第三类收款机亦称 PC – BASE 型收款机，它的硬件基础是通用计算机的基本部件，生产时采用国际规范，标准化程序高。它的硬件能很好地支撑系统软件和满足各种需要的应用软件，特别是可运用较为成熟的汉字系统，实现国标字库的汉字输入、显示、打印等。它既有计算机的通用接口，可以连接多种网络，又有适用于商业环境的专用接口，如磁卡阅读器、钱箱、条形码阅读器外设接口，还具有针对商业环境的专用键盘，且每个按键都可重新定义。由于应用环境复杂，其抗干扰能力、耐用性等方面远高于通用计算机，而且它的管理软件完全可以根据具体需要进行设计。

该系统应提供完整的员工密码管理及权限限制。进入零售功能时，收款员先输入自己的用户名及关键字后方可进入系统。在整个销售过程中的所有账务都是记录在该收款员账号下，直到其退出零售管理。前台收款机还可生成多种多样的零售报表，如部门、收款员、营业员、时区、总账、收款机、付款方式、零售单、退货单等多种报表。

四、远程联网系统

大中型连锁企业由于总部、配送中心和各连锁分店的计算机管理信息系统的远程分布，远程联网成为整个企业计算机管理总体规划的关键。远程联网形式很多，可以从不同的角度进行分类。

1. 按组成方式划分

（1）终端型。终端型指整个远程联网系统只在总部设立一台系统主机作为网络的主服务器，而在总部的各职能部门、配送中心和各连锁分店设立本地工作站终端，直接通过一部通讯线联机通讯。

（2）网络型。这是指总部、配送中心和各连锁分店都建立各自的局域网络，通过分布式互联网络，将各自的局域网络联成更大的广域网。

（3）混合型。介于上述两种类型之间，在整个系统中，部分远程站直接作为总部计算机系统主服务器的终端工作站，而有些远程站自成局域网系统，与总部网络互连。

2. 按系统机型划分

（1）小型机。以小型机作为主机的系统，具有较大的数据吞吐量和较快的处理速度、较强的通讯和联网扩充能力，但是需要配有专用的系统软件。

（2）高档微机。以高档微机作为系统主机，其系统软件和数据库等通用性好，具有上网简单灵活、功能较强等优点。

（3）网络服务器。计算机的连接结构可采用 C—S（即 Client/Server，客户机/服务器）和 B—S（即 Browose/Server，浏览器/服务器）方式实现。

以客户机/服务器作为系统的主要支撑设备，是目前最为流行的系统集成方式，具有数据吞吐量大、处理速度快、联网通讯能力强、系统扩充性好等特点，但是需要配有专用的系统软件。B—S是当前发展较快的一种新型结构系列，是适应当前网上业务发展要求的。

3. 按传输方式划分

（1）电话交换网。这是指利用现有公众自动交换网或租用电话专线进行远程数据通信，其通信速率以中低速为主，各点之间通过调制解调器、网络控制器等数据电路终端设备，实行"点对点"的通信。

（2）数据交换网。数据交换网的特点是适合计算机之间的通讯，采用存储式的数据交换，即将要传送的数据分解成具有一定格式的分组，并以分组为单位进行存储和传输。采用这种方式，很容易实现不同类型、不同速度计算机之间、计算机与终端之间、终端与终端之间的数据传送。

连锁企业信息系统开发与实施

一、连锁企业信息系统的开发手段

大多连锁企业均建有自己独立的信息系统。一般来说，连锁企业与信息公司的业务关系存在下面四种形式。

1. 连锁企业购买软件

连锁企业购买模式化的软件,自己仅做系统平台的维护。这种方式一般只适合在企业发展的初期。

2. 连锁企业与软件公司组合

这是目前全国采用最多的一种形式。这种组合是企业将信息化建设整体交给技术力量比较雄厚的专业信息科技公司。信息公司根据企业的管理与发展需要,为企业开发完善所需的管理系统。这种组合形式有几个特点。

(1) 这样的企业一般在省会城市,它们有很雄厚的企业资金的支持。这种组合的实质是资本运作下的一种必然形式。

(2) 在其周围必须有比较大的信息科技公司。这一点也是社会分工进一步细化的产物。其只能在省会或经济科技比较发达的城市首先得以实现,是由于管理的多样性与信息项目本身的特点所决定的。

(3) 这种组合对企业的投资是比较大的,当然,如果信息公司选择得好,它对企业的管理支持也是最好的。

(4) 对于这种组合形式,企业的信息管理部门也会与一般的有所不同,其信息管理部门主要完成两个方面的事:一方面是维护好企业的硬件平台,另一方面是做好企业的信息发展规划。

3. 连锁企业自己建立信息开发队伍

这种形式的连锁企业信息组合,只是一个过渡的形式。因为如果一个有技术进行完整管理系统开发的组合,不进一步产生社会价值,那么它将成为企业的一个经济包袱。而对于这个组合本身的发展来说,这种形式也制约了它的发展。这种形式对社会也是一种浪费。

4. 连锁企业投资信息管理专业公司

连锁企业投资信息管理专业公司的产生,是对以上三种形式的补充与发展,它是信息化应用、社会发展的必然的产物。随着信息技术的应用深入,信息技术本身的分工也越来越细,现在的信息科技公司在其下面组建起了管理顾问咨询、超市事业部、工程实施部等。

二、大型连锁企业信息系统的实施

从目前零售业的发展来看,商业信息自动化管理系统的建设与提升在应用上可分为外延功能和内部功能两部分。

1. 拓展外延功能

（1）高效消费者响应（Efficient Consumer Response，ECR）。高效消费者响应是零售企业满足顾客需求的解决方案和核心技术，目标是最高效地满足消费者不断增长、多样化的需求。只有更好地满足消费者的需求，零售商、分销商和制造商才能生存和发展，才更有竞争能力。高效消费者响应是流通供应链上各个企业以业务伙伴方式紧密合作，了解消费者需求，建立一个以消费者需求为基础和具有快速反应能力的系统。高效消费者响应以提高消费者价值、提高整个供应链的运作效率、降低整个系统的成本为目标，从而提高企业的竞争能力。随着零售行业的发展，高效消费者响应将促使整个行业内各方面进行合作，制订行业标准，推动行业高效、良性地发展。

高效消费者响应包括零售业的三个重要战略：顾客导向的零售模式（消费者价值模型）、品类管理和供应链管理。

①顾客导向的零售模式。通过商圈购买者调查、竞争对手调查、市场消费趋势研究，确定目标顾客群，了解自己的强项、弱项和机会，确定自己的定位和特色，构建核心竞争力；围绕顾客群选择商品组合、经营的品类，确定品类的定义和品类在商店经营承担的不同角色；确定商店的经营策略和战术（定价、促销、新品引进、补货等），制定业务指标衡量标准、业务发展计划。

②品类管理。把品类作为战略业务单位来管理，着重于通过满足消费者需求来提高销量的流程。品类管理是以数据为决策依据，不断满足消费者的过程。它是零售业精细化管理之本。其主要战术是高效的商品组合、高效的货架管理、高效的新品引进、高效定价和促销、高效的补货。

③供应链管理。建设、加强供应链管理系统，促进与供应商之间的信息共享与交流，缩短商品的在途时间，从而加快商品在企业内部的流转速度。

随着零售企业的规模化发展，特别是连锁经营发展模式的出现，零售企业的商品销售规模（品种数、销售数量、销售地区）不断扩大，无形中加速了产品向商品的转换速度，同时，商品又反作用于产品，供应商就需要根据市场的需求快速组织好产品的生产、采购。所以，供给双方就需要一个可以快速、高效、准确交换信息的应用平台，这就是供应链管理的需求基础。因此，应建立全程供应链管理的流程和规范，制订供应链管理指标；利用先进的信息技术和物流技术缩短供应链，减少人工失误，提高供应链的可靠性和快速反应能力；通过规范化、标准化管理，提高供应链的数据准确率和及时性；建立零售商与供应商数据交换机制，共同管理供应链，最大限度地减低库存和缺货率，降低物流成本。

> 【开拓视野】
>
> ## ECR 的信息技术的具体实现方式
>
> 1. 顾客导向的零售模式
>
> 包括 POS 系统、市场/顾客调查数据库、会员数据库、团购数据库、购物篮分析。
>
> 2. 品类管理系统
>
> 包括跨品类分析、决策数据仓库、货架管理/商店布局管理、商品组合分析与优化、定价、促销分析、新品引进评估、利润/成本核算。
>
> 3. 供应链管理
>
> 包括自动建议订单系统、供应商管理库存/联合管理库存系统、仓库/运输扫描技术、电子数据交换、电子商务等。

（2）客户关系管理系统（Customer Relationship Management，CRM）。客户关系管理系统在金融、保险等领域有着广泛的应用，其作用也是显而易见的。但零售企业的客户有自身的特点，其流动性大、偶然性大、特征不明显，不便于跟踪、定位，这也就给客户关系管理系统在零售业的实施增加了难度，限制了对其包含信息的利用。目前，社区化的超市、专业店（家电、音像、书籍）一般通过会员卡这种营销手段为基础建立客户关系管理系统；大型的零售企业除此以外，可以在各分店的内部建立"触摸屏导购系统"、"电视导播系统"、"售后服务系统"，尽可能记录下与顾客交流的信息，拉近彼此间的距离，提供有针对性的服务。例如，根据资料给顾客寄生日贺卡、通过售后配送系统的资料对购买家电的顾客定期打电话询问电器的使用情况等。

（3）售卖系统与金融、税务等单位的数据交换功能。当前，一般零售企业都使用各金融机构自己的银行 POS 系统，造成各自为政、系统操作复杂、收银时间长、收银成本增加、数据的稳定性与一致性差等问题。

建立统一的银行卡消费系统，使其与前台售卖系统融合，首先要得到金融结算机构的支持，由它们为零售企业提供银行卡数据处理机（简称前置机），通过专线连接到金融结算机构的结算服务器，这样，所有的前台收银机都可以直接刷卡消费。系统根据数据接口的相关规则准确、快速地处理银行卡的消费结算事宜，这样不但加快了收银速度，也加快了零售企业与金融结算机构之间的资金交割，实现系统自动核对数据，减轻了财务与金融机构的对账工作量。随着国内税务征收系统的不断完善和税控 POS 机的出现，零售企业的收银系统同税务单位实现部分数据的交换，使整个税务申报工作在销售过程自动完成。

2. 加强内部功能

（1）建设企业办公自动化系统。解决零售企业异地拓展的分散办公管理、财务核算、人员考核、行政事物协调等问题，避免由于异地拓展所面临的人员、业务分散局面而造成的整个业务流程脱节和监控、考核实时性降低。

零售企业有其行业的特性，具体要实现四类信息的共享、交流。

①业务型数据共享。主要指各种业务操作、单据、业务凭证交流、审核、跟进（订货单、验收单）。

②销售分析型数据共享。主要指对经营管理提供指导、督促的相关业绩性的数据（各种销售分析报表）。

③文档型数据。主要指各种行政、审批文件等不以数据库类型出现的数据。

④多媒体型数据。主要指语音、图像数据交流，如会议、业务沟通等。

其实，零售企业可以根据企业实际需求分阶段逐步实现以上四类信息的共享，其中前两种可以通过改造自身的 POS 系统来达到。有些软件商已经提出了"数据驱动业务"的概念，其本质就是在 POS 系统的业务平台上融合一部分办公自动化的功能，所有的业务单据协作处理都通过企业内部的邮件、即时消息模块，在最短的时间内准确传送、通知到下一个业务环节的操作者，并通过系统记录来跟进、反馈业务操作中的问题。这样，就可以使整个业务操作处于一个相对规范、快捷、准确、完整的环境之中，可以充分利用企业内部的网络平台，提升企业内部的人员沟通效率，为最终在企业内部网络传输多媒体数据，即通过企业内部网络介质实现网上会议、语音交流打下良好的基础。

（2）整合零售企业内部的各相关系统。建立、加强整合零售企业内部的各相关系统（财务、人事、业务）平台，以便这些系统之间能够进行数据的交流与对比。现在，国外比较常见的实现方案是通过企业信息门户系统解决方案或企业知识管理解决方案。具体实现是，通过建立一个基于 Intranet、Internet 并相结合的结构，把 Internet Explorer 作为客户端输出操作、提取数据的工具，根据每个员工的分工、角色的不同，模拟出一个虚拟的办公环境，办公的事项均通过个人的网页界面操作来完成，同时系统自动记录、跟踪操作内容，把各种信息整理、整合成有价值的企业知识。其他的业务系统均可以跟它建立数据接口，通过它来让相关人员提取、操作业务数据。

（3）加强对零售企业内部数据的整理和挖掘。随着零售企业自身的发展壮大，企业业务产生的数据也越来越多，它所包含的信息无疑是相当大的，对提高、调整企业经营管理有相当大的指导意义，乃至对整个社会生产资源的合理流动、分配将起到不可估量的积极作用。所以，企业的资金、人才、管理等数据都将成为企业核心竞争力，是企业不可替代的宝贵财富。但是，当前国内零售企业对于这笔财富的重视程度远远不够，企业对它只是做了简单粗加工，没有进行系统、全面、深度的挖掘分析处理；对它的保存、整理、归档工作几乎为零。企业数据仓库的建立是大势所趋，是实现数据社会化的前提，充分利用好这个宝贵资源，一定会给零售企业和社会带来丰厚的回报。

三、综合超市的物流信息系统

综合超市物流信息系统是由供货商、总部商品部、店铺和物流中心构成的，各店铺将自己的订货信息传递到总部，总部信息系统综合各店铺信息，将订货信息传递给供货商，供货商接到订单后发货给物流中心，物流中心根据不同的订单将货物发送给各个店铺，由此形成一个完整、及时、有效的共同配送网络系统，详见图7－1。

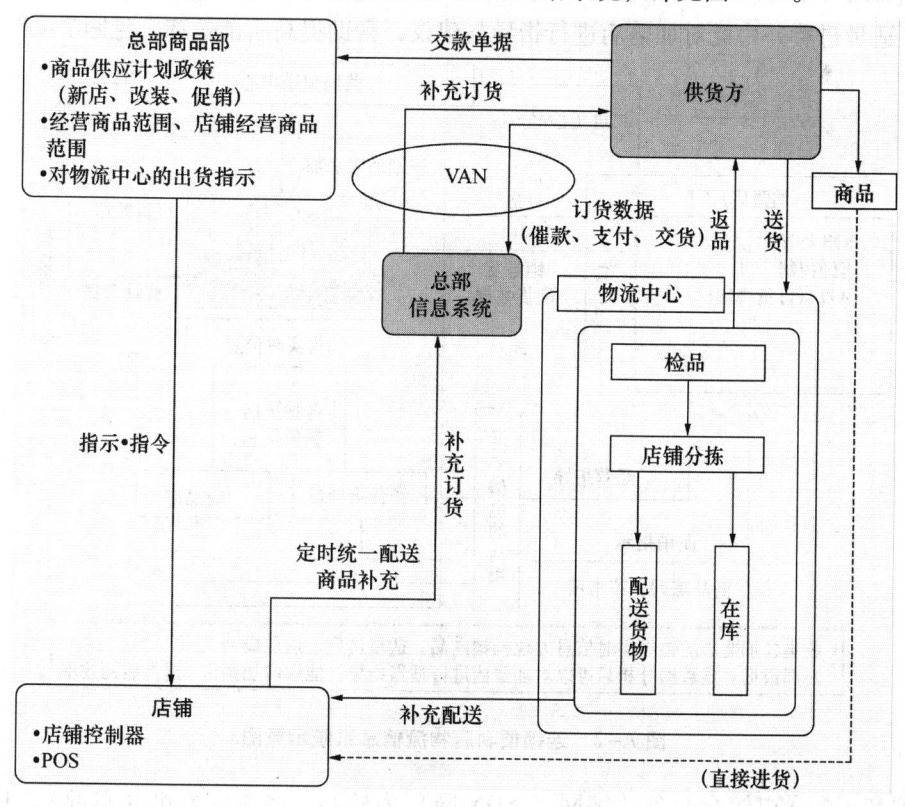

图7－1 综合超市物流信息图

综合超市物流中心业务流程在采购、物流中心与店铺三部分之间完成。各类供货商将货物发给物流中心，物流中心根据不同的进货体制完成进货。在物流中心内部，货物按照单品和箱的不同进行分拣、包装、储存,依据各个店铺的订单将货物按不同的类别进行加工、分类、包装,最后送往各个店铺。各店铺收到货物并检验合格后,将货物陈列、出货。

四、便利店的物流信息系统

便利店的物流信息系统在共同配送的原理下同综合超市的信息与物流系统有着小小的区别。典型的加盟式便利店物流系统同样遵循便利店共同配送原理,由共同配送中心、供货方、加盟店、连锁加盟总部四个部分组成。在便利店共同配送流程中,更突出了便利店信息系统的重要性,各加盟店将各自的订货及销售信息传送给连锁加盟总部,连锁加盟总部信息系统综合各加盟店的销售及订货信息,发现畅销及滞销商品,根据所得信息适量进货并由此对加盟店进行指导与建议,帮助提高店铺效率,见图7-2。

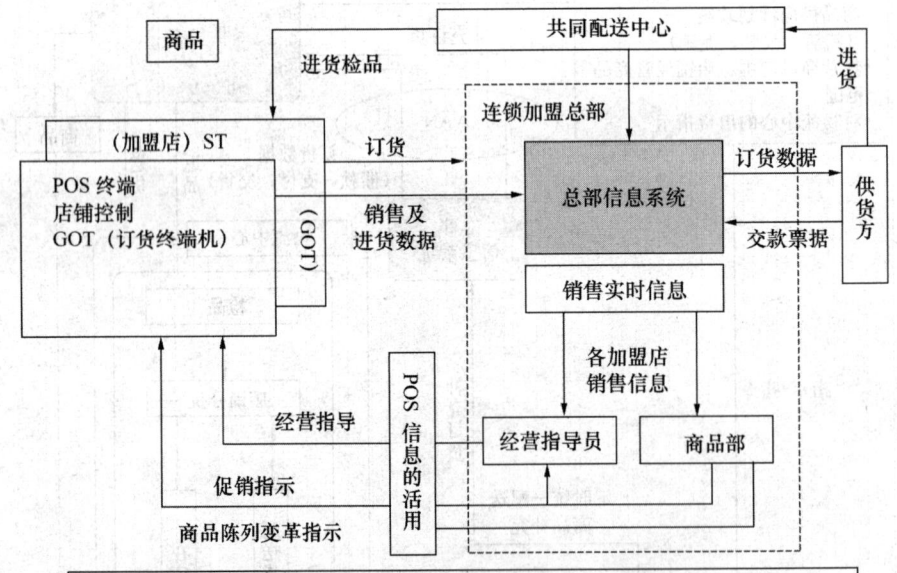

- 收集各加盟店的销售实时信息发现畅销商品,适量进货、适量成列
- 总部根据对该数据分析后可以对加盟店进行适当指导,能够增加销售,提高店铺效率

图7-2 连锁便利店物流信息系统示意图

便利店配送以综合业务数字网(ISDN网)为核心,将主计算机(总部)、共同配送中心、供应商和各个门店联系在一起,组成一个封闭的网络。各门店通过综合业务数字网将订货信息传给总部主计算机,然后由主计算机进行信息汇总,将订货信息借由综合业务数字网发给共同配送中心,共同配送中心接收到主计算机的订货信息后,根据供

应商发给综合业务数字网的库存信息组织进货，经过分拣、储存、包装等环节，最后供货给各个门店。这个封闭的营运系统更容易实现成本低廉、精细高效、及时有序的配送，见图7-3。

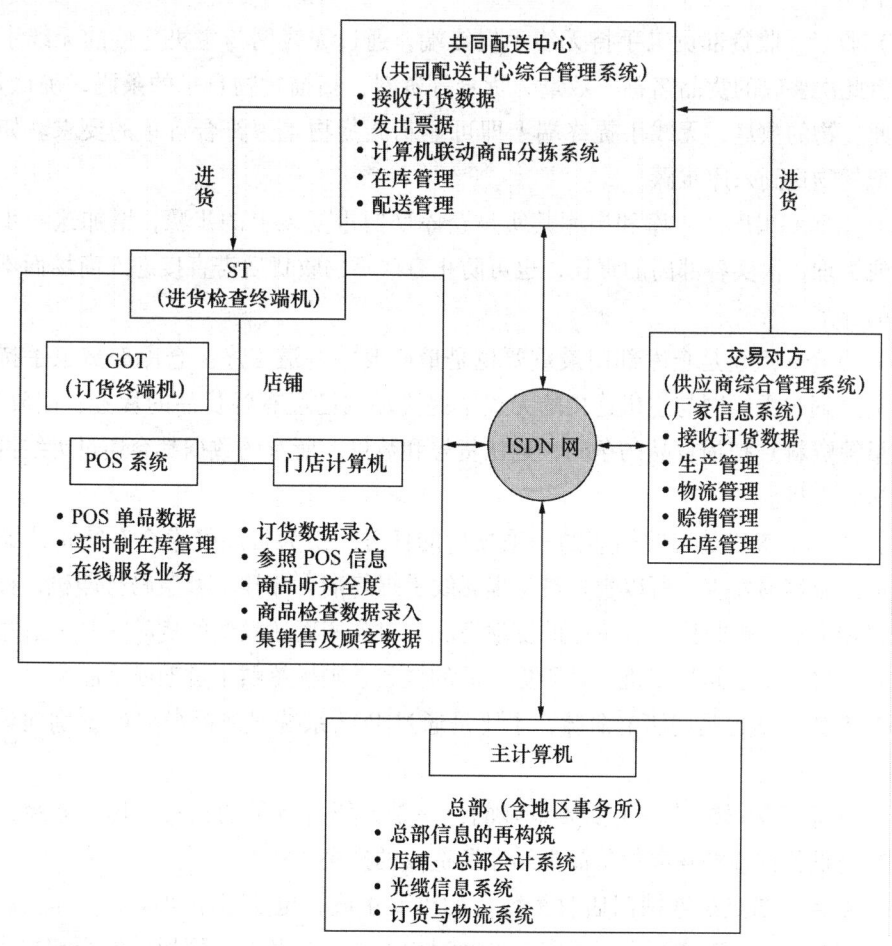

图7-3 便利店共同配送的信息系统示意图

五、连锁企业条码技术应用

条码的应用在现代的大型连锁企业管理与信息化过程中不可或缺，像沃尔玛、易初莲花等世界著名大型超市，从纵向到横向，从商品的流通、供应商的选择到客户及员工的管理，都已充分使用条码。

使用条码的好处主要体现在以下几点。

1. 商品流通的管理

连锁门店中的商品流通包括收货、入库、点仓、出库、查价、销售、盘点等，具体操作如下。

（1）收货。收货部员工手持无线手提终端，通过无线网与主机连接的无线手提终端上已有此次要收的货品名称、数量、货号等资料，扫描货物自带的条码，确认货号，再输入此货物的数量，无线手提终端上即可显示此货物是否符合订单的要求。如果符合，便把货物送到入库步骤。

（2）入库和出库。入库和出库其实是仓库部门重复以上的步骤，增加这一步只是为了方便管理，落实各部门的责任，也可防止有些货物收货后需直接进入商场而不入库所产生的混乱。

（3）点仓。点仓是仓库部门最重要也是最必要的一道工序。仓库部员工手持无线手提终端（通过无线网与主机连接的无线手提终端上已经有各货品的货号、摆放位置、具体数量等资料）扫描货品的条码，确认货号和数量。所有的数据都会通过无线网实时性地传送到主机。

（4）查价。查价是连锁门店的一项烦琐的任务。因为货品经常会有特价或调整的时候，混乱也容易发生，所以售货员手提无线手提终端，腰挂小型条码打印机，按照无线手提终端上的主机数据检查货品的变动情况，对应变而还没变的货品，马上通过无线手提终端连接小型条码打印机，打印更改后的全新条码标签贴于货架或货品上。

（5）销售。销售是门店的命脉，主要是通过POS系统对产品条码的识别而体现等价交换。

（6）注意。条码标签一定要质量好的，一是方便售货员的扫描，提高效率；二是防止顾客把低价标签贴在高价货品上结账所造成的损失。

（7）盘点。盘点是连锁门店收集数据的重要手段，也是必不可少的工作。以前的盘点，必须暂停营业来进行手工清点，期间对生意的影响及对公司形象的影响之大无可估量。直至现代，还有的小型门店利用非营业时间，要求员工加班加点进行盘点，这不适合长期使用，而且盘点周期长、效率低。

盘点方式主要分抽盘和整盘两部分。抽盘是指每天的抽样盘点，即每天分几次，电脑主机将随意指令售货员到几号货架、清点什么货品。售货员只需手拿无线手提终端，按照通过无线网传输过来的主机指令到几号货架扫描指定商品的条码，确认商品后对其进行清点，然后把资料通过无线手提终端传输至主机，主机再进行数据分析。整盘就是整店盘点，是一种定期的盘点，门店分成若干区域，分别由不同的售货员负责，也是通过无线手提终端得到主机上的指令，按指定的路线和顺序清点货品，然后把清点资料传输回主机，盘点期间不影响门店的正常运作。因为平时做的抽盘和定期的整盘都是实时性地和主机进行数据交换，所以，主机上资料的准确性十分高，整个门店的运作也一目了然。

2. 客户管理

使用条码对客户进行管理主要应用在会员制连锁企业中。主要的流程是：新的客户要到会员制门店购物，必须先到客户服务中心填好入会表格，服务中心马上通过 NBS 条码影像制卡系统为客户照相，并在 8 秒钟之内把条码影像会员卡发到客户手上。卡上有客户的彩色照片、会员编号、编号条码、入会时间、类别、单位等资料。客户凭卡进入门店选购货物，在结账时必须出示会员卡，收款员通过扫描卡上的条码确认会员身份，并把会员的购货信息储存到会员资料库，方便以后使用。在会员制门店使用条码卡进行管理，主要的优点是成本低、效率高、资料准确。

3. 供应商管理

使用条码对供应商进行管理，主要是要求供应商的供应货物必须有条码，以便进行货物的追踪服务。供应商必须把条码的含义清晰地反映给门店，门店将通过货品的条码进行订货。

4. 员工的管理

使用条码对员工进行管理，主要应用在行政管理上。作为门店，能利用门店已有的设备运用到行政管理上，实是明智之举。门店将会用已有的 NBS 条码影像制卡系统为每个员工制出一张员工卡，卡上有员工的彩色照片、员工号、姓名、部门、ID 条码及各项特有标记。员工每天工作时间内必须佩带员工卡，并使用员工卡上的条码配合考勤系统作考勤纪录，而员工的支薪、领料和资料校对等需要身份证明，各部门都配上条码扫描器，通过扫描员工卡上的 ID 条码来确定员工的身份。

六、物联网在连锁零售业领域的应用

物联网时代从一个"概念"到"落地"经历了 15 年的时间，未来产业所带来的价值将超万亿元，射频识别技术在仓储管理、电子自动化、产品防伪、射频识别卡收费等领域的广泛应用，让零售行业领先一步感受到了新技术带来的利润增长点，据悉在使用射频识别标签的沃尔玛商场里面的货品脱销现象减少 16%，射频识别技术在货品补充上要比传统条形码技术快 3 倍，同时人工订单减少大约 10%。同时，我国也将物联网列出重大专项研究领域，政府的广泛关注、大企业的推波助澜，无疑为物联网提供了良好的发展环境，但是纵观我国物联网产业的发展现状与趋势，可谓喜忧参半。

1. 物联网的基本概念

物联网（The Internet of things）是通过射频识别、红外感应器、全球定位系统、激光扫描器等信息传感设备，按约定的协议，把任何物品与互联网连接起来，进行信息交换和通讯，以实现智能化识别、定位、跟踪、监控和管理的一种网络。物联网的概念是在1999年提出的，可以说是"物物相连的互联网"。这有两层意思：第一，物联网的核心和基础仍然是互联网，是在互联网基础上的延伸和扩展的网络；第二，其用户端延伸和扩展到了任何物品与物品之间，进行信息交换和通讯。

2. 物联网在零售业的应用展望

有数据显示，全球零售订货时间为6~10个月，在供应链上的商品库存积压价值为1.2万亿美元。同时，零售商每年因错失交易遭受的损失高达930亿美元，而原因则是没有合适的库存产品来满足消费者的需求。与过去相比，消费者的需求越来越苛刻和直接：在去商店采购产品前，有92%以上的美国成年人，先在网上调查并征求其他人的意见，然后再决定购买哪款商品。为了吸引智慧地球上的消费者，零售商和制造商需要一个更加智能的系统。

对于零售业来说，对于商品的一些固态指标，可以直接存储到标签中，而对于实时而动的动态指标，例如库存分析、客户行为分析等数据，就需要经过传感器的实时探测，经过网络传输到服务器、手提终端，大量的数据需要传输到集中式的物联网计算数据中心。

【开拓视野】

《2014中国汽车后市场连锁经营研究报告》

该报告由中国连锁经营协会和菁葵投资共同完成。它分为消费者及企业调研分析、市场格局分析、未来发展及展望三大部分，为中国汽车后市场连锁经营企业的发展现状及前景提供了专业意见。企业调研部分，本次共有105家本土汽车后市场的知名企业参与调研。消费者调研分为线上、线下两大部分，共收集问卷1682份。

汽车后市场包括汽车零配件销售，汽车用品的销售，汽车维修、保养、美容、改装、二手车、租车、汽车保险、汽车金融、汽车电商服务等领域。

该报告认为，中国汽车后市场规模已达6000亿元，同比去年增长30%，但后市场企业依旧"小而散"，在连锁、资本、电商和保险四股势力的影响下，后市场呈现出"群雄逐鹿"的格局，进入野蛮成长阶段。汽车后市场企业只有自身做好产品，稳固团队，提升经营管理水平和运营效率，才能把握机会更好地利用外部环境，依托连锁运营提供标准化服务，借力资本做好资源整合，制胜汽车后市场。报告显示，85%的车主至少半年对汽车进行一次常规保养，常规维保年平均消费达到5279元，同比去年增长50%；随着平均车龄的增长，预计未来中国汽车后市场年均增速将超过30%，2018年后市场规模有望破万亿。

某专家表示，汽车后市场目前总体上仍处于群雄逐鹿的阶段，市场集中度依然较低，单个企业规模小、散，但行业总体规模持续增长，并显现出持续加速趋势；从国际发展经验来看，连锁经营是汽车后市场企业发展的主要模式，此次调查中，30%的企业已经通过连锁经营来扩张市场。报告显示，6成受访企业年销售收入低于千万元，企业年均收入增长率集中在5%~15%；而已达到6000亿元的汽车后市场规模，为企业发展创造了机会，企业要改变小而散的格局，完善自身"硬件条件"是前提。企业要提供优质产品服务，杜绝不诚信行为，为自身建立信誉保障。同时要注重人才及团队培养，建立招聘及培训计划，为人才"造血"。此外，要积极借鉴先进经验，不断提升现有管理水平和运营效率，摆脱对单一业态的依赖，开展连锁运营，以"一站式"和"多元化"服务提升消费者黏性，以差异化战略及细分市场建立自己的品牌标签。

某投资合伙人康先生认为，"连锁、资本、电商和保险这四股势力共同推动后市场产业整合和模式创新，搅动着市场格局"。调研中发现，2014年后市场服务连锁业务增长强劲，达到25%，远超汽车金融和汽车保险等板块，连锁已成为车主维保及配件购买的第二大渠道，依托连锁运营实施扩张成为7成受访企业的选择，连锁人员跨行业进驻后市场，输送了运营及管理经验，以"正规军打法"为后市场服务的标准化做出了贡献；资本作为"整合派"涌入后市场，2014年汽车后市场资本投资量保守计算达到70亿元，借助资本力量整合资源，打通服务链条，为后市场企业注入了新的活力；电商以"野蛮人"姿态大肆进军，推动了汽车服务模式创新，改变了后市场思维模式，促使后市场企业压缩渠道成本，做好服务的透明化；保险企业"险招"不断，捅出零整比、发动免费保养之战，这些动作一方面会推动维保价格下降，另一方面也促进了后市场服务的合作整合，连锁企业在这场风暴中可以更多地抢占资源，势力微弱的独立售后如果再不改变，生存会愈加艰难。

资料来源：中国连锁经营网站（http://www.ccfa.org.cn/portal/cn/view.jsp?lt=33&id=418188）。

【开动脑筋】

试结合便利店、超市两种主要业态各自的特点，具体分析、比较某一品牌连锁便利店和连锁超市信息系统的异同。

>> 本模块小结

连锁企业管理信息系统由总部管理信息系统、配送中心管理信息系统、连锁分店管理信息系统及远程联网系统等四部分组成。各部分分别采用局域网络，各部分之间则采用广域网络，通过通讯线路、电话线或其他传输介质实现异地数据通信。

销售时点系统、电子订货系统、电子数据交换是连锁企业最常见的信息系统。

连锁企业信息系统由连锁总部信息系统、连锁配送中心信息系统、连锁分店信息系统、远程联网系统组成。连锁企业管理信息系统的开发，一般要经历系统分析、系统设计、系统实施、系统评价与系统维护等四个阶段，而在每个实施阶段中又具体划分出许多分解的阶段性目标和实施步骤。

大多连锁企业均建有自己独立的信息系统，一般来说，连锁企业与信息公司的业务关系存在连锁企业购买软件、连锁企业与软件公司组合、连锁企业自己建立信息开发队伍、连锁企业投资信息管理专业公司四种。

便利店的物流系统在共同的配送原理下同综合超市的信息与物流系统有一定的区别。

条码的应用在现代的大型连锁企业管理与信息化过程中不可或缺。条码技术的应用可实现连锁企业收货、入库、点仓、出库、查价、销售、盘点等作业的信息化。

>> 本模块参考

浏览网址

[1] 国家发展和改革委员会 http://www.sdpc.gov.cn/

[2] 工业和信息化部 http://www.miit.gov.cn/

[3] 中国经济网 http://www.ce.cn/

[4] 中国经济信息网 http://www.cei.gov.cn/

[5] 国家信息中心 http://www.sic.gov.cn/web/index.asp

>> 思考题

1. 连锁企业管理信息系统由哪四部分构成？
2. 简述连锁企业信息化系统的功能。
3. 连锁企业信息化系统的开发与实施阶段是什么？
4. POS机与EOS的主要作用是什么？
5. 如何通过信息系统提升连锁企业的管理水平？
6. 综合超市与便利店的信息系统有何差别？

>> 案例分析题

商业信息化海外传真[①]

1. 亚马逊首开无人机送货先河

2015 年 3 月 21 日，Shop. org SmartBrief 报道美国联邦航空管理局已经批准亚马逊公司试验用无人驾驶飞机来运送货物。根据有关规定，这种飞机的速度不得超过每小时 100 英里，高度不得超过 500 英尺。亚马逊一年前曾试图在美国进行这类试验，但未获许可。2014 年该公司投资印度，计划在该国进行无人飞机送货的试验。这种送货方式在零售业内是首创，业内对此贬褒参半。据悉，该公司将对一批钻石会员提供一小时到货服务，当前试验这种送货的地区仅限于曼哈顿、巴尔蒂摩、迈阿密，订购时间限于上午 8 点到晚上 10 点。2 小时送货不收费，1 小时送货每件收费 7.99 美元。

2. 苹果公司推出 Apple 表，改变消费者的支付方式与购物体验

零售客户体验网站 3 月 10 日报道，苹果公司最新推出的 Apple 表将改变消费者的支付方式与购物体验。最近在旧金山的演示会上，该公司向与会者表演了 Apple 怎样与 Apple Pay 整合以及在机场登机与移动银行中的应用。给人们的初步印象是支付时间确实比 iPhone 支付短，但是有些人认为，仅仅这一点还不足以说明这种表一定能在移动支付中取得主导地位。苹果公司对此充满信心。公司 CEO 称，目前支持 Apple Pay 的金融机构已超过 2500 家，接受 Apple Pay 的零售商已超过 70 万家。

3. Coach 公司电子商务平台引进最先进的云技术

Coach 公司已有 70 多年历史，在全球直接或间接拥有 1000 多家门店，是该行业中领先的公司之一。为了满足业务发展的需要，最近已将原来的电子商务移到 Demandware 的云平台。这个新的电子商务平台 Coach.com 对于公司的全球战略具有重要的意义。因为采用了最先进的云技术，使公司节省了一大笔开发与维护费用，而且对今后的发展打下了一个坚实的基础。公司认为，作为全球性的跨国公司，一个优化的网上电子商务平台是必不可少的。

4. EMV 安全标准成为美国零售商 POS 升级的头号需求

RIS 网站 3 月 15 日报道，一个由国外一批私营与独立珠宝商组织起来的高档珠宝首饰联合会，最近就 POS 升级问题进行了研讨。联合会成员经多次研讨发现，尽管各家

---

① 本文选自《信息与电脑》2015 年 4 月。

公司业务不同，但在POS升级中遇到的问题与对策有80%是相同的。这一发现对各家正确选择新POS起到了重要的作用。经联合会决定，采用Raymark的点对点解决方案作为各家的新POS。这一POS不但能满足各家业务的需求与发展，而且符合EMV安全标准。在美国，金融机构限定零售商支付系统，2015年10月前必须符合EMV标准，否则在支付过程中遭受的损失由零售商承担。符合EMV安全标准是美国零售商POS升级的头号需求。

5. Google公司竖起超大屏LED显示屏与客户互动、宣传

RIS网站3月19日报道，Google公司最近在纽约市中心的时代广场竖起了一块超大的LED显示屏，横跨45街与46街。这块大屏，无论是面积大小还是分辨率，均堪称世界第一。它吸引了大批的游客，路过的行人可用手中的手机或平板电脑通过Google的Android App与大屏互动，做游戏。同时，Google利用这块大屏来宣传公司的产品。

6. 2015年68%移动营销都将重点放在定位营销

在纽约举行的2015移动数字营销峰会透露，68%的移动营销都将重点放在定位营销。与会者认为，在不久的将来会有越来越多的零售商利用地理位置信息向消费者发布个性化信息。有专家认为，在目前情况下，将数字营销费用控制在总营销费用的28%是比较合理的。但从实际情况看，多数公司的百分比只保持在17%以下，而在显示器、视频与社交营销方面的费用达到了44%、24%与15%。2016年零售商家在定位营销策略上的费用有望增加，估计能够达到22%。与会者认为，目前多数商家仍然依靠App或网站营销，事实上，要做到精确营销，最重要的是数据，尤其是消费者在店内的行动与位置信息对提高店内销售非常重要。

7. Sephora巧用数字化技术优化客户体验

美国著名的美容公司Sephora在数字化美容零售方面一直处于领先地位。最近该公司在采用数字化技术方面又迈出了新的一步，在店内采用beacon与增强现实技术向店内消费者发送生日礼品，提醒忠诚度计划的有关事宜来进一步提高购物体验。该公司从2010开始用TO GO APP让店内消费者能够用手机或平板电脑来扫描店内各种美容商品，阅读客户评价，现在正在门店内部署beacon，利用消费者在店内的位置信息及时发送个性化的促销信息。此外，Sephora正在计划推出Flash计划，让一些高级会员享受2天免费送货的优惠。还将在4月份推出基于增强现实技术的应用，告诉注意美容的消费者怎样根据本身条件进行美容。

问题：

1. 读了上述7条海外商业信息化资料后，你有何感想？
2. 与国内商业相比，有什么差异？
3. 谈谈在国内购物的具体感受。

模块八

连锁企业总部业务督导与外包

>> 学习目标

1. 理解连锁企业组织结构与各部门职能
2. 了解连锁企业总部的主要管理范围
3. 理解连锁总部对门店业务督导工作的内容及实施方式
4. 理解连锁企业总部对直营门店及特许加盟店采取的管理模式
5. 理解连锁企业业务外包的优势及具体外包流程

【案例导读】

"影子顾客"

"影子顾客",也就是神秘顾客,是指企业(通常是连锁企业总部)聘请顾客,以顾客的身份、立场和态度来体验卖场的服务,从中发现卖场经营中存在的问题。

"影子顾客"的监督方法最早是由肯德基、罗杰斯、诺基亚、飞利浦等一批国际跨国公司,引进国内为其连锁分布服务的。第一个把快餐带进中国的罗杰斯西餐店设有"神秘顾客"的原因是为了让他们能客观地评价餐饮和服务做得是否好,要他们给员工打分,而他们打的分数与餐厅员工的奖金等是直接挂钩的,之所以叫"神秘顾客",就是因为员工们不知道哪位是"神秘顾客"。

麦当劳就表示,它们在全世界主要的市场都有被称之为神秘顾客的项目,即影子顾客,中国也同样有相同的项目在进行之中。这项活动旨在从普通顾客的角度来考核麦当劳各餐厅的食品品质、清洁度以及服务素质的整体表现。麦当劳还表示,神秘顾客项目帮助麦当劳总部管理者和各门餐厅经理设立对表现杰出员工的鼓励及奖励机制。一些市场的反馈显示,这些奖励机制对于鼓舞员工士气和对员工的工作表现非常有益。

"影子顾客"暗访这种方式之所以能被很多大型连锁企业的管理者所采用,原因就在于"影子顾客"所观察到的是门店服务人员无意识的表现。从心理和行为学角度,人在无意识时的表现是最真实的。

连锁企业组织结构与职能

企业组织内部各个有机构成要素相互作用的联系方式或形式,以求有效、合理地把组织成员组织起来,为实现共同目标而协同努力。组织结构是企业资源和权力分配的载体,它在人的能动行为下,通过信息传递,承载着企业的业务流动,推动或者阻碍企业使命的进程。由于组织结构在企业中的基础地位和关键作用,企业所有战略意义上的变革,都必须首先从组织结构上开始。

连锁总部根据企业发展规模和速度不同，应设立相应的组织结构。主要有：发展部、人事教育部、商品（开发）采购部、商品配送中心、企业管理部、财务部、信息部以及相关的后勤部门。各部门的职责如下。

一、发展部的职责

发展部具有网点开发、选择、论证、项目谈判、签约、档案工作以及开店前后的设备管理和对外联络工作职责。

1. 网点的选择应注意策略性和原则性

在选址上应遵循以下原则。

（1）在选择网点前，要有规划地进行环境分析，如商圈发展潜力、将来可能变化的趋势、城市规划、交通状况、人文景观变化等。

（2）开展市场调查。主要调查人口结构、就业状况、人均收入、住房状况以及周边的机关团体、企事业单位入住等项。

（3）对竞争店或同业态店开展调查，主要调查销售额、商店规模、客流量、商品价格、商品陈列、商品质量等项。

（4）分析开店市场。分析新建城市、新居民区或新商业区的市场潜力，预测近期或将来发展潜力以及开店后达到盈亏平衡点所需时间等。根据分析，决定选址与否。避免在竞争激烈的地方或因同业态的商圈重叠造成的两败俱伤。

（5）在发展网点时，要坚持区域集中开店原则，为开展组织化、集约化经营创造基础条件。

2. 新开门店的租金确定和投资预算

租赁网点考虑租金时，应为门店每平方米销售额的3%左右，同时还要考虑租赁年限。

根据国际经验，一般在2~3年内收回投资成本为宜。

3. 新开门店卖场、仓库、办公室配置

合理配置营业场所、仓库、办公室的比例，尽可能增大营业面积，缩小仓库、办公面积。

前台配置必须做到：整个卖场布局主次通道设定、设备布局需求适量，内外装饰设计协调，玻璃透明、灯光明亮、墙壁坚固、价廉美观，地板耐久、耐脏、易清洗。

4. 新开店工程进度控制、监督验收

控制好进度，在保证质量的前提下，争取早开业。严格按施工标准进行监督、验收，验收不合格，一律不能交付使用。特别是水、电的配套工程。

5. 设备采购和维修

由于超级市场营业时间较长，采购设备必须本着牢固、耐用的原则，必需设备有敞开式货架、收银机、空调机等。还要定期对设备进行检查、保养、维修。

二、人事教育部的职责

人事教育部具有人员调任、提升、分配和人才培训两大职能。此外，还应协助其他部门，研究企业发展战略。

1. 人员的调任、提升、分配职责

（1）人员的调任、提升。企业要为每一个人创造提升、增薪的机会。连锁公司网点分散，因此，在用人、提升、调任方面，都要有一套考核标准，严格按标准进行操作。

（2）人员调配和聘任。主要包括两方面：一是管理人员的招聘。一般指店长、副店长和店长助理的招聘，对他们的基本素质（如学历等）必须有一个标准。同时，再进行一段时间的培训、考察，以确定是否掌握门店的各种岗位技能，还要考虑是否具备领导能力和组织经营能力。二是一般工作人员的招聘。对理货员、收银员也应有一套完整的考核标准。

（3）用工分配。根据销售额与利润率、人均销售额等，合理地确定门店用工人数。另外，根据工作量和操作技能，合理调配各部门的用工数。

2. 人才培训职责

对各层次人员进行培训。其中包括上岗前的培训和在岗的培训。

3. 研究企业发展方向和发展战略

人事对企业的强项弱项开展经常性分析研究，协助其他部门制定出企业发展的中长期计划和经营战略。

三、商品（开发）采购部的职责

商品的采购和开发需根据市场定位，制定进货商品计划和开发商品计划。根据销售情况、竞争条件和市场变化，调整商品结构、商品定价和商品销售方法。

1. 商品采购职责

采购人员根据各店的进货量、销售量、退货量和库存情况，调整和制定商品采购计划、商品销售计划、商品促销计划、商品陈列规划、开展市场和调查、与相关部门交流信息等。

连锁总部商品采购人员应具备的条件有：具有商品采购的专业知识；市场商品信息灵通；具有良好的道德品质；有刻苦、勤奋的工作态度；有较高的交易谈判技巧；有良好的交际能力。

2. 商品开发职责

（1）商品开发的原则。根据开发创造低成本高效益的本企业商标商品的要求，商品开发必须符合超级市场、便利店业态的经营特点和市场定位，坚持为企业创造高毛利、高周转、树立企业形象，创造企业自有品牌，为顾客服务等原则。

（2）连锁公司开发的商品应具有的特点。主要包括：居民每天都消费的大众用品、实用品；不需多程序加工，可快捷消费的商品；多数人能购买的价格；是其他公司或商店没有的商品或商品品种；应有独特的、简易的包装或标记。

（3）商品开发形式。商品开发有以下几种形式：

①共同开发。向生产厂商提出新产品性能、规格、质量等要求，同厂商共同开发。依市场需求购进，风险由厂商承担；还可以选择没有竞争利害关系的同业者，开展联合开发。

②独自开发。连锁公司负责原材料、设计等，委托厂商加工，产品全部收购，风险自负。

③特色商品开发。连锁公司在掌握市场需求信息和开展充分的需求预测的前提下，为适应多样化需求和丰富商品品种，对生鲜商品等，可考虑开发一些定期定量直接配送商品和适量的半加工小包装商品。

四、商品配送中心的职责

1. 准确配货、按时配送

要以合理的费用将短距离、多品种、少批量的商品，按门店的补货计划要求，准确配货、按时配送。

2. 严格进货、验收

严格把住进货、验收关，建立健全商品进货质量检验制度，做到进出库商品单、货一致。有条件的要实行定期实物检验。

3. 合理安排库容

科学合理地安排库容，对库存商品实行仓卡货制度，根据商品生产日期、保质期等,做到先进先出。

4. 科学的库存管理

科学地开展库存管理,根据商品销售速度快、慢,将商品区别存放管理,以便于通过销售速度,判断或掌握进货量,促进商品周转。同企业相关的部门交流商品库存信息和销售信息,对滞销商品提出处理意见。

5. 增强服务意识

强化对各门店的服务意识,扩大配送份额,加强配送业务管理,设立送交货登记制度,确保门店顺利经营。

6. 提供库存商品分析

配送中心要定时提供库存商品分析,提供库存上下限报警和保质期报警。

五、企业管理部的职责

企业管理部负责各种规章制度的制定、推行和监督;各种经营活动的组织和策划,门店的经营指导和消费者的投诉处理。具体内容如下。

1. 制定各部门各种制度

负责组织制定各部门各种制度,制定门店营业手册和各种岗位职责,制定对员工的考核、实施办法和管理细则,监督管理实施。

2. 促进各门店经营目标的实现

3. 制定促销计划

组织各类促销活动,设定促销目标,拟定促销计划的要素及实施方式。

4. 开展业绩竞赛活动

开展业绩竞赛活动,业绩竞赛应该做到:明确业绩竞赛要素;开展公平竞争;制定竞争目标。

5. 对门店的经营指导

总部对门店的经营指导由企业管理或专职经营指导(督导员)来完成,经营指导员(督导员)是总部和门店之间的重要桥梁,代表总部监督指导门店,把总部的指令、决策及时正确地传达到门店,把门店的需要、困难及有关经营的各种信息及时反馈给总部。经营指导员除了掌握门店的一些基本技能外,还必须掌握的门店管理要点有:营销分析;各种报表的数据分析与对应策略;商品管理与商情分析;损益分析与对策。

6. 消费者投诉处理

企业管理部门应接受消费者的投诉，对投诉的处理，要本着圆满解决和迅速解决的原则，目的是最大限度地减少负面影响，增加正面效应。

六、财务部的职责

1. 财务部的主要职责

财务部的主要职责包括：制定资金运用计划，在主管经理领导下管理和调度资金；编制和分析各种财务报表、会计报表；审核进出货凭证，汇总进货原始凭证，处理订货、进货及其他账务；统计每日营业额；负责组织各门店商品盘点；负责审报缴纳税金；负责编制年度决算报表；辅导门店会计作业；完成总经理交办的其他工作。

2. 财务管理规范

财务会计汇总原始凭证时，应做到：审核收货单与发票开出的商品是否一致；审核收货单上是否有采购主管部门的商品验收章；凭合乎规定的收货单及发票做会计应付款账目。

归集门店营业收入时，应做到：各门店按总部规定的时间和方式上缴营业款；财务部详细登记各门店营业款上缴情况；财务部要及时督促门店上缴营业款，对迟交营业款的报告有关部门并协助处理。

财务部在归集门营业收入时，应该核对各门店的营业收入、价格等，做到准确无误。

对供应商结算货款时，财务部应做到：核对付款时间是否符合总部计划；核对价格、金额是否准确；核对商品与发票是否一致。

商品盘点管理时，财务部根据本企业规模和运营情况制定计划，确定盘点区域和盘点人员。门店一般1~2个月盘点一次，配送中心1个季度盘点一次。盘点一般先进行初点再更换盘点负责人进行复点，记录两次结果。必要时总部可派人进行盘点抽查。各门店及配送中心在盘点复审之后，结算毛利，编写盘点报告，根据盘损率找出原因，制定并采取相应的纠正措施。总部要对纠正措施执行情况，进行跟踪检查。

七、信息部的职责

信息部负责管理本企业信息系统，并维护计算机系统。信息系统主要包括以下两点。

1. 营业系统

（1）商品管理系统。商品采购、进货管理，商品接货、订货管理，商品物流配送管理，商品促销管理。

（2）POS系统。是商店的时点销售数据管理系统。

（3）营业管理。销售额管理以及对不同部门的利益管理。

2. 管理系统

（1）会计管理。会计管理、财务会计、欠款支付、借户管理、货主管理、固定资产管理。

（2）人事管理。工资管理、出勤管理、人事信息管理。

（3）经营信息管理。预算管理、顾客管理。

连锁企业总部的业务管理与督导

一、连锁企业总部对加盟商的支持

公司总部拥有一支集设计、管理、营销经验于一身的实战型团队，将为加盟商提供管理营销方面最有力的支持。终端经营模式的标准化提供全面、系统的管理营销知识和实际操作中的支援，支持加盟商规范管理、顺利营销，将加盟店做大做强。

1. 员工培训支持

总部为加盟地区员工提供专业化的培训课程，迅速提高员工素质，主要包括：专业知识培训、营销技巧培训、团队精神培训、自我激励培训。

2. 经营管理支持

总部为加盟商设计了更高层次的经营管理内容，并在日常管理中提供专业化的指导和帮助。主要包括：业务管理培训、人力资源管理培训、货物管理培训、领导艺术培训。

3. 日常营业支援

日常营业支援主要包括：店铺经营问题的实地诊断分析；促销方案策划及实地操作指导；营业期间为加盟商提供长期营业咨询服务支援，如在店铺运作；人员管理、商品陈列；营业技巧等多方面提供咨询。

4. 加盟风险支持

加盟风险支援包括：加盟商享受退、换货保障政策；对无意愿、无能力继续经营者，未来由总部操作转让、收购，安全退出连锁体系；加盟商享受区域保护政策，总部遵循在同商圈一定范围内，只发展一家加盟店的原则，对加盟商实行严格的商圈保护。

5. 营运资料支持

营运资料支持包括：帮助加盟店了解当地超市市场现状和消费人群并进行行业分析；指导加盟店搜集相关数据、资料，结合好实惠的产品特点和服务特色，协助进行市场专业调查和经营情况分析，便于加盟商营销管理。

具体提供的营运资料包括：店长必读手册（包括每日营业作业流程、服务管理、商品管理、财务管理等）；派单和送货员工必读手册（包括岗位职责、设备管理、行政作业管理、顾客管理等）；各种调查表格；展示店操作流程；营销过程使用的各项表单。

6. 广告宣传支持

总部为加盟商提供高层次的媒体与广告策划，使加盟商最少的广告投入得到最大的经济效益。广告宣传支持包括：电视媒体合作；题花；专业期刊、杂志广告；平面印刷品广告；网站广告；行业展览会。

7. 其他

另外，加盟后还将享有：公司商标及服务商标使用权；公司 CI 形象系统使用权；公司产品（经营范围内产品）经营权；公司资源共享权（业务、人才等资源）；公司技术咨询、业务咨询权；公司新产品、新技术免费再培训权；公司全国性广告效应权及全国性广告网络、杂志发布的挂名权；公司提供促销信息和产品发布和经营权。

二、连锁总部的业务督导

督导是监督和指导。连锁企业督导，就是对门店提供服务的员工进行监督和指导的人。店员督导要对卖场员工的服务质量与数量负责，同时，也负责满足员工的需求，而且只有通过激励的手段才能使员工尽其责，使产品和服务质量得到保障。业务督导是连锁总部最重要、最主要的工作之一。

1. 业务督导概述

要使连锁企业门店员工积极有效地工作，总部不断要对其进行激励和培训，同时也离不开必要的监督与指导，而这项工作主要是由督导来完成的。

（1）督导内容。主要包括以下两点：

①运营标准。连锁企业是在标准化、统一化的环境中运营的。要建立和维护企业的

统一形象与品牌，就应该使企业各项经营活动都在统一的标准下进行。这里主要是考察卖场运营标准的制订与合理性等。店员督导在巡场时，应该检查各卖场的运营标准是否统一，各直营店、加盟店是否对统一的运营标准进行了任意地篡改；员工是否清楚地理解了企业运营的标准，员工的培训是否达到预期的目的；现有的标准流程与商品布置情况是否存在问题，是否有改进的余地；等等。

②执行状态。督导不仅要检查卖场的运营标准的制订以及运行是否合理，更重要的是检查卖场运营标准的执行状态，即门店员工是否严格遵循这些标准工作，从而与企业总目标达成一致。员工是否按照标准的作业流程开展工作；产品的陈列、摆设是否标准统一；员工的仪容仪表是否符合公司的统一标准；员工的心态是否积极、热情，产品知识、导购技巧是否娴熟，并有效执行；上次遗留问题解决的执行情况；促销活动是否按照公司规定认真执行等。没有良好地执行，再好的运营标准也只是一个摆设。

督导不但要对卖场员工的执行状态进行监督，还有必要进行指导、培训，使他们正确地开展工作，同时不要忘了对卖场员工进行必要的激励和鼓励。店员督导要善于发现问题，并公正、客观的描述所发现的问题，把督导结果如实反映给公司有关部门，以便公司做出及时修正和改善，并为员工培训提供参考。

（2）督导方法。一个好的督导方法能对店员督导起到事半功倍的效果。一般来说，对店员的督导方法主要是日常督导和"影子顾客"两种。

①日常督导。日常督导就是企业服务督导部门或者各职能部门自己定期或不定期地对卖场员工或所属部门的员工的日常行为和卖场的日常经营情况进行监督和指导。

各职能部门、上级主管领导对店面单位的服务工作进行检查和督办，规定频度的检查将把重点放在与顾客接触的服务方面，并做好巡检记录。服务管理部门组织的专项检查评定也是对服务过程进行测量和评价的一个重要组成部分。

定期的内部质量审核的管理评审将对体系的全面状态做出评价，其中包括对服务质量的控制、服务质量的效果评价及员工工作技能、态度等的评价。

这种督导方式是一种正式的检查与交流，督导部门或督导员可以方便地对卖场经营的各个方面进行检查，通过正式的渠道获得相关的数据。当然，当店面员工知道有督导来检查时，可能会积极表现，做出与平时不一样的举动和行为，或者隐藏存在的问题，从而也就使得督导结果不一定能真实地反映员工的工作行为和状态。

②"影子顾客"。这是指企业聘请顾客，以顾客的身份、立场和态度来体验卖场的服务，从中发现卖场经营中存在的问题。"影子顾客"弥补了连锁卖场内部管理过程中的不足，其作用主要体现在以下几方面：

第一，"影子顾客"的暗访监督，在与奖惩制度结合以后，带给服务人员无形的压力，引发他们主动提高自身的业务素质、服务技能和服务态度，促使其为顾客提供优质的服务，且持续时间较长。

第二，"影子顾客"可以从顾客的角度，观察和思考问题，有利于卖场更好地认识和改进问题，实现顾客满意。

第三，"影子顾客"的监督可以加大企业的监督管理机制，可以改进服务人员的服务态度，加强内部管理。

第四，"影子顾客"在与服务人员的接触过程中，可以听到员工对企业和管理者的"不满声音"，帮助管理者查找管理工作中的不足，改善员工的工作环境和条件，拉近员工与企业和管理者之间的距离，增强企业凝聚力。

第五，通过"影子顾客"发现的问题，系统地分析深层次的原因，能够提升管理方法，完善管理制度，从而增强竞争力。

【开拓视野】

传统管理者与督导的区别

传统的管理者：其主要任务是管人、理人，他们的形象是老板（或替身）、独裁者、控制者、组织者、专家等。

督导者：其主要任务是督促及辅导，其形象为团队领导人、沟通者、指导者、推动者、倾听者、问题解决者等。

对于督导者来说，专业知识只是其能力构成的一个方面，甚至说是一个较小的方面，更重要的是，要有较高的管理技能，这不仅是因为督导者的主要作用是管理，是让别人很好地工作，而且还在于管理是一门技术、技能，必须规范化、标准化。

2. 督导巡店的主要方法

巡店过程简练地总结为两个问题、三个角度、三个态度。

（1）两个问题。

①这个区域人家为什么要这样做？通过这个问题可以让自己想得更深点，时间一长督导就能很敏感地意识到现象后的本质。

②这个店/区，如果是我来做，我会怎么做？通过这个问题可以让自己马上想到如何运用，就能更深的体会到实战带来的快速提升。

（2）三个角色。

①自己是顾客。督导应以顾客的思想来判断，顾客进店会看什么？如第一是门，第二是橱窗，第三是最亮的区域然后大多会向右转一点去看。督导要模仿顾客的视线、视

角与思路来观察门店，会发现很多原来没有发现的店务问题。

②自己是商场经理。督导要把自己当成是一个商场、卖场、便利店等门店的经理。想象一下商场经理是怎么巡视门店的？是不是严肃的审视所有的品牌的商品？把畅销的品种放到最好的位置扩大陈列面，而把不佳的商品的位置让出来？

③自己是老板。要以经营者的格局来审视陈列布局，简单点说，就是要想这个地方怎么做才能更出钱，能卖出更高的利润。

（3）三个态度。

①学习。当督导到达一个门店注视一个刚陈列出来的区域时，首先要抱有的是一个学习心态，学习经营者的手法、思路并认真总结，再对照自己的想法，找到自己的差距，借以提升。

②模仿。到一个区域时，最好在脑海内想象一个与这个区域差不多的门店，比较各自不同，通过彼此模仿，改进各自不佳的地方。

③挑刺。作为督导，应持有一个"挑刺"的态度，不断提高门店的服务与管理水平。

3. 督导管理的基本原则

（1）"个人影响力"原则。个人影响力的结果是让人们自愿地去做某事。职位影响力的结果是让人们不得不做某事。出色的督导者对人具有正面积极的影响力，他们通过非凡的个人影响力做到这一点。

（2）"执行、执行、再执行"原则。应当说，督导者是比较标准的职业经理人一族。公司的总体战略和每一年度的经营目标、工作计划是否能够达成，直接取决于督导们的执行能力。

而执行能力则是通过将管理技能转化成一种规范的、准确的、熟练的行为习惯和本能而体现出来的。就是说，督导者要有良好的自我管理技能：管理自己的时间、井井有条地工作；良好的计划能力、组织能力、控制能力。

（3）"一手抓业务，一手抓管理"原则。出类拔萃的督导可能会做到管理良好，自己的业务也很出色。但是，大多数的督导要么业务水平很高，但不是一个好的管理者，要么管理的水平很高，却业务能力平平。而业务能力平平的督导者，一般来说，既得不到下属的尊重，又得不到上司的赏识。

三、总部对直营门店的管理模式

当连锁经营企业发展到一定的规模后，除了加强各门店的管理外，更须将其引向标准化、制度化、效率化，以组织机能取代个人的机能，实现以制度管理众多门店的连锁真谛。大体上，总部对分店的管理上有以下三种形式。

1. 完全分权管理

总部完全分权管理其优点在于总部管理事项较少，授权权限较大，从而节省了总部的人力成本。而门店的自主运作弹性高、应变力强，从而形成单店主管能力较强的现象。但完全分权管理的缺点显而易见，它表现在总部主控力弱，难以形成整体统一规划，服务运作难一致，造成管理混淆，而且商品采购成本、进货价格、促销费用较高，难以体现整体优势。

2. 完全集权管理

这种由总部集权管理的制度优点在于：首先，总部主控力较强，企业运作的主要决定权由总部统一决定。其次，连锁企业的营销及促销运作有整体统一规划执行，有利于降低促销成本。再次，总部统一议价、采购可降低商品采购成本，而资源的整合也可衍生营业外收营。此外，因服务与运作皆由总部制定标准化的作业系统，有助于达成整体一致的服务品质，而且，总部征聘容易，人事募集与薪资费用较低，有利于节约人事成本。

但与此同时，总部的完全集权管理也会生产一系列问题。如：决策时间较长，运作较缺乏弹性，经营管理事项繁多，总部规划管理人力成本较高，而分店人员长期负责执行导致了分店人员规划能力较弱等问题。此外，由于总部经营事项繁多易形成组织僵化不易兼顾各分店的差异。

3. 授权管理

在充分考虑总部授权分店的成本效益性、时效性、政策性、整体一致性、未来性及分店的接受力、执行力、成本率，以达到以低运作成本达到最高效果的管理目标。最佳授权方式可归纳为以下原则：

- 因商圈不同而服务差异扩大，授权度也必须愈大。
- 商品供应区域成本差异较低时，授权度愈大。
- 店数或经营规模愈大时，授权度愈强。
- 在企业内已建立系统化运作时，授权度宜较高。
- 集中处理比分散处理花费时，授权度宜较高。
- 对企业不至于产生不良影响的决策事项，可以加以授权。

可见，连锁系统采取集权或分权管理，皆视企业经营规模与整体连锁企业生产的动作效益而定。目的在于寻求连锁企业总部与加盟店双方获利的极大效果。

四、总部对连锁加盟商的管理

近年来随着连锁加盟的盛行，一些快速发展的连锁企业，逐渐暴露出了管理不善的恶果。事实上，所有连锁加盟出问题的企业，都有一套非常详尽的门店标准化运营手册，但事实上却实现不了标准化。

1. 典型的管理控制方法

（1）商品零售业。在商品零售业，如超市、便利店、专卖店、专业店，连锁企业一般采取集中采购进货的管理策略，与之配套的信息化管理软件也是统一运作的，因此加盟商在这方面的自由度比较小，失控的可能性也较小。而对于采取相对分权方式的企业，允许单个门店自行采购部分商品、自行开展部分商品的促销，这就给加盟商留下了自由操作的空间，埋下了失控的隐患。

（2）服务业。在服务业，由于缺失以供应链为主的管控手段，造成本来就已经失去了一个直接管控的系统，加之服务是一种难以标准化掌控的业务形式，服务的执行者是有着自由主义倾向的人，更容易导致各个企业的随意性。在这种情况下，业务执行的标准化、岗位操作的标准化、定期标准化的反馈机制，便是必不可少的管控手段。否则的话，加盟商自由发挥的倾向将成为实际的行动，导致对加盟商的失控。

2. 总部与特许加盟商的关系处理

一般的，加盟连锁店是连锁体系的重要组成部分，连锁体系的竞争优势源于连锁总部及加盟连锁店的合作与共生，因此，两者的关系是连锁企业稳定发展的基础。研究表明，连锁总部与加盟连锁店的关系随连锁企业的发展呈现一定的发展趋势，依次经历新生期、成长期、成熟期及衰退期（或再生期）。

（1）关系状态。经历三个时期：

①新生期。在新生期，从相互了解进而签订加盟协议，双方对未来都充满信心，双方关系也逐步升温；加盟连锁店顺利开业后，其对总部的依赖增强，双方关系进入加速升温的成长期。

②成熟期。在加盟连锁店能够独立运作后，双方关系进入成熟期，此时加盟连锁店对总部依赖减弱，同时由于双方分析问题角度的差异容易导致加盟连锁店对总部的制度及做法产生异议，进而对连锁总部的价值也提出质疑。

③衰退期。在衰退期，这种质疑不断加重，加盟连锁店对连锁总部的服从度下降，造成双方关系紧张，引发信任危机，最终导致合作关系破裂。

对此，连锁总部应采取措施，加强与加盟连锁店的沟通，消除质疑，使关系曲线在成熟期末进入新的周期，保证连锁企业的可持续发展。

（2）维护措施。主要包括：进一步完善总部培训机制，帮助加盟连锁店提高管理能力及业务能力；召开各级连锁店会议，编制备忘录，出版内部刊物，或采用其他信息交换方法，增进连锁体系内部沟通；成立连锁管理委员会，让加盟连锁店参与连锁体系建设的讨论；建立连锁店奖惩制度，对业绩突出的加盟连锁店进行激励；开发新产品/服务，优化产品/服务结构；积极开展营销活动，开拓市场。

总之，连锁企业扩张，特许加盟本身是一个共赢的策略，管理加盟商仅仅仰仗门店运营标准化是远远不够的，更需要把加盟商看成自家人，不盘剥、不放任、不游离，纳入总部统一的精细化管理体系之内，方可规避失控的风险。

【开拓视野】

总部对加盟商管理的典型错误

下述三种现象，虽说只是个案，但应引起各方警觉和注意，共同创建一个良好的商业环境。

（1）加盟商有被盘剥之嫌。翻开连锁企业的加盟宣传册，一连串的加盟费用赫然纸上，品牌使用费、技术服务费、加盟管理费、质量保证金、工程筹备期管理费等等。投入运营之后的原材料、设备器材、产品供应方面，连锁企业的霸王条款并不少见，原因很简单，独家供应的垄断地位，纵容了连锁企业的自我约束。

（2）加盟商各自为是。已上市的某餐饮有限公司，曾经经历了加盟商管理之痛，在快速扩张的背景下，总部无暇顾及加盟商的运作细节，无论是食材，还是服务，都出现了不少的问题。有些加盟商偷工换料，食材质量得不到保障，有些加盟商甚至在加盟合约到期后，仍然挂着特许商的招牌营业。事实上，加盟商的管理混乱，远远大于其他侵权者的干扰。以至于该公司曾经一度中止加盟达4年之久，苦练内功，蓄势待发。

（3）加盟商无人管理。对于连锁企业门店管理，不少的企业对直营店和加盟店的管理区别对待，直营店的管理非常精细，所有的门店运作都在总部的标准监控之下，而对于加盟店，却只关注关键的运营标准和业绩结果，这使得不少的加盟商游离于总部的管理体系之外，疏于管理。

连锁企业业务外包

近年来,随着连锁经营在我国逐渐得到普及,越来越多的企业通过发展特许经营扩大规模,然而困扰它们的是,当业务迅速扩张时,不可避免地给其经营管理带来很大压力。为此,一些企业被压垮,也有一些企业通过艰难摸索逐渐成熟,还有一些企业却选择将其一些非核心业务外包出去,以克服这一难题。业务外包也因此成为现代连锁企业克服企业规模扩大所带来的业务流程压力的有效策略。其中,物流业务外包、信息系统服务外包及培训外包是连锁企业常见的业务外包。

一、连锁企业业务外包的优势

业务外包(Outsourcing),也称资源外包、资源外置,它是指企业整合用其外部最优秀的专业化资源,从而达到降低成本、提高效率、充分发挥自身核心竞争力和增强企业对环境的迅速应变能力的一种管理模式。

企业为了获得比单纯利用内部资源更多的竞争优势,将其非核心业务交由合作企业完成。企业在考虑外包时肯定优先考虑成本问题。如果选择的外包成本比雇用员工完成工作的成本要高,那么外包肯定失去了意义。由于外包管理改善了人力资源管理的职能,组织可以不必持续投资维护相关体系和服务平台,公司的成本自是下降不少。同时专业机构的服务能力,更可降低企业在处理这些事务时因不熟练所造成的不必要损失。其降低的隐性成本亦是显而易见的。企业业务外包具有两大显著优势:

1. 业务外包能够使企业专注核心业务

企业实施业务外包,可以将非核心业务转移出去,借助外部资源的优势来弥补和改善自己的弱势,从而把主要精力放在企业的核心业务上。根据自身特点,专门从事某一领域,某一专门业务,从而形成自己的核心竞争力。

2. 业务外包使企业提高资源利用率

实施业务外包,企业将集中资源到核心业务上,而外包专业公司拥有比本企业更有效、更经济地完成某项业务的技术和知识。业务外包最大限度地发挥了企业有限资源的作用,加速了企业对外部环境的反应能力,强化了组织的柔性和敏捷性,有效增强了企业的竞争优势,提高了企业的竞争水平。

业务外包因能促进企业集中有限的资源和能力,专注于自身核心业务,创建和保持长期竞争优势,并能达到降低成本,保证质量的目的,所以在市场经济竞争中日益受到企业瞩目。

二、物流业务外包

物流外包（Logistics Outsourcing）,也称为"第三方物流"、"合同物流",是指企业把部分或全部物流业务以合同的方式委托给第三方物流公司,同时通过信息系统与其保持密切联系,以达到对自身企业物流全过程管理和控制的一种运作和管理模式。其实质是物流经营者借助现代信息技术,在约定的时间、空间位置按商定的价格向物流需求者提供约定的个性化、专业化、系列化的物流服务。

物流外包的范围可以简单到货物运输的外包,也可以复杂到设计、实施和运作一个公司的整个分销和物流系统的外包。物流外包是一种长期的、战略的、相互渗透的、互利互惠的业务委托和合约执行方式,并在物流业中占据越来越重要的地位,它已成西方国家企业发展的有效运作模式。

对于一些连锁经营单位相对分散,配送规模不大的连锁企业来说,如果选择将其物流配送业务外包给专业物流公司,一方面可以节约用来建立物流中心所需要花费的巨额资本,另一方面又可以充分发挥物流公司的专业化生产的优势,从而达到改善物流配送效率,降低配送成本的目的。选择第三方物流提供者要特别注意下列几点。

1. 共同决策

包括物流、营销、财务、人力资源等部门的负责人以及企业高层领导,共同制定选择程序与实施选择。

2. 明确目的

是为了进行市场扩展、集中采购和快速分销,也是提高服务水平,满足消费群体不断增长的期望,更是为了降低企业成本,提高经营效益。

3. 制定外包的阶段计划

根据阶段计划制定不同时期外包的物流功能,如首先外包干线运输,然后逐步外包同城配送、仓储,逐步增加增值服务内容,最终达到计划的第三方物流外包目标,同时在逐步外包的过程中考察和培养第三方物流服务公司。

4. 制定主要的评选方法

评选方法包括公开招标、内部议标、专项考察、试用评价等方法。要通过合理的筛选程序，经过调查、发函、评审等程序筛选出价格低、服务质量好、公司信誉高、有从业经验的第三方物流提供者。

5. 制定主要的评选标准

根据企业外包的目的与阶段计划，制定评选标准，可以包括企业规模、企业信誉、服务理念、管理体系、物流操作水平以及价格等。

三、信息系统服务外包

信息系统外包，通常指一个企业（准确地说，应该叫组织）聘用外部的专业服务供应商，利用它的专业技术和服务资源，为本企业提供 IT 系统的开发、维护和支持服务。从利用方式来说，可以是部分业务的外包（比如说使用外部公司的一些技术人员等），也可以是整体外包。从外包内容分类来说，一般有 IS（信息系统）外包、应用外包和 IT 硬件系统服务外包等。

在国外，从 20 世纪 70 年代末 80 年代初，就开始引入 IT 外包的思想和实践。从起初的"利用外部的技术和资源来弥补自身业务所要求资源的不足"为主要目的的外包，到现在已经发展成"将自己的核心业务以外的部分尽可能外包"的观念层次。这种思想的变化，带来了 IT 外包市场的迅猛发展。

1. 业务外包的目的

IT 外包目的因组织而异，但通常目标都是要实现信息系统持久有益的改善。组织采取外包策略主要出于几个方面的考虑：集中精力于核心业务；边际利润的压力；日益增长的竞争要求节约成本；组织结构的灵活性。

2. 第三方提供的服务

第三方提供的服务包括：数据录入；需要设计开发新系统，但内部员工没有相应的技能，或者有更重要的任务要做时；维护现有应用系统，使内部员工解放出来开发新的应用系统；将应用系统转换到一个新的平台；运行维护帮助台或呼叫中心。

3. 外包优势

外包的优势有：商业外包公司能够通过部署可复用构件软件实现规模经济并改进绩效；加快系统上线时间；提高对主业的聚焦；外包开发商可能比外包委托方内部员工更有经验解决技术问题；外包合同中的开发需求定义得更详细；外包合同可以对费用进行详细说明，减少成本的不确定性。

4. 外包的风险

外包的风险有：成本容易超出客户预算；内部的信息系统专业能力流失；失去对信

息系统的控制；外包开发商倒闭；使用的产品种类受限制；难以对开发方的职能与安排进行控制；形成对开发商的依赖；存在损失战略信息的风险；开发商的系统落后；参与人员的适应性差。

5. 规避风险的主要方式

规避风险的方式有：引入多个供应商作为激励机制；建立一个交叉职能的合同管理团队；执行定期竞争性评估和基准检查；实施短期合同；在合同中明确数据的所有权等。

6. 外包流程

一个完整的软件外包项目流程包括：需求分析、总体设计、详细设计、开发编程、测试分析、系统整合及现场支持。

（1）需求分析。建立合作意向后，承担方首先要求对客户有详尽的了解，准确知道客户需求、客户的商业模式和业务流程，并结合自身的经验，为客户提出改进建议。

（2）总体设计。在需求确定并获得客户认可后，由系统设计师进行系统架构设计，并与客户一起制定项目实施计划。

（3）详细设计。由程序设计人员根据系统架构，针对不同模块的功能和规格进行详细设计。

（4）开发编程。由程序员根据详细设计和计划，进行软件程序代码的编写。

（5）测试分析与系统整合。不同模块的编程工作完成后，经过测试，并进行系统的整合。

（6）现场支持。软件系统开发最终完成后，到客户现场进行安装、调试、培训。

（7）系统运行支持。在系统投入运行后，承担方可以为客户进行长期系统的维护，除了保证系统的正常运行外，还要根据客户的业务变化以及使用过程中发现的问题，对系统进行修改。

四、员工培训外包

现代连锁企业的人员培训可以选择外包的方式分离出去，从而减少一些辅助业务对于公司资源的挤占，充分发挥公司的比较优势。

1. 员工培训外包的内容

员工培训外包的内容有：年度培训规划建议；课程讲师安排；课程需求调研；培训日常管理（学员通知，培训场地布置与安排，教材及教学辅助准备，跟课等）；训后跟踪及学员答疑；免费培训管理顾问咨询服务（针对培训部门在企业培训管理中遇到的各种问题给予帮助和提供咨询建议)。

2. 员工培训外包后的影响

员工培训外包之后,留下的工作都将具有独特价值,如企业人力资源短期和长期规划、员工职业发展管理、企业文化建设等。在摆脱繁杂事务的困扰后,人力资源部可将更多的精力投在这些工作上。

【开拓视野】

某培训公司的培训外包程序

1. 进行组织培训需求分析,做出培训外包决定

在做培训外包决定之前,应当首先完成组织的培训需求分析。然后,再考查一下培训外包的成本,之后再决定是否需要由内部进行培训。

2. 合理选择培训工作外包

外包决策应根据现有工作人员的能力以及特定培训计划的成本而定。例如,公司如果正处在急速发展期且急需培训员工时,可以适当考虑外包某些或全部培训活动;当公司处于精简状态时,可以将整个培训职能外包出去,或更明智地决定只将培训职能的部分工作(如培训)外包出去。

3. 起草项目培训计划书

在做出外包培训决策之后,应当给服务商起草一份项目计划书。此项目计划书中应具体说明所需培训的类型水平、将参加培训的员工以及提出一些有关技能培训的特殊问题。项目计划书起草应征求多方意见,争取切合企业培训的要求。

4. 选择适合的服务商并寄送项目培训计划书

起草完项目培训计划书后,就要寻找适合的外包服务商并签订合同。一旦将公司人力资源开发(培训)的职责委托给公司外部的合作伙伴,就意味着要对其专业能力、文化兼容性及表达技巧有一定程度的信心。外包活动双方的这种高度匹配能确保质量,也能确保有效对接、顺畅沟通、合理成本以及最终成功。

5. 考核并决定培训服务商

在与培训服务商签订有关培训外包合同之前,可以通过专业组织或从事外包培训活动的专业人员来了解、考查该服务商的证明材料。在对可选择的全部对象都做过评议之后,再选定一家适合自己的服务商。

6. 外包合同的签订

与培训服务商签订合同是整个外包程序中最重要的一个环节。在签订合同之前,应先让自己的律师审查该合同,并请专业会计或财务人员审查该合同,以确定财务问题以及收费结构；且合同中必须注明赔偿条款，如培训效果不佳或不符合企业的时间要求等。签订合同时最好让企业里一名最善于谈判的成员一起去谈判，以确保公司的利益。

7. 及时有效地与外包培训服务商进行沟通

计算机软件培训是最经常被外包出去的培训活动，公司必须让员工了解培训情况并为他们提供这个重要领域的及时而有效的培训。因此，进行有效而及时的沟通就成了保证外包活动成功的关键。沟通应当是即时的和持续不断的，应当收集并分析员工对每项外包培训计划质量的反馈。

8. 监督并控制培训质量

在培训活动外包之后，还要定期对服务费、成本以及培训计划的质量等项目进行跟踪监控，以确保培训计划的效果。这需要建立一种监控各种外包培训活动质量和时间进度的机制。

【开动脑筋】

连锁企业的核心竞争力是什么？为什么会将物流配送、信息系统服务及员工培训进行外包？

>> 本模块小结

连锁总部根据企业发展规模和速度不同，应设立相应的组织结构，主要有发展部、人事教育部、商品（开发）采购部、商品配送中心、企业管理部、财务部、信息部以及相关的后勤部门。

公司总部拥有一支集设计、管理、营销经验于一身的实战型团队，将为加盟商提供管理营销方面最有力的支持，包括员工培训支持、经营管理支持、日常营业支援、加盟风险支持、营运资料支持、广告宣传支持等。

连锁企业督导，就是对门店提供服务的员工进行监督和指导的人。店员督导要对卖场员工的服务质量与数量负责，同时，也负责满足员工的需求，而且只有通过激励的手段才能使员工人尽其责，使产品和服务质量得到保障。督导主要包括运营标准、执行状态等内容，通常有日常监督与影子顾客等方式。

连锁总部对分店的管理有以下三种形式：总部完全分权管理、完全集权管理、完全集权管理度；总部对加盟商的管理会依次经历新生期、成长期、成熟期及衰退期（或再生期）。

业务外包是指企业整合利用其外部最优秀的专业化资源，从而达到降低成本、提高效率、充分发挥自身核心竞争力和增强企业对环境的迅速应变能力的一种管理模式。连锁企业主要有物流业务外包、信息系统服务外包及员工培训外包。

>> 本模块参考

浏览网址

［1］7-eleven（北京）有限公司 http：//www.7-11bj.com.cn/

［2］麦当劳（中文）http：//www.mcdonalds.com.cn/

［3］肯德基（中文）http：//www.kfc.com.cn/

［4］必胜客（中文）http：//www.pizzahut.com.cn/

［5］星巴克（中文）http：//www.starbucks.cn/

>> 思考题

1. 连锁经营企业总部为什么要对店铺进行业务指导？
2. 连锁企业总部对门店进行督导的主要内容是什么？
3. 在网上搜索日本7-11便利店督导员的相关资料，谈谈你的感受。
4. 比较总部对直营门店采取的不同管理模式。
5. 试分析信息系统服务外包可能给连锁企业带来的风险有哪些？

>> 案例分析题

小拇指快修：700多家连锁店的管理秘诀[①]

汽车后市场成为当下的创业风口之一。在车后市场中，连锁加盟是最常见的业态。

---

① 刘惜墨："小拇指快修：700多家连锁店的管理秘诀"，http：//www.linkshop.com.cn/web/archives/2015/323918.shtml。有删改。

然而，若想管理数量庞大的加盟店却并非易事。

在这一点上，2004年成立于杭州的小拇指积累了一套成熟的做法。小拇指从油漆钣喷快修起家，如今已做到全国700多家连锁门店，成为国内除米其林驰加之外的第二大汽车快修连锁机构。

小拇指管理700多家加盟店的核心，其实就在于"标准"二字。

具体而言，小拇指给加盟店输入的是一整套质量评估方法和涉及各个层面的服务标准。"把汽修的重要环节都识别出来，并且做好了标准，然后（加盟店）就变得可控了，而不是等到有了问题再去解决。"其管理者如是说。

小拇指是如何管理的呢？总结成一句话就是：把握好平衡。加盟商一方面是要管理的对象，另一方面也是小拇指的客户。

小拇指把加盟商分为A、B、C、D四个等级。A类加盟商是标杆加盟商；B类加盟商是合作加盟商；C类加盟商是带缺陷加盟商，一般都有整改责任书，详细标明某几项未符合品牌要求，要求整改；D类加盟商是不合格加盟商，已经要求整改而不实施的，就进入清理阶段。不同的加盟商配备不同的管理模式，每个月都要审核十几类指标。这种预防型的模式，增强了小拇指加盟体系的可控性。

其次，小拇指采取游戏化管理方式。游戏之所以让人着迷是因为它的激励模式，小拇指也借鉴了这种方式，建立了积分体系。每个加盟商和员工都有获得和使用积分的权利。譬如，加盟商缴纳加盟费后会获得一定数量的积分，后续可用这些积分向总部"购买"服务，总部的相关部门和员工可以获得这些积分，并且其各项指标也与积分挂钩。小拇指每年都会根据积分情况评选出店铺等级，员工也根据积分多少来衡量工作的优秀程度。

另外，更重要的一点是小拇指与加盟商的关系既是客户又是服务商。小拇指作为服务商，还为加盟商的发展提供相应的知识与平台。

首先，在采购环节，小拇指把中间环节去掉，加盟商能拿到价格更低的产品；其次，小拇指为加盟商提供培训；再次，小拇指可以为加盟商提供人力资源服务。简言之，一个汽修行业的门外汉加盟小拇指，从人才到品牌都可以从总部获得支持。

整个加盟管理流程顺利走通，这就是小拇指多年来最有价值的资本。

小拇指的加盟商从总部学到的就是制度和一整套系统化的管理方式。如今，小拇指的加盟店有700多家，直营店只有6家。直营店就是起示范性作用——通过小拇指一整套流程和系统，让加盟商有范本可依。

在线下加盟店稳步扩张的同时，小拇指也在加强线上IT系统的建设，成为一家O2O模式的汽车后互联网企业，力争和客户建立有温度的强关系。

小拇指自成立的第一天起，就用系统跟踪用户数据，因此11年来的客户数据全部存在。与此同时，小拇指负责搭建整套前后端系统。在开发过程中，小拇指还会邀请一些互联网公司的技术高手来进行指导。

目前，小拇指已经在用最先进的移动互联网工具来武装自己。除了客户可在手机上预约定制服务，小拇指还开发了培训所用的App，每天花10分钟学习最新的O2O知识。

业务模式上，小拇指除了现有的钣喷快修、美容保养、保险服务等，未来也会扩展二手车买卖，甚至新车交易等领域。其中的原因在于：累积的用户数据经过分析可以用于引导消费，而喷漆等基础业务可以成为切入其他业务的入口。

问题：

1. 如果你所在的城市有小拇指店，请关注它的服务细节，并用200字左右对其加以描述。

2. 如果你所在的城市有小拇指店，请和家人去体验一下，之后与朋友分享你的体验。

3. 你从小拇指店的发展过程感悟到了什么？

模块九

连锁企业员工聘用及培训体系

>> 学习目标

1. 理解连锁企业培训体系的组成及关键内容
2. 掌握连锁企业员工培训方案设计的内容及方法
3. 理解并掌握连锁门店店长的重要作用、胜任能力、工作重点及责任
4. 了解连锁门店店员聘任与培训的主要内容
5. 通过典型案例掌握连锁企业招聘及培训的流程及主要内容

【案例导读】

家乐福的培训发展

家乐福（中国）培训中心于2000年3月9日在上海成立，这是家乐福在亚洲的第一个培训中心，负责公司和卖场店长级、处长级以及服务部门主管的培训。在培训讲师设置上，家乐福一般会在某个地区（如中国成都西区）依据岗位级别，专门设立各岗位层级的培训主管，全面负责该地区的培训工作，这些培训讲师都是某个岗位的业内专家或公司的精英人才。例如，店长培训主管只负责各连锁分店的店长上前培训、领导力培训等。促销培训主管专门负责各店促销人员的促销技巧、礼貌用语等方面的培训。另外，公司各分店店长及以上的高级管理人员有责任和义务担任员工管理艺术、管理能力、沟通技巧等管理方面的培训。

家乐福十分重视员工的在岗培训。为了便于组织培训，公司采取了业务培训与管理培训分开的方法。员工在岗业务培训由各部门按照年度培训计划实施，并由各部门自己组织培训师实施培训，人力资源部予以配合。必要时也可以委托专业培训机构组织有关员工参加培训。员工在岗业务培训一般采取岗位交叉培训、业务提高培训、新规范新技术培训等多种方式进行。业务培训通常是采用小范围的方式，每次培训都是一到两个人，最多也就是八到十个人。在采用授课形式培训完后，一般会马上到现场进行现场操作演示。例如验货，现场讲解商品分类，各类商品的品质标准，怎样验货，验货程序如何；商品陈列则讲解不同的商品摆放的排面，如何陈列才能充分体现出商品的优点及品质，突出商品的量感及视觉效果等等。所有的培训项目都是逐个地进行。员工在岗管理培训由人力资源部根据具体情况对现有管理人员统一安排并组织实施。统一培训的内容包括管理理论、管理能力、管理技巧、新知识、新技能。

2009年家乐福为晋升管理人员提供的平均培训小时数就超过60小时，一年从内部提拔1名执委会成员、2名区长、48名店长、111名处长和595名处长。（其中，辽宁区1名区长、11名店长、16名处长和74名处长。）从2000年启动的"家乐福精英"（Mandarin）培训项目中的学员，已经有87%成为现任店长；在2004年开始的"管理人员培训项目"（Executive Training Program，ETP）已经为公司提供了超过近千名合格的主管级管理人员。从2005年启动的"家乐福管理发展项目"（Management Development Program，MDP）则是一项为期6个月，为处长级管理人员作人才储备的管理项目。2007年又启动了一项"家乐福Master培训项目"（Master-Development Training Program）专门针对区长储备人员进行培训。

连锁企业培训体系概述

培训体系构建是连锁企业不可或缺的关键部分,其在连锁企业中有特殊的位置,与一般企业的培训体系有本质上的不同。连锁网络的不断拓展,一定意义上是连锁总部竞争优势的复制,以达到连锁企业规模的不断成长,实现连锁品牌打造的目的。基于此,连锁企业的经营管理的复制与输出就显得至关重要,尤其是加盟网络,培训在这里发挥了独特且关键的作用。而要达此目的,必须将连锁企业所有的信息和经验连续下去,让信息与经验在系统中传播和传递下去,并且不断丰富和更新,然后再将增值的信息和经验传播和传递下去,如此良性循环,才能保证连锁企业的统一性。

一、连锁企业培训体系的组成

培训体系本质上是运营体系的变换,也就是把营运体系的手册拷贝、复制,再进行输出。所以应该让培训内容易于传播,容易被加盟商接受、听懂,内容表现要简单。

【开拓视野】

培训体系

为实现一定的培训目标,将培训四要素(讲师、学员、教材、环境)进行合理、有计划、有系统的安排而形成的一种指导性文件。

通常一个完整的培训体系包括:培训课程体系、培训讲师管理制度、培训效果评估和培训管理体系四部分组成。其中前三项是培训体系的三大核心工作内容。培训管理体系是把原本相对独立的培训课程体系、培训讲师管理制度、培训效果评估融入企业管理体系中,尤其要和晋升体系、薪酬体系相配合。

连锁企业总部制定完整的培训体系应该是一个"五T模型",即制度标准(Touchstone)、手册化培训课程(Text)、培训实施(Training)、测试考核(Test)、完善工具(Tool)。

1. 制度标准

(1)制度标准的内容。主要指公司培训的相关制度标准、计划、预算等。从而从制度上保障培训的相关内容成为企业运行不可分割的一部分，具体包括以下几个部分。

①组织设置。依据企业的具体情况，设立相关的培训部门或岗位，从组织上保证培训的相关工作的开展。

②培训计划。企业的年度培训计划是整个企业计划的重要组成部分，包括具体的部门、岗位在一年中的培训规划。

③培训预算。即培训的费用，是企业整个预算不可或缺的组成部分。

④日常管理。培训的日常管理工作的规范。

（2）制定培训计划。从以下三方面入手：

何人（Who），有两层含义，即谁来做培训师，谁来接受培训。这些都是培训计划要制定的内容。

何时（What time），培训的时间确定，是职前培训、在职培训还是离职培训。

何种方式（How），怎么培训，即培训的方式确定，可以采用"店内训练"和"内训+互训"的培训方式。

2. 手册化培训课程

这是指企业的培训内容体系，一般认为，企业的培训课程内容是个 IMS 体系，相关培训内容可通过一个矩阵进行规划，见表 9-1。

表 9-1　　　　　　　　　　　　IMS 培训内容矩阵

	店面运营	拓展	物流
理念意识（Idea）			
方法套路（Means）			
实操技巧（Skill）			

其中，矩阵的横向可以据企业的情况进行调整，纵向是固定不变的，也就是说任一个主题的课程内容基本上可以分成三个层次：理念意识类的课程内容、方法套路类内容、具体操作技巧类内容。

根据该矩阵可将公司需培训的课程内容进行分类规划。

3. 培训实施

培训实施即具体的培训资源规划（内部资源和外部资源）、培训方式选择等内容，具体可见下文中有关设计培训计划的内容。

4. 测试考核

测试考核指对培训组织、培训师、受训对象等多方位的测试、评估，以及对受训对象学习情况的考核等综合的规范体系和工具。通过测试可提高培训水平，增进学习效果,并将相关内容纳入公司考核体系。

5. 完善工具

完善工具是"培训体系"的自我完善工具、方法体系。通过该体系专业的工具、方法对企业的培训需求进行诊断、提炼、描述,依据相关需求对培训的课程内容、方法等方面进行不断的改进完善,以提供最适合企业的培训内容、方法、规范等,使公司的培训体系持续完善、发展。

培训体系使连锁经营企业具备了"造血"机制,是连锁运营管理标准、流程进行输出的保障,是保证连锁网络运营、管理、服务标准一致的关键。

二、构建连锁企业培训体系的关键内容

连锁平台的整个运营管理系统,可以简单的梳理为三部分:运营管理、培训体系、督导体系。运营管理是需要复制的内容,培训体系是进行复制的方法,督导体系是进行监督控制的保障。在理论上,首先沉淀好运营管理,再进行培训,而后进行督导,在现实的连锁企业发展过程中,往往是三者并行,同时发生,难分先后,尤其是经营模式还没有成熟的连锁企业,就会暴露出培训体系构建中的种种两难选择。因此,要注意以下四个方面的内容。

1. 确保连锁店铺与运营标准的一致

连锁企业的经营者与培训负责人经常有个现实性的问题,"想做的和能做的"不是一回事,每一个连锁企业都希望在进行复制时,最好是"双胞胎",越一致越好,可往往缺乏资源,复制的内容还没有很好的模块化,复制的方法不够专业,合格的复制人员也比较少,虽然在复制过程我们要考虑特殊情况下的变通,但如果一看就不一致,往往也很难尽如人意,尤其是在发展初期的连锁平台往往更加明显。

2. 通过有效培训打造忠诚加盟网络

对于采取特许加盟的连锁企业来讲,打造忠诚加盟商是连锁总部天天讲、时时抓的主旋律,好不容易建设的连锁平台如何保持稳健发展、盈利,是连锁企业的必修内容,而培训体系在其中又发挥了核心的作用。通过强大有效的培训体系,来统一加盟网络的思想,构建和谐加盟体系,提升加盟网络的市场竞争力,是所有盟主美妙的设想。

3. 既培训的到位又不至于造就潜在竞争对手

为了保证运营标准的一致性,为了让加盟商实现盈利,连锁总部有必要将连锁门店运营管理的相关内容和盘托出,提升整个加盟网络的竞争力,但往往是教多了,本身又有实力,改头换面,竞争对手就诞生了。

4. 设计易懂好学的专业培训

培训内容的设计是培训体系的重要组成部分，专业的培训内容设计要达到培训者容易讲，受训者容易学，以言简意赅的内容传达、灌输明确的管理运营方式。

三、连锁企业员工培训方案设计

构建好连锁企业培训体系，具体就是设计企业各级员工的培训方案，主要包括以下两方面的内容。

1. 规划培训内容

总部在制定连锁企业培训计划时，必须规划培训的内容，内容对连锁企业培训效果有重要影响，总部可根据自身实际需要有选择地进行组合。

（1）企业总体情况。培训过程中首先要向加盟商介绍企业的历史与现状、规划与前景、特色与优势、文化传统、经营理念、经典营销案例、公司持续发展的保证等，最主要的目的是树立起加盟商的信心，提高对企业的吸引力，这是连锁培训的基础。特别是企业文化方面的内容，在每一次培训中都应作为一项内容，向连锁企业灌输企业的管理理念、行为习惯等企业文化方面的内容，让他们不断接受企业文化的熏陶，提高其认同度和忠诚度。

（2）产品和技术。企业的产品和技术是培训的核心内容，如果没有产品和技术支持，那么连锁将会是无源之水。要详细介绍产品研制的技术依托、产品的技术原理、产品的独到之处和产品的维修保养技巧等，让连锁企业成为专家，更好地为消费者服务，让消费者无论何时何地都享受同等高质量的服务。

（3）销售技能和管理知识。提高连锁企业的管理水平，提升渠道价值。由于目前大多连锁企业采用加盟的方式，而加盟者自身素质良莠不齐，管理上往往是经验式、习惯式的管理，特别是加盟体系中夫妻店、亲族群为多，管理模式往往被忽视，或者无法执行。在连锁总部培训计划上又侧重于技术培训而忽视管理培训，这一点应该引起连锁企业的高度警觉。在培训中连锁总部要运用先进的管理和方法，把连锁企业的加盟管理、自营管理、市场拓展、采购管理、生产与研究发展、物流与配送管理、企业信息化工作等提高到一个新的高度。

（4）计算机技术。在连锁经营中，网络的作用显得尤为重要。福奈特洗衣连锁企业在全国110多个城市中分布了250多家店，他们通过协同网络办公系统，让加盟店之间以及加盟店与总部之间零距离接触，大大降低连锁企业之间的管理成本，也提高了企业的工作效率。连锁总部应让连锁企业配合其管理模式，帮助连锁企业进行计算机管理，加强管理软件的运用，使双方收益。对于实施在线培训和高效运用电子化运营系统的企业，网络技术的培训是必不可少的。

（5）政策、制度等。培训内容不能缺少企业的政策和制度，并要强调政策制度带来的收益。对于一些使加盟商短期利益受到一定影响但能带来长远利益的政策和制度，如标准服务政策、市场保护政策、合作广告政策等要通过培训获得加盟商的认同与支持。涉及企业经营业务方面的法律条文，培训中也要予以强调。企业还要通过培训使加盟商了解行业市场和竞争对手的现状和发展趋势，了解企业销售渠道的发展方向，争取他们的理解和支持。

2. 合理选择培训形式

对连锁企业的培训形式有多种，连锁总部可根据连锁企业和自身实际情况灵活选择。

（1）全国性、区域性培训会。即将全国的连锁企业集中在一地或按照区域安排培训。至于具体采取哪种形式，要根据连锁企业的数量、业务特点、培训架构、企业规模和培训内容来决定。培训内容可以是产品技术、企业文化、销售技能和管理知识等等，但以新产品的介绍和应用为主要内容者居多，主要由企业研发部门来讲，以保证连锁企业准确无误地向顾客介绍和营销产品。

（2）在线培训。在线培训是基于网络技术在总部，各个连锁企业之间构建的一个快速、开放、互动的知识共享平台，包括产品信息、技术知识、销售方案、常见问题等，但对于技术含量较高、操作比较复杂和专业性较强的新产品不宜单独采取这种形式。

（3）寄发培训资料。为减低培训成本，减少对培训师资的需求，企业可以发放一些培训教材给连锁企业，让他们自主学习。资料包括《连锁企业手册》、《营销知识与技巧》、《综合管理知识》等，还可将以上培训资料制成光碟，以方便连锁企业学习。

（4）举办研讨会。研讨会可以是全国性的，也可以分区域召开，由各地连锁企业发言，介绍经验，把平时实践中的经验和问题摆出来，共同讨论、分析、解决，共同提高。这种方式既能开拓视野，又能吸取教训、开拓思路、相互促进。

（5）组织参观学习。企业可以避开单一的室内培训方式，组织连锁商到总部生产基地、其他优秀的企业单位参观，或者组织不同的区域连锁企业互相参观学习，通过实地考察，亲眼观看别人的经营模式，对照自己的做法，思考是否需要改进和提高，有助于提高管理水平。

（6）举办专家学者讲座。企业内部培训人员一般由企业内部人员担任，但对于一些专业性很强的课程，是需要借助外部力量的。企业可以邀请业界的一些专家学者名人举办讲座，弥补企业内训的不足，彰显对连锁商的重视，提高培训的层次。

项目二
连锁门店店长培训

不管是大的连锁店还是小的连锁店,店长无论是在经营方向,还是管理细节都体现其重要性。店长不仅是执行者,也是决策人,所以要想开一个成功的连锁店,店长起着非常重要的作用。

一、连锁门店店长的重要作用

连锁店店长在连锁经营体系中会有这样的矛盾:权力不大(很多时候扮演执行者的角色)责任不小:便利店门店的资产加上商品小的有几十万,大的连锁超市门店有几千万甚至上亿,员工人数不等均在店长的管理之下。

1. 代表者

在连锁店里,代表者不是这家公司的总经理就是店长。同时,在员工的面前,代表公司的同样还是店长。再有因为门店在销售前线,知道顾客对门店、对公司产品的意见,所以店长在公司营销部门的面前还是顾客的代表者。

2. 责任者

在任何连锁店,店长必须承担销售任务,是业绩的责任者。还有一个关键责任,那就是门店的消防责任。几乎所有的连锁店长都是该店的消防责任者,这点很关键但常常会被店长忽略,门店出了火灾,除了直接的责任人外,公司的法人代表——店长都是责任者。

3. 执行者

店长是公司政策的执行者。公司的人事制度、营销计划、价格政策,以及对门店日常工作的基本要求,都必须通过店长分配、执行和检查。相对较大的门店,公司的营销部门会针对门店的某些部门下达指令,但在连锁经营管理公司一般会要求这样的指令必须通过店长,再落实到具体的品类。这是保证门店整体性的基本要求。

4. 规划者

在门店管理中,这个角色往往被忽视,更多强调执行的角色。前面谈到,就是公司的营销政策,到了门店店长的手上,店长也要制定好执行的方案,这也是一个规划的过程。同时，根据各门店商圈环境的不同，店长还应该有季节营销计划和竞争店计划。既要能带团队冲锋陷阵，也要能运筹帷幄。

5. 指挥者

这是门店店长现场管理的基础。在准备工作做完开店迎客之前，很多店长都会开早会，总结前天的销售，分享成功销售的经验，分配当天的工作。

6. 鼓动者

门店每天的工作大部分都是重复工作。人如果每天做重复的工作就会倦怠。这时候，就需要店长到卖场拍拍员工的肩膀，说些鼓励的话，甚至做一些出人意料的激励行动。可以说，一个店的状况可以看出一个店长的性格，一个性格开朗的店长带出的门店是积极和欣欣向荣的。

7. 协调者

门店如果是大卖场，经常会出现部门之间抢资源的现象，如堆头和端架的位置等，这时候需要店长从全局考虑，扮演好协调者角色。即使是小店，也会有销售人员之间的矛盾，需要店长协调。

8. 控制者

检查是控制最好的手段。门店的营运水平是做出来的，但要通过检查来保持。笔者在做营运总监的时候到门店巡店，会发现诸如地上有一摊水、收银台顾客"排长龙"等现象，当问为什么的时候，有的店长一脸的委屈：刚刚经过的时候还不是这样的——好的时候领导看不见，一有问题领导就出现。其实，看似"不出彩"的事情，恰恰是店长控制力不够。

9. 教导者

有的店长常常抱怨现在员工没有以前听话，管理人员水平也不够。往往还会将原因归结为公司人力资源部门的培训不够。其实门店的员工或基层管理的培训，最好就是现场培训——随时、随地的指导。店长也要将自己长期的经验总结成为成体系的教材，这是店长自我提升的一种方式。同时，店长培养出了人才，是建立职场关系的一个好的方法。总之，不会培训人的店长不是好店长。

10. 分析者

店长学点财务知识是必须的。除了现场管理的能力外，还要会算账，知道门店赚在哪里，亏在什么地方，损耗是否过高，这样的店长才是会经营的店长。

一个公司的总经理管理的是公司的人、财、物，商品的进、销、存；店长的管理是门店的人财物、进销存。从职业生涯的角度看，店长更有机会成为公司的业务领导，因为他们已经演练不少。事实上，零售企业的老总大部分都是有店长的管理经验的。

二、连锁门店店长的胜任能力分析

连锁店店长的胜任能力包括素质、知识及能力,见图9-1。

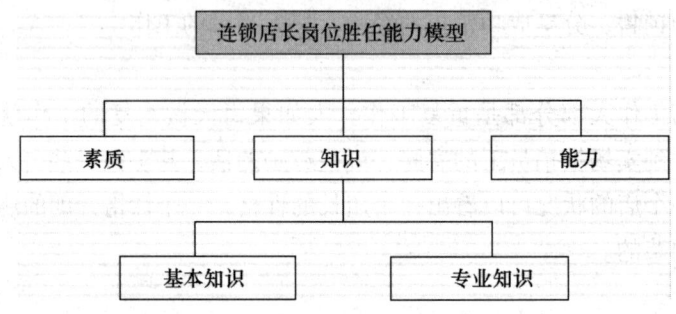

图9-1 连锁店长岗位胜任模型

1. 素质

素质是天资、思想、品德、知识、能力、领导艺术等的总称。作为门店的管理者,店长的素质也直接影响着门店的健康发展。结合现代门店经营管理事务的实际,店长应具备的素质归纳如下。

(1)诚信的品德。诚信是一切素质的基础,尤其从事服务业的门店店长,每日面对众多的顾客,诚信的品质尤为重要。

(2)宽广的胸怀。门店店长是门店的领导者,应该有宽广的胸怀,并能形成个人魅力,店长在工作中将面临内外各个方面不同的声音、观点,甚至是批评的声音和压力。对于这些一定要以正常心态处理,"有则改之,无则加勉"。

(3)坚韧的毅力。门店管理不是一帆风顺的,门店的经营存在诸如商业、市场、信用等众多风险。店长应该对风险有清醒的认识,在遇到问题时,要有坚韧的毅力,能够积极采取措施解决问题,应在经营实践中锤炼出坚韧不拔的精神。

(4)良好的自我控制力。门店店长岗位有一定的权利,在工作、生活中,店长都会遇见各种不正常、不正当甚至是违反道德、违反法律的诱惑。店长在面对诱惑时必须有良好的自制力。

2. 知识

(1)基础知识。基础知识包括自然科学知识、人文社科知识。门店店长的基础知识包括:经济应用数学知识、计算机应用知识、商业英语知识、现代与古典文学知识、美学基础知识,现代门店管理涉及的范围广,基础知识欠缺是难以适应门店管理需要。

（2）专业知识。专业知识是店长知识的关键，是店长掌握专业能力的基本功，是店长进一步成长的基础。专业知识主要包括经济、管理、营销、理财知识四类型板块，包括经济学知识、管理学知识、连锁经营管理知识等共计12项专业知识，见图9-2。

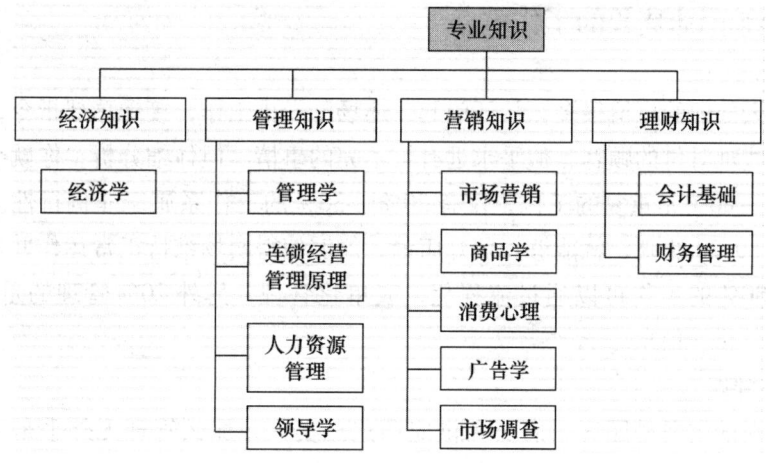

图9-2 连锁店长应具备的专业知识

3. 能力

能力的分析是构建店长胜任能力模型的核心，国际上通用的方法为编写能力词典：将从事某项工作的绩优人员的典型行为特征进行归纳总结，形成的要素集合，称为能力词典。门店店长的能力紧紧围绕"理货业务"、"卖场设计"、"卖场营销策划"、"卖场管理"四个能力板块，包括卖场销售管理、信息管理、服务管理、卖场布局、灯光设计等18项技能，见图9-3。

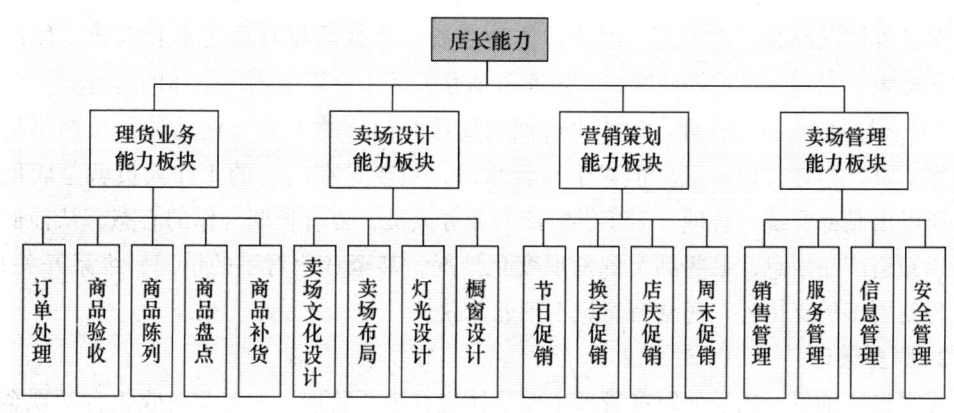

图9-3 连锁店长应具备的能力

建立起胜任能力模型并不是关键，关键在于建模后的应用。要让这个模型制度化、长期化，才能为门店店长的招聘甄选、培训、绩效评估和继任晋升提供科学的依据。

三、连锁门店店长的工作重点

店长每天处理的事情很多，从开门起，巡场，安排工作，接受总部指令，有时可能还要面对一些难对付的顾客，似乎永远有忙不完的事情。但仔细分析，你就会发现其中大约有70%~80%是重复的工作，仅有20%~30%的工作系属于非例行性。所以店长只要懂得采80/20法则，就能够管理好店铺，能够使得卖场维持正常运作并保持一定的服务水准。80%的工作可以通过流程化、表单化管理，另外20%管理的重点在哪里，就是人、财、物、信息。

1. 人的管理

店铺面对的主要是顾客、店员和供应商这三类人，那么管理无外乎是这三类人的管理。

（1）顾客管理。店长必须要了解与营业额相关的东西，比如顾客从哪里来，那么进一步就要知道店铺周围人口、户数、消费行为、年龄、性别等等资料。另外，顾客的需要你要清楚，超市卖的是日常生活用品，因此店长就需要经常去了解顾客的需求，才能根据其需求或者投诉去向公司反映。店长大部分时间要站在最接近顾客的地方，超市、药店等最好就站在收银台，顾客对商品服务是否满意都能体现出来。

（2）店员的管理。零售业是一个微利润的行业，人员的安排通常很紧凑，每日几乎都有人轮休。如果出现有人突然休假或者缺勤自然会影响工作效率，可能出货、补货、服务等情况都会出现问题。因此，作为店长，你就需要对员工出勤人数、休假人数、排班表、迟到、早退等状况，一定非常清楚，才不会影响卖场整体的运营。

（3）供应商人员的管理。对于供应商长期派驻门店的人员（促销员）虽然不是由门店发工资，不是公司员工。但对于顾客来讲，只要是在门店的工作人员就是店里的人，所以出勤都要统一管理。对于供应商的业务人员，要有长期合作的心态，从他们那里可以知道产品信息，某些品类的发展变化情况，甚至竞争对手的情况，维系好关系，除了得到更多的支持外，还会有意想不到的收获。

2. 财务管理

在零售店铺里，店长的财务管理主要是体现在现金管理，尤其是对收银台的现金管理。在店铺，熟练的收银员，其收银差异率可控制在万分之四以内，而新进的收银员，其差异率则往往超过万分之十。此外，收银常见的问题，如伪钞、顾客欺骗、收银员作弊、给亲友结账少等，都是店长需要管理的重点。

另一个容易忽视的是收货单据的管理，这些单据是重要的财务凭证，盖章签字后，供应商就可以凭它结款，因此一定要管理好，避免单据误差，确保验收正确，签认确实、登录清楚及严禁压单，才可避免损失。作为店长，日常也要养成每日检核单据的习惯，亲自或督促或填报相关报表，这一点是大多数店长比较难做到的。

连锁店的特点决定了门店店长在财务管理的权力相对有限。但一个懂财务的店长绝对能增加自己的信心，无论是费用控制方面还是在利润提升方面，给上级或商品部门的建议都能以数据说话，言之有据。

3. 商品管理

（1）缺货管理。"缺货是营业最大的敌人"，缺货使顾客的需求无法获得立即满足，而且还导致顾客流失，营业额急剧下降。有研究表明便利店缺货3%就会影响1%的销售，可以想象缺货对店铺业绩的影响。因此，有效地控制缺货率，是店长管理商品的重点工作。

（2）鲜度管理。在零售行业，尤其是超市，其主力商品是生鲜食品及保鲜品。严格按照先进先出原则，严禁出现过期产品。超市的店长就需要对商品的鲜度进行管理。如何能使商品自厂商——后场——卖场均能维持在恒温状态下，以鲜活的状态卖给顾客，并且使损耗降至最低，也是商品管理的重点。如果是药店，要求更高，就需要严格按照GSP的要求对商品进行严格管理。

（3）耗损管理。零售业竞争是异常激烈，耗损高低也成为是否获利的主要关键，也是节流管理中相当重要的一环。损耗常常由于进货不实、顾客偷窃、员工处理不当、残货过多、标价错误、变价不实等导致，这是内部管理控制的重要工作，店长必须关注和改善这些管理漏洞。减少损耗就是增加纯利，店长们一定牢记这个原则。

（4）卖场活性化管理。主要是如何配合季节主题做好促销活动，把商品的质感、量感、关联性、活性表现出来，让商品周转加快，是店长经营水平的体现。

4. 信息的管理

店铺管理的核心是人、财、物的管理，那么店铺信息管理也是围绕人、财、物的信息化管理，如顾客信息管理、财务信息管理、商品信息管理等。现在零售业里面大部分都在用POS系统，这个系统的各种数据就是各种运营的相关资信，更可以作为店铺运营管理计划、改善、对策等方面的参考信息。店长应定时从POS输出营业日报表、商品销售排行表、促销效果表、顾客意见表、顾客档案表、费用明细表、盘点表、损益表等。

四、连锁店店长的责任

1. 店长对顾客的责任

在市场经济体制下,如何留住忠诚顾客,如何提高顾客的满意度是零售企业的核心竞争力之一。作为一店之长,在公司总部的客户服务政策下,店长要把对顾客的满意服务及措施放在工作的首位。

2. 对公司上级的责任

对于实行店长负责制的连锁企业,连锁店店长对于传达公司理念、执行公司标准、宣传企业形象方面有不可推卸的责任。在努力带领下属团队成员为业绩、为利润"冲锋陷阵"的同时,店长还要充分结合总部的统一规划、统一培训和要求,不管是营采合一或是营采分离的店,对于门店不能解决的事项、不能处理的工作,还要根据公司统一流程上报区域店长或营运总监。

3. 店长的社会责任

作为一家连锁店,在社会中扮演很多角色,比如解决了当地居民、社会闲置人口的再就业问题,通过商品联采提供给当地质优价廉的商品,提高了居民的生活品质,给人们带来了精神上的欢愉,"一站式"的购物体验和生鲜经营,响应了政府关于服务民生、满足老百姓菜篮子的政策,促进当地经济繁荣等。

4. 对下属或员工的责任

连锁店店长作为成功的职业经理人,首先要懂人力资源管理。零售企业不仅要求店长忠诚,而且要求他属下的全体员工要有良好的团队凝聚力,才能保证整个团队的战斗力与职业素养,保证员工符合公司的用人标准和服务理念。对于如何提高员工的积极性,提升员工的职业素养,店长必须承担起"家长"的角色。

其次,连锁店店长必须是一个经验丰富、专业过硬、学识广博的培训师,对下属的培训不仅是一项营运指标,而且是解决门店人力培训的推动者和发起者,大到公司规章制度、业务流程、公司理念,小到商品陈列、补货、理货等商品管理技能。

【开拓视野】

某连锁店店长的岗位职责

(1)店长必须忠于职守,维护公司的统一形象,以身作则,严格遵守公司的一切制度,日常工作中无条件接受上级的督导。

（2）店长要对人事、销售、财务、仓库等工作全面负责并定期向上级汇报，并审核店铺交给上级的各项报表，签字以示负责。

（3）合理制定日、周、月工作目标，并带领全体导购员努力完成目标，在工作总结中明确完成工作情况，并分析其成败的原因，并及时的分析总结店铺的销售补充货品。

（4）及时把握店堂的商品销售及库存情况：对每日的销售进行分析做出每天的最销售时间，做出最畅销款式，以此来控制库存。

（5）店长要对高级导购（带班主管）的工作给予支持与引导，使高级导购更好的协助店长工作，发挥基层管理作用，培养发现和正确使用人才。

（6）每星期一对班次进行安排，注意合理安排导购员的休息时间，保证导购员工作的良好状态和工作风貌。

（7）制定每月的团队建设活动计划，组织导购员进行团体活动，促进员工的团结友爱，相互促进的良好气氛。

（8）建设和完善例会工作，调动导购员的工作积极性，使她们以最佳的精神状态投入工作。

（9）公平、合理的进行人事调动，不得将个人私情带到工作当中，新生各导购员的正确建议，促进团队精神的建设。

（10）认真执行公司的各项制度及工作流程，并认真督导各导购员的执行情况，同时配合公司领导检查工作。

（11）店长每周二带领全体导购员进行场景调整，使店堂以全新的面貌迎来本周的黄金销售时间。

（12）店长要认真的组织每月一次的仓库盘点和每日一次的店堂盘点工作，做到账、物、款相符。

（13）主动与顾客沟通，取得顾客的意见，建立和完善客户服务工作。

（14）认真督导每班的交接班工作及财务交接工作。

（15）收集销售动向，竞争店的情报，旺销商品信息，分析并反馈给上级主管。

（16）积极配合公司企划部人员在店面的展示陈列工作。

【开拓视野】

零售业门店经营指南——《店长》

《店长》是中国唯一专注零售业门店经营的读本。它提供实用门店经营参考,探讨全国业界精彩案例,分享业内优秀店长不平凡的零售故事。是由中国零售业第一门户网站"联商网"创办于 2006 年 7 月,每月出刊,全国各大零售企业渠道直投发行,主要读者群为零售各业态门店店长、总部中高管及有志于成为店长的零售人。

"讲述零售人生,创新门店经营",《店长》为推动行业健康发展、助力店长而矢志不渝。办刊近 9 年来,累计采访了 200 家代表性零售企业的近 400 位店长、高管,关注题材涵盖销售数据、商品管理、卖场陈列、生鲜、防损、节日促销、经营模式变革、零供关系、行业薪资调查、员工培养、客户体验等等。

资料来源:联商网(http://www.linkshop.com.cn/intro/service/dianz.shtml)。

连锁门店店员的聘任与培训

连锁门店店员是连锁企业最基层的工作者,直接服务于消费者,直接参与门店的运营与管理。因此,对店员聘任与培训工作是连锁企业非常重要而且基础性的工作。

【开拓视野】

中国连锁企业大学(培训中心)联盟

中国连锁企业大学(培训中心)联盟于 2014 年 7 月初成立。联盟目前由苏宁、华润、家乐福、麦当劳、天虹、麦德龙、红星美凯龙、吉野家、大润发、如家、福奈特、联想等 90 余家企业大学或培训中心组成。

联盟旨在搭建国内最具权威的连锁行业企业大学交流平台,让各企业大学的管理者和组织者在联盟中分享不同的宝贵经验和知识,共促进步和发展。联盟将整合行业资源,开展教材合作开发、课程共享及联合采购等工作,并将举办教育沙龙、优秀内训师评选、企业大学年会、行业技能大赛、企业大学互访等多种活动,探索既与国际接轨又切合中国国情的企业大学建设、运营及管理模式。

资料来源:中国连锁经营协会网站(http://www.ccfaedu.com/webpx/lmjjie.jsp)。

一、连锁门店店员招聘与培训概述

连锁经营的成功与否,很大程度上取决于该企业团队。这方面的管理,有以下三个方面需要考虑。

1. 招聘店员

对大部分加盟者来说,第一步可能会雇用一个或多个店员,管理这些店员的关键是培训合适的人。店员的招聘步骤如下。

(1) 制作一个工作描述。如果你不知道需要什么样的人,你就别想雇到合适的人。这要从评估的店员数量、店员的类别和店员的可能工资开始。还要仔细考虑你是否需要雇全日制店员,或是只雇零工店员。一般情况下,如果雇用零工,你更有灵活性,而且更经济。在这方面,特许商和现有的加盟者对你具有很大的帮助作用,尤其在你的业务网刚刚开始的时候。

一旦你掌握了店员需求情况,就要为每位店员的工作做一个描述。这个工作描述要清楚地表述各项具体责任、任务。在这段时间里,工作描述是很重要的,因为它是使你决定一个个工作岗位的必备条件,也将使店员明白他们做什么,并且避免他们对工作的误解。

(2) 决定怎样销售这个工作岗位。一旦做出了工作描述,就需要做一个销售这个工作岗位的战略,即保证这个工作岗位会销售给最适合这个工作的人。根据不同的工作岗位和必要的条件,候选人的来源渠道可以是一个或多个:作广告,与当地人才市场联系,在公共场合(如学校、图书馆和其他有关的地方)贴招工启事,也可以口头宣传。现有店员的提供者和其他加盟者,不仅是店员的好来源,而且往往比较经济。不管你从哪里找店员,几乎在各种情况下你都要以某种广告的形式或贴传单的形式把岗位的要求列出来。除非这个广告很清楚,并详细描述了岗位对候选人的要求,否则,面试不称职的候选人要花很多的时间和精力。

岗位工作描述可以向申请人提供具体信息,如果不便把具体的工资或薪水数额写上去,可以写明工资范围;可以把对岗位申请人的具体经验要求写上去,这种信息会使申请人权衡自己——这个岗位是否理想,自己是否符合要求。

(3) 评估岗位申请人。一旦决定了要用某几个店员,就要面试,面试的效果常常与看简历的效果不大一样,因此,最好多面试几个申请人。

问卷调查会使你更好地了解候选人,评价他们是否符合岗位的特殊要求。但关键是问那些保证候选人大部分都能答出来的问题,避免问那些答案显而易见的问题,如"我们只雇用那些乐意与客户联系的人,你喜欢与客户交往吗?"岗位不同,你可以考虑增加一些其他的方式来评估每个申请人,包括安排第二次或更多次由现有的店员参加的面试;也有很多关于人品、性格方面的测试方法,这可以对每位申请人进行更进一步的了解。这一般要花钱请外面的人力资源专家来做。

(4)清楚地陈述岗位名称。一旦决定雇用某人,要确保他们收到一份含有工作名称和工作条件的通知。这必须是书面通知,而且包括关于该岗位的所有重要信息,如薪资、福利、开始日期、干多少工作。必要的话,还要规定出试用期和试用期的工资。

2. 培训店员

管理店员的另一个重要因素是对他们进行充分的培训,这将使他们了解自己的工作任务、工作标准和工作程序。另外,让店员适当地了解产品和企业为他们提供哪些服务也是很重要的。对那些不是前沿销售岗位上的店员来说,很好地了解企业的产品和对他们提供的服务,会增加他们的信心。培训项目包括专门政策和特许经营程序,以及生产知识、基本技能,如销售和计算机知识等。

培训有多种形式,可以在国内培训,也可以在国外培训;可以课堂上的正式讲解,也可以是岗上讲解或是面对面的讲解。如果你的培训项目是特殊性的,那么你也可以考虑把店员送到外地去培训。另外,考虑找最合适的人执行培训也是很重要的,他可以是特许者,也可以是现有的员工和员工的提供者。一般来说,培训方式的选择取决于要传递什么样的信息和谁是最好的传递者。

当然,培训是一个连续性的工作,而且是对全体员工的。这样就可以保证所有的店员经过适当的培训使自己不断得到武装。

3. 评估与激励

要从店员那里获得最大限度的工作效益,必须适当地激发他们的积极性。所以要设计一个能确保店员受到一定的激发教育的制度。这一制度包括两个部分。

(1)工作述评。大多数店员都想做好自己的工作,所以,他们需要从工作描述里知道要他们做什么。一方面,他们需要收到一份要求他们必须做好工作的具体资料。为了确保店员收到这些资料,要有一个工作规程,使每位店员都能收到正规的工作述评。另一方面,应该是及时的、正式的,最好附有书面文件。

(2)奖励和表扬。一旦有了评估店员的制度,就要建立一套奖励店员的制度。这种制度的目的在于激励店员超额完成工作任务,起表率作用。

任何奖励制度的成功与否,取决于事先的计划标准的程度。最主要的是准确地制定什么样的工作目标和诱导店员做出什么样的行为。这包括增加销售、降低消耗,或改善与客户之间的关系。

另外,还要考虑提供奖励的类型,是奖金、假期、还是奖品。奖励制度要避免完全以钱为基础。

> **【阅读案例】**
>
> **某连锁企业员工招聘案例分析**
>
> 某跨国连锁公司良好的薪金制度和巨大的发展空间,让其成为大学生心目中向往的公司。而同时,该公司完善的选拔制度也得到商界人士的首肯。其校园招聘程序如下。
>
> 1. 前期的广告宣传
> 2. 邀请大学生参加其校园招聘介绍会
> 3. 网上申请
>
> 毕业生通过访问该企业网站,点击"网上申请"来填写自传式申请表及回答相关问题。这实际上是该公司的一次筛选考试。
>
> 4. 笔试
>
> 笔试主要包括三部分:解难能力测试、英文测试、专业技能测试。
>
> (1) 解难能力测试。这是对人才素质考察的最基本的一关,使用的是该公司全球通用试题的中文版本。试题分为5个部分,共50小题,限时65分钟,全为选择题,每题5个选项。
>
> 第一部分:读图题(约12题);
>
> 第二和第五部分:阅读理解(约15题);
>
> 第三部分:计算题(约12题);
>
> 第四部分:读表题(约12题)。
>
> 整套题主要考核申请者的以下素质:自信心(对每个做过的题目有绝对的信心,几乎没有时间检查改正);效率(题多时间少);思维灵活(题目种类繁多,需立即转换思维);承压能力(解题强度较大,65分钟内不可有丝毫松懈);迅速进入状态(考前无读题时间);成功率(凡事可能只有一次机会)。考试结果采用电脑计分,如果没通过就被淘汰了。
>
> (2) 英文测试。这个测试主要考核母语不是英语的人的英文能力。考试时间为2个小时,45分钟的100道听力题,75分钟的阅读题,以及用1个小时回答3道题,都是要用英文描述以往某个经历或者个人思想的变化。
>
> (3) 专业技能测试。专业技能测试主要是考核一些申请有专业限制的部门的同学。这些部门如研究开发部、信息技术部和财务部等。对于申请公司其他部门的同学,则无须进行该项测试,如市场部、人力资源部等。

5. 面试

面试分两轮。第一轮为初试，一位面试经理对一个求职者面试，一般都用中文进行。面试人通常是有一定经验并受过专门面试技能培训的公司部门高级经理。面试时间大概是 30~45 分钟。

通过第一轮面试的学生，公司将出资请应聘学生到中国公司总部参加第二轮面试。第二轮面试大约需要 60 分钟，面试官至少是 3 人，为确保招聘到的人才真正是用人单位（部门）所需要的，复试由各部门高层经理亲自面试。

（1）面试过程主要可以分为以下四大部分。

第一，相互介绍并创造轻松交流的气氛，为面试的实质阶段进行铺垫。

第二，交流信息。这是面试中的核心部分。一般面试人会按照既定的 8 个问题提问，要求每一位应试者能够对他们所提出的问题做出一个实例的分析，而实例必须是在过去亲自经历过的。这 8 个题由公司的高级人力资源专家设计，具体如下。

①请你举 1 个具体的例子，说明你是如何设定 1 个目标然后达到它。

②请举例说明你在 1 项团队活动中如何采取主动性，并且起到领导者的作用、最终获得你所希望的结果。

③请你描述 1 种情形，在这种情形中你必须去寻找相关的信息，发现关键的问题并且自己决定依照一些步骤来获得期望的结果。

④请你举 1 个例子说明你是怎样通过事实来履行你对他人的承诺的。

⑤请你举 1 个例子说明在完成 1 项重要任务时，你是怎样和他人进行有效合作的。

⑥请你举 1 个例子说明你的 1 个有创意的建议曾经对 1 项计划的成功起到了重要的作用。

⑦请你举 1 个具体的例子说明你是怎样对你所处的环境进行 1 个评估，并且能将注意力集中于最重要的事情上以便获得你所期望的结果。

⑧请你举 1 个具体的例子说明你是怎样学习 1 门技术并且怎样将它用于实际工作中。

第三，讨论的问题逐步减少或合适的时间一到，面试就引向结尾。这时面试官会给应聘者一定时间，由应聘者向主考人员提几个自己关心的问题。

第四，面试评价。面试结束后，面试人立即整理记录，根据求职者回答问题的情况及总体印象做评定。

（2）面试评价体系。该公司在中国高校招聘采用的面试评价测试方法主要是经历背景面谈法，即根据一些既定考察方面和问题来收集应聘者所提供的事例，来考核该应聘者的综合素质和能力。

根据以上几个问题，每一位面试官当场在各自的"面试评估表"上打分。打分分为三等：1~2分（能力不足，不符合职位要求，缺乏技巧、能力及知识），3~5分（普通至超乎一般水准，符合职位要求，技巧、能力及知识水平良好），6~8分（杰出应聘者，超乎职位要求，技巧、能力及知识水平出众）。具体项目评分包括说服力/毅力评分、组织/计划能力评分、群体合作能力评分等。在"面试评估表"的最后1页有"是否推荐栏"，有三个结论供面试官选择：拒绝、待选、接纳。在公司的招聘体制下，聘用1个人，须经所有面试经理一致通过方可。若是几位面试经理一起面试应聘人，在集体讨论之后，最后的评估多采取一票否决制。任何一位面试官选择了"拒绝"，该生都将从面试程序中被淘汰。

6. 公司发出录用通知书给本人及学校

通常，该公司在校园的招聘时间大约持续两周左右，而从应聘者参加校园招聘会到最后被通知录用大约有一个月时间。

二、连锁企业店员培训

对上岗人员进行培训是一项系统性工作。如果想达到预期的培养目标，应结合连锁店自身的发展战略，制定培养人才的长远规划，拟定各个时期和阶段的具体培训计划，明确培训的对象、内容和要求。

培训店员时，要坚持素质与发展相适应的原则，主要在提高"三性"，即教育培训的针对性、实用性、科学性上下工夫，把教育培训和使用结合起来。

1. 培训店员的途径

具体来说，培训店员有两条途径。

（1）日常实践中的训练。利用日常实践对店员进行训练，在实际工作中总结经验、学习技能、增长才干是最理想的培训方式。通常，店长可以采用以下的具体方法：

①分步骤提升。即对要提升的店员制定分步骤的提升计划，由低到高使其相继经过多种职位的锻炼。这种方法通过逐步扩大店员的工作范围，有助于增长其经验、能力和才干，也有助于培养其工作的计划性。

②尝试各种职位。即让店员依次担任同一层次的各种职务或不同层次的相应职务，以便全面提高店员的能力。这种方法有助于店员熟悉业务经营的情况，提高从事各项工作或担任高级主管工作的能力。

③委任助手职务。即安排有培养前途的店员担任部门或卖场管理者的助手，使其在较高的管理层次上全面接触和了解连锁店各项管理工作，开阔眼界，锻炼能力。同时，店员可以直接接受卖场管理者的言传身教，并通过授权参与某些高层管理工作。

④临时指定。由于某种原因出现职务空缺时，临时指定有关店员代理相应职务，也是有效培养店员的方法之一。通过临时提升，可以使有潜力的店员获得宝贵的锻炼机会。

（2）系统的教育训练。系统的教育训练是从知识、技能方面培养店员的重要途径。通过各种形式和内容的教育，卖场主管对店员进行不同程度的系统知识培训，可以帮助店员更新知识，使其对工作需要的新理论、新知识、新方法有进一步的研究，从而不断提高自身素质和水平。

系统的教育训练所采用的形式有举办知识讲座、开办短期培训班、定期脱产轮训、选送高等院校接受正规教育、进行敏感性训练、组织专题研究会等。

2. 培训的内容

（1）对管理层进行培训。对于任何一家连锁店来说，要想使经营走上正常轨道，获取高利润，对管理层的教育培训是很重要的。

管理层培训主要包括副店长培训、督导人员培训等。

①副店长的培训。副店长的培训课程应偏重连锁店观念以及相关的财务、法律等知识方面，具体内容包括：连锁店管理报表的制作及账务处理；连锁店形象的管理；基本法律常识；报税须知；盘点工作须知等。

②督导人员的培训。督导人员的职责就是本着连锁店的经营精神与原则，对本店店员的工作进行全面的指导与协助，并维护连锁店的正常运作。同时，督导人员是店员与店长最密切的沟通者，凡店长有任何活动或政策要告知店员时，通常由督导人员向店员进行解说、宣导，以利推动；而店员遇到任何问题或需要店长支持时，也可以通过督导人员加以指导或向店长反映。

总之，作为店长与店员的中间角色，督导人员的工作范围相当广泛。为了从中协调，以收到上情下达之效，督导人员必须具备丰富的专业知识、良好的沟通能力，这也是对其进行培训的重点。

（2）对店员进行培训。店员良好的服务水准和对本店的忠诚是需要店长去费心培养的，而培训是提高店员工作能力最简便的办法。

专职店员培训的时间为20～28小时较为适当。课程内容应涵盖以下方面。

①连锁店设备的操作、维护及清洁。

②收银机的操作、维护及简单故障排除。

③简易的包装技巧。顾客在购买礼品时，通常会要求连锁店能包装礼品，因此，简单的包装技巧也是连锁店店员需要学习的技能之一，如方形盒、圆柱盒、心形等形状的包扎方法以及结饰技巧。

④商品陈列技巧。商品周转率受其放置的区域影响，经营者应灌输给店员商品陈列的观念，如商品陈列的目的及原则，各类商品最佳的陈列位置等。

⑤店内安全管理。为使店员安心地为连锁店工作，店长必须适时的提醒店员，以降低他们在工作中可能发生的意外伤害，如遇到抢劫、偷窃、诈骗及搬运商品时应注意的事项等。

⑥报表制作。店员需要掌握的基本报表有交班日报表、现金记录表、误打、销退、自用记录表。

⑦经营理念。连锁店运作顺畅的必要条件是店长与店员的经营理念保持一致。因此，店长在店员培训时，应将经营理念导入课程中。

⑧顾客应对技巧。有技巧而且适时与顾客沟通，是建立感情的最佳方法，其内容包括技巧的应用时机、仪态、对顾客的抱怨处理等。

特别提醒：店长应建立一整套培训计划，积极推行职工岗位资格培训证书与持证上岗制度，增强店员参加培训的积极性，逐步将店员培养成为既懂行业理论知识，又有精湛专业技术的复合型人才。

（3）培养店员的团队精神。店长应该知道，在未来愈加激烈的商场竞争中，突显个人英雄主义已经不是经营之道，而是连锁店群策群力的总体作战。因此，店长通过强化销售组织，培养一种团队精神，使店员之间相互交流、相互沟通，引导店员产生共同的使命感、归属感和认同感。这又并反过来逐渐强化团队精神，产生一种强大的凝聚力，以促进工作任务的完成。

培养团队合作精神应注意三点：一是明确对团队设定的目标及其解决方法。对于团队，应该设定改善和克服的目标，即从个人的角度来明确目标问题的解决方法。在号召努力的同时，应在团体讨论中解决矛盾，检讨应对之策。二是要形成同阶层或有立场的同事间的连带感。把同阶层、有共同立场的人都集合起来，并且让他们形成彼此帮助的连带感。三是让成员们拥有团队目标。让团队中的成员意识到并了解本店的目标。在此目标之下，让店员提出自己的岗位目标。如果能够在团队中让他们拥有相同的目标，对提高工作效率很有帮助。如在"营业目标是全体成员共同目的"的团队目标下，会使各店员在卖场忙碌时相互支持。

【开拓视野】

麦当劳不用天才

吃过麦当劳快餐的人都知道，在任何一个麦当劳店，你所得到的汉堡都是一样的，这是由于麦当劳实行的是连锁标准化管理。麦当劳的人力资源管理也同样有一套标准化管理模式，包括如何面试、如何挖掘一个人的潜力等。

1. 不用天才

麦当劳不用天才，因为天才是留不住的。麦当劳请的是最适合的人才，是愿意给你一个承诺、努力去工作的人。

在麦当劳取得成功的人，都有一个共同的特点：从零开始，脚踏实地。炸土豆条、做汉堡包，是在麦当劳走向成功的必经之路。对踌躇满志想要大展宏图的年轻人来说，是难以接受的。但是，他们必须懂得，脚踏实地、从头做起才是在这一行业中成功的必要条件。

人才的多样化是麦当劳的一大特点。麦当劳的人才组合是家庭式的，去麦当劳可以看到有年纪大的人，也有年纪轻的人——年纪大的可以将经验告诉年纪轻的人，同时又可被年轻人的活力所带动。

2. 鼓励员工永远追求卓越

一个企业在管理员工时，不能总提钱，给员工以发展的机会最重要。麦当劳就是要让员工感觉到有发展的机会，鼓励员工永远追求卓越。

麦当劳的管理人员95%要从员工做起。每年，麦当劳北京公司要花1200万元用于培训员工，包括日常培训或去美国上汉堡大学。麦当劳在中国有三个培训中心，培训中心的老师全部是公司有经验的营运人员。餐厅部经理以上人员要到汉堡大学学习，北京50家连锁店已有100多人在汉堡学习过。

麦当劳鼓励员工永远追求卓越，追求第一，给每个人平等的机会，不搞裙带关系。

3. 没有试用期

麦当劳的面试分三步：最初由人力资源部门去面试；第二步由各职能部门面试；第三步请他来店里工作3天，而这3天也给工资。

【开拓视野】

中国连锁企业大学（培训中心）联盟名单

序	公司名称	业 态
1	华润万家有限公司	超市、大卖场
2	苏宁云商集团股份有限公司	家电专卖店、电商
3	麦当劳（中国）有限公司	西式快餐
4	红星美凯龙家居集团股份有限公司	家居专卖店
5	步步高商业连锁股份有限公司	超市、大卖场
6	康成投资（中国）有限公司	超市、大卖场
7	家乐福（中国）管理咨询服务有限公司	超市、大卖场
8	上海飞牛集达电子商务有限公司	电商
9	人人乐连锁商业集团股份有限公司	超市、大卖场
10	国美电器有限公司	家电专卖店、电商
11	如家酒店集团	经济型酒店
12	合肥百货大楼集团股份有限公司	百货店
13	北京福奈特洗衣服务有限公司	洗衣店
14	锦江麦德龙现购自运有限公司	超市、大卖场
15	北京京客隆商业集团股份有限公司	超市、大卖场
16	北京金源投资管理有限公司	超市、大卖场
17	北京超市发连锁股份有限公司	超市、大卖场
18	中百超市有限公司	超市、大卖场
19	天虹商场股份有限公司	百货店
20	中百仓储超市有限公司	超市、大卖场
21	永辉超市股份有限公司	超市、大卖场
22	三江购物俱乐部股份有限公司	超市、大卖场
23	北京华冠商业经营股份有限公司	超市、大卖场
24	宏图三胞高科技术有限公司	家电专卖店
25	北京吉野家快餐有限公司	西式快餐
26	武汉中百百货有限责任公司	百货店
27	联想零售大学	IT专卖店
28	广州娇兰佳人化妆品连锁有限公司	专业零售店

模块九　连锁企业员工聘用及培训体系

续表

序	公司名称	业态
29	重庆佳永小天鹅餐饮有限公司	中式正餐
30	济南华联超市有限公司	超市、大卖场
31	石家庄国大酒店经营有限公司	经济型酒店
32	联盛商业连锁股份有限公司	超市、大卖场
33	商源集团有限公司	超市、大卖场
34	安徽中新高科技产业有限公司	超市、大卖场
35	湖南徐记酒店管理有限公司	中式正餐
36	江苏零食工坊连锁食品有限公司	专业零售店
37	北京市西单麻辣诱惑餐饮有限公司	中式正餐
38	上海浙港广告器材有限公司	专业零售店
39	江西省龙南县宏昌商贸有限责任公司	超市、大卖场
40	兰陵县宝庆超市有限公司	超市、大卖场
41	维客集团股份有限公司	超市、大卖场
42	上海棒约翰餐饮管理有限公司	西式正餐
43	天津劝宝超市有限责任公司	超市、大卖场
44	七色纺商业连锁有限公司	专业零售店
45	内蒙古伊利实业集团股份有限公司	商品供应商
46	马兰拉面快餐连锁有限责任公司	中式快餐
47	安徽商之都股份有限公司	超市、大卖场
48	翠华控股有限公司	中式正餐
49	江西国光商业连锁有限责任公司	超市、大卖场
50	广西城市便捷酒店管理有限公司	经济型酒店
51	十堰东风万得福超市有限公司	超市、大卖场
52	江苏新合作常客隆连锁超市有限公司	超市、大卖场
53	家家悦集团股份有限公司	超市、大卖场
54	中粮国际(北京)有限公司	商品供应商
55	武汉武商集团股份有限公司	多业态综合零售
56	上海世好餐饮管理有限公司	中式快餐
57	北京迪信通商贸股份有限公司	专业零售店
58	河北国大连锁商业有限公司	便利店

续表

序	公司名称	业态
59	味千（中国）控股有限公司	中式快餐
60	顺客隆商场有限公司	超市、大卖场
61	北京一品世家东方饮食管理有限公司	中式快餐
62	深圳市新美宜多投资有限公司	便利店
63	扬州汇银家电（集团）有限公司	家电专卖店
64	安徽乐城投资股份有限公司	超市、大卖场
65	北京京东世纪贸易有限公司	电商
66	南京塔可餐饮管理有限公司	西式正餐
67	信誉楼百货集团有限公司	百货店
68	北京财贸干部管理学院	院校
69	本溪华联商厦有限公司	百货店、超市
70	华地国际控股有限公司	百货店
71	唐山瑞莎实业集团有限公司	超市、大卖场
72	厦门山国饮艺茶业有限公司	专业零售店
73	安徽省台客隆连锁超市有限责任公司	超市、大卖场
74	本溪华联商厦有限公司	超市、大卖场
75	广州市澳之星商贸发展有限公司	超市、大卖场
76	成都伊藤洋华堂有限公司	超市、大卖场
77	广州市广百股份有限公司	超市、大卖场
78	家乐园商贸有限公司	超市、大卖场
79	北京红黄蓝儿童教育科技发展有限公司	服务业－教育培训
80	上海商学院	院校
81	青岛植秀堂养生养颜连锁有限公司	服务业－美容美体
82	北京大风车教育科技发展有限公司	服务业－教育培训
83	驻马店市爱家量贩有限公司	超市、大卖场
84	杭州小拇指汽车维修科技股份有限公司	服务业－汽车后市场
85	北京和合谷餐饮管理有限公司	中式快餐
86	湖南绝味食品股份有限公司	专业零售店
87	江西晋利嘉实有限责任公司	便利店
88	金信银通（北京）投资管理有限公司	服务业－金融

续表

序	公司名称	业 态
89	四川德惠商业股份有限公司	超市
90	陕西阿瓦山寨品牌投资有限公司	中式正餐
91	特百惠（中国）有限公司	专业零售店
92	北京居然之家投资控股集团有限公司	家居专卖店
93	卜蜂莲花企业管理有限公司	超市、大卖场
94	顶新国际集团（德克士）	西式快餐
95	上海皮鞋厂	专业零售店
96	山东全福元商业集团有限责任公司	超市、大卖场
97	烟台振华量贩超市有限公司	超市、大卖场
98	唐山市金客隆超市有限公司	超市、大卖场
99	辽宁兴隆大家庭商业集团有限公司	超市、大卖场
100	广州汇美舍天然用品连锁有限公司	专业零售店

注：1. 表中数据截至 2015 年 4 月。
  2. 按加入联盟先后顺序排序。

资料来源：中国连锁经营协会网（http://www.ccfaedu.com/webpx/lmcy_zhengwen.jsp? aid=46）。

【开动脑筋】
  加盟店与直营连锁店在店长及店员培训的内容上会有什么样的区别？

>> 本模块小结

  培训体系构建是连锁企业不可或缺的关键部分。连锁网络的不断拓展，一定意义上是连锁总部竞争优势的复制，以达到连锁企业规模的不断成长，实现连锁品牌打造的目的。

  完整的培训体系是一个"五 T 模型"，即制度标准（Touchstone）、手册化培训课程（Text）、培训实施（Training）、测试考核（Test）、完善工具（Tool）。在进行连锁企业员工培训方案设计时，应包括规划培训内容（企业总体情况、产品和技术、销售技能和管理知识、计算机技术、政策、制度等）和合理选择培训形式（全国性或区域性培训会、在线培训、寄发培训资料、举办研讨会、组织参观学习、举办专家学者讲座等）。

不管是大的连锁店还是小的连锁店，店长无论是在经营方向，还是管理细节都体现其重要性。店长不仅是执行者，也是决策人。所以，要想开一个成功的连锁店，店长起着代表者、责任者、执行者、规划者、指挥者、鼓动者、协调者、控制者、教导者及分析者的作用。店长工作包括对人（顾客、店员、供应商人员等）、财务、商品及信息的管理。

连锁经营的成功与否，很大程度上取决于该企业团队。

>> 本模块参考

浏览网址

［1］北京京客隆商业集团股份有限公司 http：//www.jkl.com.cn/

［2］北京屈臣氏个人用品连锁商店有限公司 http：//www.watsons.com.cn/

［3］7-eleven（北京）有限公司 http：//www.7-11bj.com.cn/

［4］家乐福（中国）http：//www.carrefour.com.cn/Default.aspx

［5］沃尔玛（中国）投资有限公司 http：//www.wal-martchina.com/

>> 思考题

1. 为什么连锁企业的员工培训是由总部来进行设计的？
2. 连锁企业培训体系的"五T模型"包括哪些内容？
3. 连锁企业各级员工培训方案设计应包括哪些内容？
4. 简述连锁门店店长的作用、内容及责任。
5. 简述连锁企业招聘店员时的主要工作内容。

>> 案例分析题

连锁企业培训模式选择以及制定

外在激励与内在激励具有不同的功能，它们相互补充，缺一不可。外在激励更加适合当前连锁企业的管理体制、管理水平和人员素质，是普遍使用、最有效的激励方法。侧重于外在的培训激励，并不否定内在激励的有效性。通过制定保级考试制度，建立培训激励机制,是连锁企业合适模式。保级考核模式具体设计内容如下。

1. 保级考试制度的设计思想

如何才能从根本上培养员工的学习积极性,增强培训效果,在连锁企业范围内营造一种学习的氛围呢?那就是将学习和考试定为一种长期性的制度,并将考试成绩与经济效益挂钩,构建适合连锁企业员工素质状况的培训激励机制。一方面,通过奖励来促进职工的学习动力,特别是年轻有为、高学历的业务骨干和技术尖子,培养比学赶超、积极向上的学习意识,营造浓厚的学习氛围,达到实现自我价值的目的;另一方面,通过考核来增加职工学习的压力,这对于年龄偏大、文化程度较低、有混日子思想的职工,无疑是一个较好的促进。从企业层面上,最终达到"以考促培、以考促学"的总体目标,提高员工素质,适应连锁企业的快速发展。因此,抓住职工对岗位工资的心理敏感度,将培训考试的成绩与工资的岗级挂钩,根据成绩实行不同的岗位报酬,并将考试作为一种制度列入教育培训管理制度中,打破"同岗同酬"的分配机制,收到较好的培训激励效果。

2. 保级考试制度的基本内容

以某连锁企业为例,保级考试制度历经多次总经理办公会研究通过后,于2002年11月份列入企业职工教育培训管理制度中,制度做了以下规定:

(1) 考试机构。公司成立了保级考试督导小组,分管培训的总经理任组长,人事部主任任副组长,财务、市场、技术研发、教育中心等部门的行政正职组成考试办公室,负责各操作流程的审批确定和难度权衡、各操作项目评分标准的审查和难度权衡、操作全过程及考场的监督、考试操作过程中有争议问题的裁决和评分、计分过程的监督。

(2) 考试人员划分及考试内容。管理人员的保级考试分为职能部门、业务部门和技术部门三个专业系统,按照"归口管理,分工负责"的原则,由技术部、财务部、物流部门等牵头组织相关专业人员技能考试的题库编写、人员培训及考核项目的确定工作。管理人员的保级考试采用笔试,试卷分公共课程部分和管理实务部分,其中公共课程成绩占40%,管理实务成绩占60%,考试由人事部组织、教育中心配合,相关操作项目由各职能部室协助。业务人员的考试分理论笔试和技能操作两部分,其中理论笔试成绩40%,由人事部组织、教育中心配合;技能操作成绩占60%,由企业的技术部门负责。

(3) 成绩划分。考试成绩按标准分分为A、B、C、D四个评价等级:95分以上为A级,上浮半级岗位工资;66~94分为B级,保持原岗级;60~65分为C级,下浮半级岗位工资;60分以下为D级,下浮一级岗位工资。

（4）考核时间。管理人员的考试在每年的年中进行，业务人员的考试在每年的年底进行，考核周期为1年。考核周期期满后，根据新的考试成绩，在浮动后的岗级基础上进行新一轮的考核。

（5）奖励比例。保级考试制度经过试点运行之后，为了顺利推行，制定了《保级考试补充规定》。其中，规定了A类人员原则上控制在本单位应考人数的15%以下；A类人员超过15%的，按职工实际成绩从高分到低分排序，确定A类人员。

问题：

1. "保级考试制度"的核心思想是什么？
2. 根据"保级考试制度"的内容，分析其特点。

模块十

连锁企业发展与供应链管理战略

>> 学习目标

1. 理解连锁企业战略分析的主要内容、逻辑思路、常用方法与工具
2. 理解连锁企业战略定位的四个方面
4. 了解连锁企业战略执行与控制机制
5. 掌握连锁企业自有品牌战略、扩张战略的主要内容
6. 理解连锁企业实施供应链管理战略的主要内容、实施方式

【案例导读】

连锁经营的企业需要哪些条件

有专家研究认为，一个准备发展连锁经营的企业至少应具备这样几个条件，即雄厚的资金，独具的贸易名称和商标，成功的试点经营实践，本企业所开发的一整套标准化经营体系和操作手册。

1. 足够的资金力量

现代连锁店的规模经营要求总部与基层商店之间具备迅捷而高效的信息交流体系。基层商店各个环节的经营、销售、存货信息应能源源不断地汇集到总部，而总部则应在尽可能短的时间内分析、处理、做出信息反馈。这一切只能通过现代化的数据处理系统来完成。由于管理信息有可能涉及成千上万种商品的种类、式样、价格、销量等，因此计算机网络化将是不可避免的选择。为此，必需进行大笔的一次性投入。此外，连锁店总部要发展和维持本企业在市场竞争中成功者和先驱者的地位，就要集中一批训练有素的零售业专家，以承担整个企业的战略决策、商品计划和采购职能，这意味着作为连锁店总部的前期智力投入。

2. 独特的贸易商标和良好的商誉

进行连锁经营的商业企业首先应当是市场竞争中的成功者，具有自己独具特色的贸易商标和企业形象，有一定的商业知名度。一个打得响的贸易商标和企业良好的商誉是企业成功的标志，也是一个企业宝贵的无形资产。作为连锁店组织的开发者，拥有独特的贸易商标和良好的商誉则是一个连锁店总部成熟的标志之一。

3. 试点经营

经营一个商店的成功不等于一个企业已经具备了经营连锁店的能力，为了证明这种能力，企业必须进行连锁店的试点经营。试点经营的重要性在于，第一，证明企业的经营哲学的正确性。第二，证明企业的经营方式在一定意义上的普遍适用性。第三，在试点经营过程中检验、修订和开发出本企业连锁经营的一整套体系。一切经营标准的制订，包括一套本企业的连锁店操作手册的制订，都必须在连锁店的试点经营阶段完成。

4. 开发连锁店的经营体系和操作手册

商业连锁经营的指导思想之一就是要把一个商店的成功营销经验集中起来，变为可以传授的形式，为此应当设计一整套的标准化计划，使之成为连锁店的经营体系。这个体系可以随着时间的推移根据特殊地点和特殊要求进行修订和完善，但它一经产生后，就成为连锁店的经营标准，其中的每一个细小环节都有明确的规则，使之操作起来既简便易行，又有规范作用。一切细则都将汇编在一本操作手册中。

所有类型的连锁店都应有本企业的操作手册。操作手册是本企业的商业秘密、成功的诀窍、经验和结晶，是本企业宝贵的无形资产。操作手册质量的高低，关系着一个连锁店的经营水平的高低和未来发展的好坏。

连锁企业发展战略管理

企业战略指企业根据环境的变化、本身的资源和实力，选择适合的经营领域和产品，形成自己的核心竞争力，并通过差异化在竞争中取胜。随着世界经济全球化和一体化进程的加快和随之而来的国际竞争的加剧，对企业战略的要求也愈来愈高。

连锁企业战略是对连锁企业的谋略，是对连锁企业长期发展、标准化运营等方面的整体性、系统性、根本性问题的计谋，是影响连锁企业能否稳定发展、持续扩张与赢利最重要的决策参照系。连锁企业的战略管理主要包括战略分析、战略定位及战略执行与控制。

一、连锁企业战略分析

战略分析又常被称为环境分析，一般包括企业外部环境分析和内部环境分析。

1. 战略分析的主要内容

企业内外部环境分析指对连锁企业的内部、外部环境进行调查研究与综合分析，为企业的战略定位、战略选择等提供科学的依据。它是战略管理过程中的基础环节，是为保证企业战略的正确性、可执行性而在战略制定前必须要做的重要环节。

（1）外部环境因素分析。外部环境因素的变化可以为企业带来巨大的机会，也会带来风险与威胁。外部环境分析一般会从宏观环境、行业环境、市场环境、竞争环境和成功连锁企业的标准借鉴等几个方面进行信息搜集、调查研究与分析。

（2）内部环境分析。内部环境分析的重点是对连锁企业的内部资源及能力进行综合评估，发现企业的优势与劣势，为制定适合企业实际发展的、可实现的、可操作与可执行的战略做重要的参考依据。

2. 战略分析的逻辑思路

战略分析环节所要注重的是在所搜集信息的广度和深度之间做出一种权衡，并对各信息进行科学合理的分析、判断。战略分析宏观上要有高度，能够保证该企业未来一段时间内战略的正确性、前瞻性、长远性、指导性、系统性和完整性；在微观上，战略举措又必须有一定的有效性、可行性。企业战略就像飞在空中的一只雄鹰，为了实现自己的目标，必须保持相应的弹性高度：高，视野广阔才能发现目标；低，才能看清细节，瞄准猎物并进行攻击。所以，环境分析要根据内外部环境因素的不断变化而不断地分析、判断、预测，进而不断权衡利弊，为战略制定提供重要决策依据。

3. 战略分析的步骤与方法

在战略分析前一定要做调查，战略分析环节可分为三个基本步骤。

（1）信息搜集与调研。信息资料包括：企业近年来的经营数据、各财务报表、公司重要文件等一手资料以及通过各渠道搜集到的关于企业的二手资料；关于宏观环境（如政策法律、经济、技术、文化等变化）及行业相关因素信息；行业现状、产业价值链、产业集中度等信息；市场总量与细分市场状况及发展趋势与变化信息，市场消费结构、区域市场结构、产品结构、竞争结构以及竞争对手的变化、消费行为的习惯及偏好、变化趋势等相关信息资料。

信息资料及相关数据要求客观、真实、准确和全面。搜集信息的方法一般有多种，如企业直接提供数据，各种行业、市场调查报告及统计年鉴，权威机构公布的数据、报表等。调研一般分为定性调研和定量调研，不同情况可以采用不同的调研方式。常见的调研方法有专家访谈、焦点座谈、问卷调查等，必要时可在调研过程中运用投射技术，以提高调查数据的真实性、准确性。

（2）战略分析。战略分析即战略制定人员把搜集到的所有数据和信息进行分类、统计汇总并分析。一般的分析方法有案头研究、头脑风暴法、圆桌研讨法等。常用的分析工具有PEST分析、产业价值链分析、关键成功要素分析、波特五力分析、企业内部价值链、SWOT等。

（3）风险评估与对策。通过战略分析，可以预测到采用不同的战略将会产生不同的风险，所以根据市场环境的分析与预测、企业资源与能力的变化等为将来的战略设计科学、合理的战略定位预选方案。同时，提出战略定位及商业模式定位的关键原则，尽可能地对潜在风险或威胁规划出相应的对策，从而有效规避或减少不必要的损失。

二、连锁企业战略定位

连锁经营企业的战略定位需要从四个方面进行思考（"4C"）：顾客（Customer）、合作伙伴（Comrade）、环境（Circumstance）、商品（Commodity）。

1. 顾客

一种产品无法满足所有的消费阶层，同样，连锁企业的发展亦须明确指出顾客群，让目标市场明确，也就是针对哪些顾客群、年龄群、族群，了解其消费行为偏好、消费意识，规划出系统性运营方针、战术（如产品组合、广告宣传、公关、促销等）来取得市场占有率。

同时，企业要充分调动消费者的积极性，以消费者为导向，开展创新的营销活动。通过改变消费者的价值观和生活方式，达到占领新市场和巩固原有市场的目的。因此，特别要注意挖掘潜在的消费者，激起他们的购买欲望，扩大市场。

目前，我国的很多行业已进入了完全的买方市场阶段，企业之间在产品、质量等满足消费者基本需求方面的竞争已没有绝对优势而言。因此，连锁企业的经营者只有通过周密、科学的市场调查，摸清目标消费者的各种需求，如生理需求、安全需求、社会需求、尊重需求、自我实现需求等，并认真研究消费者需求的特点，才能为企业正确定位，选准进入市场的切入点。

2. 合作伙伴

一个好的加盟商和合作伙伴是连锁经营成功发展的必备条件。连锁经营企业在选择加盟商和合作伙伴时，应注意以下各点。

（1）特殊交易。连锁企业常犯的一个错误是草率接纳最初的几个申请者，并给他们特殊的优惠，想尽可能快地扩展组织并获得投资回报，但这么做会带来严重的后果。连锁企业应该选择那些符合其标准的人作为加盟商，而不是谁想加入就卖给他特许权。因此，连锁企业通过给予特殊交易的方式吸引人们加入是一个极大的错误，会给特许体系以后的发展带来严重问题。如受到特殊待遇的加盟商会认为他情况特殊，总是向连锁企业要求种种特殊待遇。

（2）财力。潜在加盟商在开始时有足够的资金很重要。需要记住的一点是，如果加盟商没有投入自己的资金，那么他遇到困难时很可能轻易地放弃业务。所以，适度的资金参与既能提供有效地刺激，又是特许权交易中的一个基本特征。

（3）组织加盟商。有些情况下，大公司也能成为好的加盟商，如在旅店业、餐饮业和零售商业中,许多组织加盟商经营得非常成功,但大公司作为加盟商也会给连锁企业带来了许多棘手的问题。例如,连锁企业会更难控制其经营诀窍的扩散,而且由于加盟商的资金实力可能强于连锁企业,会对连锁企业附加的一些限制感到难以容忍而破坏体系规范。因此,连锁企业在选择组织作为加盟商时一定要非常慎重,最好不要选择大组织当加盟商。

(4) 健康。独立的加盟商应身体健康,以便能高强度的工作。对于顾客,加盟商看起来健康、干净、整洁是非常重要的,尤其是在餐饮行业。

(5) 经验。大多数特许公司不要求其加盟商有实际工作经验,因为会对他们提供的业务培训既基本又全面。事实上,有些连锁企业认为,按照公司的方法对有经验的人进行培训会更困难。当然,也有一些连锁企业认为,有工作经验的加盟商在建立业务时与连锁企业沟通较容易。

(6) 婚姻状况。申请人的婚姻状况也会影响到将来特许店发展的稳定性。结了婚的人常表现出某种程度的成熟、稳健、安定,一般不会感情用事。与已婚者面谈时,最好能邀请夫妇一同前来,了解申请人家庭对其的支持程度。

(7) 独立性。潜在的加盟商必须有较强的独立性,以便自己能进行日常管理工作,自己做出各种决策。但他的独立性不应该强到使他不遵守体系规则或想脱离体系。

(8) 信任。就特许双方的关系而言,连锁企业和加盟商之间有良好的互信和尊敬是相当重要的。

(9) 组织能力。申请人须有一定的管理组织能力,这是他经营自己的业务所必需的。

(10) 和睦相处。连锁企业和加盟商之间会产生高度的相互依赖,因此,双方能相互适应与相互尊敬是非常重要的。毕竟,他们为了一个共同的目标,即特许经营的成功而一起工作。

(11) 最后决策。只有在对申请人做出全面评价以后,才能决定是否选择其作为加盟商。连锁企业要尽可能地谨慎小心,不能为了图省事而草率做决定。连锁企业必须记住,它的决定对双方都至关重要。

3. 环境

环境其实是一个选址问题,本书在模块三有过详细介绍,在此不予赘述。

4. 商品

它是指连锁企业打算卖什么商品给客户,如统一企业转向投资领域,持股99%的关系企业"7-11"卖的就是便利。

【开拓视野】

品类管理

打算卖什么商品，其实就是品类管理的问题。品类管理在20世纪90年代流行于美国零售业。1997年宝洁公司将品类管理概念引进中国，在中国连锁经营协会及行业专家等的共同推动下，品类管理的概念逐渐深入人心。所谓品类管理，就是决定卖什么商品，以及这些商品在货架上怎么摆放的问题。实施品类管理是为了让零售商和供应商在共同参与管理商品品类的过程中，达到提高消费者价值和经营业绩的目的。品类管理的结果是，当一个消费者站在商品琳琅满目的货架前，不必为选购商品无从下手而发愁，厂家和商家早已为之考虑周全，而且保证令其满意，并且使其因此对商品及商场建立起忠诚度。

这种定位要求供应商和零售商共同关注消费者的需求，让消费者少付金钱、时间、精力和风险而获取更好的品质、更新的创意、更多的信息、更加方便的商品。与此同时，供应商和零售商也从中双双获利，共同成为市场的赢家。

三、连锁企业的战略执行与控制

要保证连锁战略实施处于可控状态，企业需建立战略监控体系。

1. 建立基于 BSC（平衡计分卡）战略目标指标监控机制

平衡计分卡的核心思想就是通过财务、客户、内部流程及学习与发展四个指标之间的因果关系展现组织的战略轨迹，实现绩效考核——绩效改进以及战略实施——战略修正的战略目标过程。

连锁企业的战略确定后，必须给出企业发展规划的战略地图。战略地图是平衡计分卡的一个衍生工具，可通过一张图纸把企业复杂的战略制定过程画出来。通过应用平衡计分卡的构架，分析各核心部门的目标是什么，关键流程是什么，要做好关键环节需要匹配什么样的人员，连锁企业战略实现时所需的组织资本和组织文化、行动的方法及达成途径，都从一张地图上完整反映出来。然后企业就可以把战略地图中的主要目标转换为战略监控的指标体系，并结合战略阶段规划各阶段关键指标必达值，通过指标与当前实际情况（包括预算执行情况）判断当前战略的执行状态，引导决策及资源分配，以保证不断达成阶段短期目标，同时，对比、判断战略目标的可行性。

2. 定期组织成熟度评估

连锁经营的最大特征是化繁为简，实现规模经济效益。连锁企业组织有其独特性，在企业组织模式上需要通过总部、分部与店面管理职能、专业职能的分工，建立连锁店的运营管控体系，实现高效运作。

定期进行组织成熟度评估，可以促使组织结构设计、流程建设及核心团队建设三者之间协调一致，确保它们能随着时间的推移适应战略及外部环境的变化，以此保持组织在变化环境中的灵活性。

3. 修正经营管理团队战略实施

（1）修正中层团队战略认知及实施方法。通过定期诊断与经营检讨，修正中层团队战略认知及实施方法。连锁战略目标依靠运营团队实现，经营分析监控可确保运营团队在做正确的事和正确的做事。企业应在战略指导下对企业的经营过程、组织状况等存在的问题进行分析和检讨，明确当前的经营行为是否符合战略需要，同时通过基于战略的绩效考核及业绩指标分析，寻找出当期经营活动中的短板，并最终落实到企业各个职位的绩效改进指标，促使企业各级员工的目标、行为与组织的战略目标趋向一致，防止"战略稀释"和"盲动乱动"现象的发生，从根源上克服企业经营中异常现象的发生。

在执行过程中，企业运营及发展状况可通过财务指标反映出来，而财务指标是由多方面的非财务指标所决定的。财务指标和非财务指标综合反映了企业的战略实施状况和模式实施过程。连锁战略及模式执行的效果由业务与管理运作流程完善和规范程度决定，而业务运作流程的有效性则由各级员工的行为方式是否符合连锁"四化"和职业化的要求最终决定，至此，战略分解及执行形成一个循环。

经营检讨的模型是从企业战略层面向企业运营、个人层面逐渐追溯的过程，通过发现症状、追究问题、寻找原因，最终从个人层面寻找到根源，以纠正经营管理团队战略认知及实施方法上存在的错误。连锁企业的发展是个优势累积和厚积薄发的过程，在储备阶段的非财务性目标相对财务目标更为重要。

（2）避免运营层人员的短期行为。连锁企业运营层人员常常会有短期行为，重视短期财务目标而忽视战略要求，重视效率而忽视系统效益。例如，某连锁企业的客户经理层热衷于如何立即开店而不是如何谋局布局，开店过程中不按流程规范、时间表运作，工作看似有效率，但通过经营检讨，发现只完成了阶段计划的小部分，且未达到标准化模式导入要求，使标准化管理模式执行成"多店"模式，导致后期扩张无法加速。为此，对战略执行过程中的运营监控，需要建立整套定制的经营分析结构与报表，以方便高层从总体上把握企业战略执行的进度，进行阶段性的策略调整决策，进行适时的干涉与支持。

（3）搭建合理有效的经营分析结构，明确关键绩效指标。总部战略监控部门可根据本企业的运营特征和管理特点,搭建合理有效的经营分析结构,明确关键的绩效指标。通过标准的数据收集、报表制作、报表传递,为高层战略监控与经营决策打造敏捷的企业"神经链"。作为连锁企业高层,需要定期审阅包含多项绩效指标的系列报表,并通过定期诊断及经营检讨会议来修正经营管理团队的战略认知及实施。定期诊断比经营分析报表更有助于高层全面、真实地了解战略及运营状况。一般而言,各部门出具的报告都由本部门出发,且统计口径不一,很难达到真正了解情况的效果。

(4)定期经营检讨会议。定期经营检讨会议是企业高层推动战略执行、解决问题的管理工具,也是高层落实战略、统一中层团队战略认知及修正执行方法的最有效手段。搭建有效的经营监控报表及会议体系,提高高层的管理效率,推动战略执行,是规模连锁企业管理提升的重要领域。在成长阶段,连锁企业要强化战略执行,可借助外力参与推动战略目标的达成,以保证稳定及持续增长的速度。

4. 提高员工的战略执行能力

对员工的整体技能进行评估,保证训练与督导体系有效地提高员工的战略执行能力。战略执行及业务运作效率最终由各级员工是否适合连锁组织的要求决定。连锁模式本身就是机器化大生产在商业领域的创新与应用,连锁企业必须设计严密和简洁高效的"流水线",而基层员工的工作技能和工作行为必须符合此流水线的设计要求,才能保证模式不走样。

企业连锁经营的主要战略

一、企业实施连锁经营的战略

连锁经营作为新型的商业模式,其应用非常广泛,但也存在着一定的局限性,如果企业在实施连锁经营前不考虑这种局限性而盲目上马,将大大增加企业的经营风险。企业在实施连锁经营前对企业进行如下四个方面的分析,确认企业是否具备了实施连锁经营的条件。

1. 企业的成功经验分析

首先,企业的所有者必须成功地经营一家样板店,并且必须确信这些成功的关键因素是可复制、可再现的,而不是归结为某特殊个体的贡献或良好的外部环境等不可复制、不可再现因素。

另外，企业必须确信企业的运作流程及取得成功的关键因素可以文本化，并能够有效地指导未来连锁店经营者及员工为顾客提供同样品质的产品/服务。

2. 服务/产品竞争力分析

每个连锁店所处的商圈存在着差异性，企业实施连锁经营必须从空间和时间两个维度分析企业服务/产品的竞争力。服务/产品的区域限制性是必然存在的，当这种限制足以影响企业发展时，企业应对通过改进和优化产品/服务以突破这种区域限制的可能性加以分析。同时，由于竞争对手的模仿等因素，企业产品/服务可能随时间的推移而失去其竞争优势，如果企业服务/产品易于模仿且改进的潜力较小，连锁经营将很难取得成功。

3. 总部相对优势分析

连锁店运作一段时间后，其经营者已基本掌握了连锁店经营管理的技巧，对连锁总部的依赖程度下降，进而质疑连锁总部的价值。此时，连锁总部的相对优势逐步丧失，导致连锁总部和连锁店的关系走低，当连锁店为加盟店时，可能导致合作关系的破裂，最终导致连锁体系的失败。因此，企业在实施连锁经营前，必须认真分析，确保企业有保持相对优势的资源，使连锁店对连锁总部保持持续依赖。

4. 企业财务状况分析

企业连锁经营的实施过程依据其特点，可以分为孕育期、雏形期和成长期（扩张期）三个阶段。其中，孕育期、雏形期及成长期前期都是企业投入期，这对中小企业来说，无论是在企业财务方面还是在企业高管心理方面，都是一种考验。因此，企业在实施连锁经营前必须对企业未来资金流量及未来的资本投入进行评估，从而制定出合理的融资计划，来满足营运资金和资本支出的需要。

【开拓视野】

发展便民服务新业态

发展体验经济，支持实体零售商综合利用网上商店、移动支付、智能试衣等新技术，打造体验式购物模式。发展社区经济，在餐饮、娱乐、家政等领域培育线上线下结合的社区服务新模式。发展共享经济，规范发展网络约租车，积极推广在线租房等新业态，着力破除准入门槛高、服务规范难、个人征信缺失等瓶颈制约。发展基于互联网的文化、媒体和旅游等服务，培育形式多样的新型业态。积极推广基于移动互联网入口的城市服务，开展网上社保办理、个人社保权益查询、跨地区医保结算等互联网应用，让老百姓足不出户享受便捷高效的服务。

资料来源：摘自《国务院关于积极推进"互联网+"行动的指导意见》。

二、连锁企业自有品牌战略

连锁企业自有品牌战略是指连锁企业通过搜集、整理、分析消费者对某类商品的需求特性的信息，提出新产品功能、价格、造型等方面的开发设计要求，进一步选择合适的生产企业进行开发生产，最终由零售企业使用自己的商标对新产品注册并在本企业内销售的战略。在国内市场上，商品绝大部分使用的是制造商品牌。随着社会主义市场经济的逐步建立，流通领域的竞争愈加激烈，如何不断地创新改革，谋求自身在新的商业零售体系中的市场地位已成为当务之急。所以实施自有品牌战略，被越来越多企业所关注。

1. 自有品牌的开发方式

大型零售企业自有品牌战略有以下两种实施方式。

（1）自设生产基地。这是指企业自己设计开发并生产加工某些商品，使用自己的品牌销售。这种方式的特点是，生产企业的零售企业之间形成一种稳定的协作关系，而不是单纯的交易关系，它们具有共同的利益和目标。采用这种方式的零售企业应该具备充足的人力和合理的人力结构，使得由策划、设计到生产、销售都有相应的专业人才。企业还要有足够的财力来建厂、购买设备并支付人员的开支。

（2）委托生产商制造。这是指零售企业根据市场的动态对商品的质量、规格、类型、原料、包装、结构等方面进行设计，然后委托生产企业按照具体生产要求制造，销售时使用自有品牌。使用这种方式的零售企业与生产企业之间是一种较为松散的协作关系，对零售企业而言，风险较大。但这种方式中的生产商规模虽小，质量却高。这些小的生产企业由于资金、规模的限制，无法与使用零售商品牌的商品竞争，大型零售企业正是利用这一点，以利润为纽带，使这些小企业为其生产，实现互惠互利。

2. 自有品牌的开发流程

（1）品项选择。自有品牌品类经理根据公司决策需要以及市场需求，按照提报的开发计划，在规定的时间内（以开发计划时间为准）选择需要开发的品类，提报给自有品牌开发经理，经同意后，方可进行考察。

（2）价位确定。自有品牌品类经理经考察（需考察2~3家）确定经营厂商后，转自有品牌品控经理进行洽谈进一步的合作意向，洽谈的贴牌价位及时提供给自有品牌品类经理，以确定开发品项的价位及毛利贡献合理性是否可以进行开发。

（3）合同文本。自有品牌品控经理在与厂商基本洽谈后，须在2个工作日内及时整理相应的合同文本，报批自有品牌开发经理，并由自有品牌开发经理提报给采购副总批阅。

（4）合同签订。确定了需要开发品项的价位和毛利大小，自有品牌品控经理及时与加工厂商进行合同性的洽谈并签订合同，提报给自有品牌开发经理，并上报批复。

（5）价格制定。自有品牌品类经理根据已经开发出的商品，于1个工作日内进行价格的制定。限定毛利的空间必须合理，符合品牌开发的优势。价格制定后，转自有品牌品控经理4小时内进行输入，并建立档案。

（6）包装设计。自有品牌品类经理根据需要开发的商品，联系广告部在4个工作日内进行外观包装的设计，并提报给开发经理进行确定后，进行包装的生产、加工。

（7）质量监督、抽查。自有品牌品控经理根据开发商品的加工时间，进行实地监控，并在经营中随时抽查开发的商品质量，及时提报给开发经理。商品加工完成后，自有品牌品控经理要及时向厂商索取质检报告，随货发到各门店，以便进行报检。

（8）商品上市。自有品牌品控经理在加工厂等待商品加工完工后，立即通知自有品牌品类经理，进行商品的门店分布，并通知订单部于2小时内下达订单。

（9）库存调控。自有品牌品类经理要合理掌握自有品牌商品的库存，并及时协调配送中心进行库存的调控，加快库存的周转，确保库存的良性周转。

（10）促销活动。自有品牌品类经理根据商品上市后的销售情况确定月度、临时性、季度性、年度性促销计划，于每月10号、25号提报给自有品牌开发经理批复后，转自有品牌品控经理进行价格的调整、DM快报的拍摄，并于促销前两天及时通知各门店，进行促销前数据接收、商品陈列的准备。根据促销计划的档期设置，自有品牌品类经理要协调订单部调控库存，以确保促销商品的上架率。

（11）门店陈列。根据开发出的自有品牌商品，自有品牌品类经理要在2个工作日内通知相应部门的品类经理，进行商品陈列规划，并由相应部门的品类经理于2个工作日内对门店下达陈列图。门店接到陈列图后，必须在规定的时间内及时陈列，并全员推介自有商品。对于未下达陈列图的门店，必须无条件地推销自有品牌商品，并视同经销商品积极推介，以扩大品牌影响力。

（12）商品退货。凡是属于厂商可以退换货的商品，门店必须严格按照退换货流程进行商品的退换；属于厂商不负责退换货的商品，门店必须在1/3保质期内通知配送中心，以进行门店间调拨，及时消化库存。对于超出退换货要求的商品，由门店自行负责，但不允许不销售自有品牌商品。

自有品牌发展是连锁企业的一个长期战略，是为了利益最大化的更高挑战，本土卖场在学习运用国外卖场管理方法的同时，也要结合自身特点，抓住区域的发展优势，将自有品牌做成自己的新亮点，争取走出低级的竞争模式，在提升获利能力的同时，也提升自己的竞争力。

> 【开拓视野】
>
> ## 自有品牌
>
> 自有品牌（Private Brand，PB），即零售商自行研发、自主设计，并授权制造商进行生产加工，再贴上自己注册商标在自属零售网点或者终端售点进行销售的产品。
>
> 在全球商品零售产中，自有品牌发展战略制定的最为科学、自有品牌经营业绩最好的就是国际商业零售巨头沃尔玛。目前，在沃尔玛的经营中，其30%的销售额以及50%利润都来自于其自有品牌。在沃尔玛的全球采购中，每年都有数百亿美元的商品从中国的众多生产商处贴上各式各样的沃尔玛的自有品牌，通过沃尔玛的各大经营门店，流入全球众多的消费者的手中。
>
> 据媒体资料报道："有专业研究人士发现，由于世界百货联合会有20%～40%的成员单位都拥有PB商品；而且，拥有PB商品是西方业绩较好的零售商的普遍特征之一。"

三、连锁企业的扩张战略

零售企业要在竞争中立于不败之地，其根本出路就在于通过战略扩张来实施规模化经营。从当前零售业的发展趋势来看，连锁企业的战略扩张模式有以下几种。

1. 直营式战略扩张

零售企业利用自有资金，通过构建新的零售业分公司或子公司来实现经营规模的扩大，就叫直营式战略扩张。如果是自建连锁分店进行扩张，就称为直营式连锁扩张。在直营式战略扩张模式下，本企业对新店拥有绝对的资金、人事、管理等方面的控制权。在实际操作中，直营式规模扩张还可以进一步分为两种类型。

（1）完全自主新建分店进行扩张。这包括购买土地使用权、建造和装修购物场所、置办必要的经营设备和设施、输出管理人才和招聘员工等。

（2）租用式直营扩张。这是指租用所在地物业业主房产，将其改建为分店，除不拥有房屋产权外，本企业拥有绝对经营权。

相比而言，第二种类型要比第一种类型节约很多建设资金，不仅缩短了准备期，降低了资金风险，而且还有利于开办更多的分店，适当提高了扩张速度，缩短了投资回收期。在资金充裕的条件下，这是一种比较好的扩张模式。如全国华联商厦集团、青岛利群集团的扩大经营规模就是以直营式扩张为主。

2. 入股式战略扩张

本零售企业与其他企业通过资金或资产入股的方式来组建新的股份制式零售企业，最终实现经营规模扩张。入股成员由两方或两方以上组成，入股者可以是零售企业，也可以是非零售企业；入股方式既可以是资金，也可以是不动产，甚至是其他有效资产。在新成立的股份制零售（连锁）企业中，入股各方所占的股份比例可经谈判或协商予以确定。为确保本企业对新成立的零售企业的相对控制地位，必须在股份制企业章程或相关文件中给予特别的规定或约定，其中包括本企业的股份份额、经营决策地位、商业定位、业态模式、商场运作机制、本企业经营理念的输出、对员工素质的要求及今后的战略调整等。如果没有这些约定，新生的零售企业就会在以后的经营中不断受到干扰，自然就不可能实现本企业规模扩张的目的。

实践表明，入股式战略扩张所需的资金较少，组建周期较短，经营规模可以较大，业态可以更加复杂。在新成立的零售企业中，如果有所在地股东参与，则还能获得相对稳定的外部环境的支持，这对连锁分店以后的经营是有积极作用的。入股式战略扩张能极大提高零售企业规模化扩张的速度，是一种比较理想的扩张模式。

3. 并购式战略扩张

这是指零售企业通过资本运作方式来实现规模化战略扩张。在并购式战略扩张中，被并购对象一般是零售企业，在某些特殊情况下，也可以不是零售企业，如物流企业等，但无论如何，被并购对象必须非常有利于本零售企业的战略扩张。

并购式战略扩张又可进一步分为合并式扩张和收购式扩张。二者虽然都是通过资本运作来实现企业规模扩张的目的，但在具体操作上还是有很大的区别。合并式战略扩张是指由两个或两个以上的零售企业通过资产合并和重组来建立新的零售企业。

4. 联盟式战略扩张

这是指相同或相近的零售企业为了扩大经营规模，获得市场竞争优势，共同结成某种形式的战略联盟，如采购联盟、价格联盟、服务联盟、促销联盟等，一般以采购联盟较为常见。各零售企业结成联盟后，每个企业都可以从联盟中获得单个企业不可能得到的联盟利益或联盟优势。在战略联盟内部，由于每个零售企业都遵循着优势互补、资源共享、信息互通、促销互动、风险共担这一"游戏规则"，因此，每个企业也就具备了进一步实现战略扩张的基础和条件。在联盟支持下，零售企业的扩张速度大大加快，实力也极大增强。由于联盟内各企业之间的内在约束具有一定的"弹性"，因此，这种联盟又被称为自由联盟。如果加入联盟的企业是为了连锁扩张，则这种联盟就被称为自由连锁联盟。

【阅读案例】

家电连锁联盟

2002年7月18日，北京的大中、上海的永乐、河南的通利、青岛的雅泰、成都百货等几家相对独立、规模较小的家电连锁零售公司联合发起并结成了家电连锁联盟，共同签订了《战略合作框架协议》。在该《协议》指导下，首先是迅速建立全国统一的信息沟通平台，为各成员单位提供改建、整合等经营管理过程中的建议及方案，提升竞争力，降低经营成本；其次是促使各成员单位在共性化经营的基础上实施个性化经营，与上游制造商协商，获得规模化采购优势，降低采购成本，并注重让利于消费者，以形成整个供应链的良性循环。

5. 特许加盟式战略扩张

特许加盟是特许人与受许人之间达成的一种契约关系。根据契约，特许人向受许人提供一种独特的商业经营特许权，并给予人员训练、组织结构、经营管理、商品采购等方面的指导和帮助，受许人向特许人支付相应的费用。特许经营是特许方拓展业务、销售商品和服务的一种双赢的商业模式，它使特许经营人能够最充分地组合、利用自身的优势，并最大限度地吸纳广泛的社会资源，受许人则降低了创业风险和时间、资金等创业成本。

【阅读案例】

麦当劳中国将其自创汉堡业务概念店引入中国

2015年6月30日，麦当劳中国宣布将其自创汉堡业务（"我创我味来"，Create Your Taste）概念店引入中国，以满足中国消费者的个性化需求，力求通过新业务的展开更快地推动业绩上升。事实上，为了快速提升业务，麦当劳还加速了电子信息化改革，包括发力O2O布局和数字化。去年，麦当劳受福喜事件影响，全球各地业绩出现不同程度地下滑，麦当劳亟须采取多种手段快速恢复业绩。

1. 自创汉堡直击个性化消费

据悉，麦当劳中国自创汉堡项目让消费者根据个人喜好，从24种食材中选择原料，创作个性化汉堡。据了解，中国市场是麦当劳119个国家中第6个推出自创汉堡的市场，之前该项目已分别在美国、澳大利亚、新西兰、新加坡和科威特推出。

麦当劳（中国）首席执行官张家茵接受《第一财经日报》记者专访时表示，自创汉堡项目计划于明年在北京、上海、广州和深圳四地全面铺开，而今年第一批为上海三家和广州一家；具体门店数要根据实际的运行情况，所以暂时还没有具体的开店数目计划。

麦当劳除了传统的快餐业务外，目前在中国已经开展了多项业务，包括McCafe、麦乐颂送餐、甜品站等，此次再次推出新业务目的是什么？张家茵表示："我们希望让麦当劳品牌迈向未来，创新成为一个非常个性化、数字化的体验品牌，这是我们的大方向。同时，我们做了很多市场调研，了解到现在的顾客，除了基本的快速、方便需求以外，还需要一些创新和非常不一样的体验。"

不过，从中短期来看，麦当劳急于推出新的业务背后是业绩遭遇冲击。麦当劳2015年第一季度业绩显示，其营收同比由67亿美元下跌至59.6亿美元，比去年同期下滑11%；净利大跌32.6%，至8.115亿美元，比起去年同期的12亿美元，下滑了将近1/3。同时，麦当劳同店销售数据也不佳，全球开店13个月以上的餐厅同店销售下滑2.3%，在亚洲、中东以及非洲市场，同店销售的降幅达到了8.3%。对此，张家茵强调，麦当劳在中国的业绩目前是增长的。对于新业务将来会对麦当劳业绩快速恢复有多大贡献，张家茵表示现在还在市场试水阶段，尚无法预测，但已知的信息显示，在中国先期试水的两家餐厅初步表现已经超越了其他市场的首家CYT餐厅。

2. 加速互联网数字化变革

事实上，自创汉堡仅仅是第一步，发力O2O布局，加速数字化变革成为洋快餐一致的选择。

张家茵向记者透露："CYT平台建立后，创意空间无限大。除了产品以外，还需要餐厅硬件的配合，可能你会问，你跟一家中西餐馆拿一个iPad有什么不一样？非常不一样。上海麦当劳大概100%的餐厅已经改变为双点式服务模式：点餐在一边（通过触屏自助点餐机），取餐在另外一边。这是以后O2O最主要的服务模式，将来我们可以实现多渠道的点餐，包括网站或者移动端手机APP上下单。"数字化方面，麦当劳会通过消费者对汉堡搭配的选择建立一个数据库，通过对大数据分析进一步改进产品。

除了麦当劳，麦当劳的老对手肯德基也开始加速O2O布局。就在麦当劳中国宣布自创汉堡项目的同一天，肯德基中国宣布与支付宝达成全面合作。肯德基已在上海市和浙江省的700多家餐厅接入支付宝支付，并计划在全国的餐厅逐步推广这一服务，这也是肯德基中国首次在门店接入移动支付。此外，肯德基"自助点餐"APP也已在上海、杭州开通，使用此服务的消费者可以在手机上完成点餐并支付后，在300

多家餐厅的"自助点餐取餐通道"免排队进行快速取餐。此外，肯德基自助点餐机也已在部分城市的部分餐厅进行测试。截至目前，肯德基手机APP、肯德基宅急送手机APP、肯德基移动网站、肯德基官网、官方微博、官方微信、品牌支付宝服务窗等已构成了全方位数字平台。

6. 合资式扩张

合资式扩张主要指国外零售企业在特定的零售政策环境条件下，通过合资方式在中国实施规模化扩张。需要指出的是，这种扩张方式同样适用于中国零售企业走国际化之路。

随着行业竞争的加剧、经营业态的繁荣，以及现代信息技术、网络技术和物流技术的发展，零售企业战略扩张的新模式还将不断涌现，因此，密切关注和认真研究现代零售企业规模化扩张模式，并在此基础上做出科学的战略决策，对零售企业战略经营具有非常积极的意义。

四、企业连锁经营的发展历程与趋势

连锁经营实施过程中会经历孕育期、雏形期及发展期，即连锁经营的"实施三步曲"。明确企业在各个阶段的主要任务，以确保连锁经营的成功实施。

1. 孕育期

在孕育期，规范内部管理，奠定连锁基础。本阶段的核心任务是规范并优化样板店经营管理，并将样板店的运作流程及成功经验文本化，为连锁经营的成功实施奠定基础。其目标任务包含两个方面：一是规范样板店的管理，将其作业流程化、技术标准化、管理制度化，并形成相应的连锁店手册。这些手册一般包含《连锁店组织与岗位说明手册》、《连锁店绩效与薪酬管理手册》、《连锁店运营手册》、《连锁店店长手册》、《连锁店员工手册》、《连锁店技术手册》及《连锁店制度汇编》等。二是重新进行样板店的形象设计，进行内外部装修，创造良好的服务环境，并在此基础上编制《连锁店VI手册》。

2. 雏形期

在雏形期，建立连锁框架，形成管理体系。本阶段的核心任务是成立连锁总部，初步建立连锁体系的大致框架，在连锁体系运作的实践中总结连锁管理经验，形成连锁管理体系。其目标任务包含以下三个方面。

（1）开展多店经营。企业可以采取开设直营店、特许加盟和自由联合三种方式增加3家以上连锁店。企业可以结合自身经济实力及市场环境选择相应的方式。一般建议企业采取第三种模式,因为该模式虽然以损失连锁经营发起企业对连锁体系的控制力及部分未来收益为代价,但该模式不仅减轻了企业的资金压力,降低了财务风险,同时减小了企业人才培养的压力,在有效规避风险的同时缩短了雏形期的时间跨度。

(2) 编制总部相关手册。总部相关手册一般有《连锁总部组织与岗位说明手册》、《连锁总部绩效与薪酬手册》、《新连锁店开店手册》、《财务管理手册》、《物流管理手册》及《员工培训手册》等。

(3) 编制加盟相关手册。加盟手册用于潜在加盟商的加盟指导,一般含《连锁经营手册》、《加盟指南》、《加盟常见问题与解答》、《加盟协议》等。同时,在连锁体系的运营实践中,完善在孕育期制定的连锁店手册并定稿,用于指导未来连锁店经营。

3. 成长期

在成长期,树立企业品牌,拓展连锁体系。经历雏形期后,连锁体系框架已形成,同时连锁总部也已具备较为成熟的连锁管理经验。本阶段的核心任务是通过各种途径,树立企业品牌,吸引潜在加盟商加盟,实现连锁体系的迅速扩张。其目标任务包含以下三个方面。

(1) 提升企业的品牌形象。采用各种方式对企业进行宣传,提升企业的品牌形象,吸引潜在加盟商。在这里,将潜在加盟商分为新进入投资者和谋求进一步发展的同行企业。对于前者,通过各类媒体的创业栏目进行宣传是最为有效的方式;对于后者,通常采取直接发放宣传册及邀请其参加加盟营销会议的方式。值得注意的是,两类潜在加盟商关注的内容是有区别的:前者关注连锁体系的成功经验,后者则更加关注连锁体系的品牌效应及协同效应,所以宣传方案应结合对象特点进行设计。

(2) 选择优秀的加盟商。以利于连锁体系长远发展为原则,选择优秀的加盟商。协同效应是连锁经营的优势之一,但也是连锁体系的薄弱环节之一:连锁店拥有同样的形象设计,为客户提供同样的产品/服务,每家连锁店在一定程度上都代表着连锁体系。因此,连锁企业应严格审核加盟商资格,确保连锁体系的长远发展。但本阶段的迅速扩张策略会使企业倚重发展速度,从而导致企业的短期行为,因此,建立并严格执行加盟商评价体系是必要的。

(3) 拓展连锁体系。选址及员工培训是开设新连锁店的两个核心问题。对于新连锁店的开设或改造,有专家提出了"分裂繁殖法":连锁总部可对连锁店的岗位进行相关性分析,将其岗位分成相关度最高的两个小组,并将其中一组安排到新店工作,"分裂繁殖"新的连锁店。"分裂繁殖法"是使新店迅速进入正常运营的有效方法,同时也是将连锁店运营经验及企业文化移植到新店最为有效的方法之一。当然,在进行"分裂繁殖"的过程中,连锁总部应考虑员工工作的便利性等问题,在成功"繁殖"后,总部可考虑将员工调回原连锁店工作。

项目三

连锁企业供应链管理战略

连锁企业供应链战略是以连锁经营企业作为整条供应链的主导企业，采用集成化的概念和方法，对从原材料供应商到终端客户的供应链网络进行计划、协调和控制，使之快速反应客户需求，在合适的时间、合适的地点提供合适数量的优质产品，进而实现整体利益最大化和运作最优化的功能网链结构模式。连锁企业实行供应链管理，对降低采购、仓储成本，提高库存周转率有明显作用。

一、连锁经营供应链管理

供应链是指由供应者和顾客组成的网络，所有的商业运作都位于这个网络中。供应链管理的内容包括在合理构造供应链的基础之上，对供应商、信息支持、生产制造、库存控制、采购物流、用户需求和绩效评估等内容进行实时的动态管理。

1. 连锁经营的供应链特点

通常，连锁经营对商品选择中央采购制度，各个门店需要把销售信息、库存信息及库存资料及时、准确地传送给总部，总部对商品的购销、存退等信息进行连续分析，使采购商品的品种、结构和数量符合各个分店的购销需要。作为连锁经营成功的前提条件，供应链管理已经处于企业生存和发展的战略地位。

2. 连锁经营供应链中的用户需求管理

（1）"推动式"运作。它以制造商为核心。通常，制造商以从零售商那里收到的订单来预测顾客需求，生产的产品再从分销商逐步推进到用户。其特点是整个供应链上的库存较高，不能及时地对用户需求变动做出反应，服务水平低，但能发挥规模经济的作用。

（2）"拉动式"运作。它以最终用户需求为驱动力，迅速交换数据，针对特定订单做出回应。相比"推动式"，其存货大幅减少，运作成本下降。近年来，推一拉混合供应链模式也出现了，它的前期阶段基于长期预测采用推式策略，其他阶段基于实际的客户需求采用拉式策略。

3. 连锁经营供应链管理中的信息管理

连锁经营供应链管理中的信息管理其实主要是对决定商品采购量时所需要的信息的

管理。商品采购一般分为首批采购和日常采购。首批采购是指对新上市的产品进行的第一批采购，日常采购是指除了首批采购外的其他采购行为。

对于畅销的产品的首批采购，确定合适的采购量是至关重要的，应实行谨慎的采购原则。日常采购量的确定通常有大量的信息支持，连锁总部可以根据从各个门店反馈的用户信息以及各个门店定购的数量确定日常采购量。

【开拓视野】

2015 中国城市便利店服务指数

在 2015 年中国便利店大会和 2015 中国特许展·北京站召开前夕，中国连锁经营协会发布了中国城市便利店指数系列之 2015 中国城市便利店服务指数。

该指数通过对 34 个大中城市便利店所开展的各类便民服务项目为基础数据，综合测算出了 27 个全国省会及计划单列市的便利店服务指数排名。其中，深圳、广州并列第一，福州、天津位列倒数后两位。

2014 年协会发布的城市便利店指数为综合性指数，是从密度、增长、便利性和政策扶持力度四个主要指标进行了指数测算和排名。由于综合性指数短期内的变化性不大，今后将考虑 3~5 年发布一次。而每年发布的系列子指数中，将突出不同的重点方向，从不同的角度反映各个城市便利店发展的情况。2015 年的服务指数研究的对象就是便利店所开展的便民服务。

就指数的相关细节，是按照目前国内便利店所开展的便民服务类型，将服务项目分成了四大类 54 个具体项目。四大类分别为政策相关的服务，比如公共事业性收费、OTC 药品经营、彩票经营等；社区相关服务，比如送货上门、洗衣、复印、上网等；电商类服务，比如移动支付、快递取送、金融终端等；餐饮服务，比如关东煮、包子、盒饭、寿司等。

除了对四个大类服务项目的综合评价，指数仍然保留了政策支持力度的分值，通过五个方面的综合评价和分析，测算出了 34 个城市的便利店服务指数，最终数据剔除了 7 个中小城市的数据，保留了 27 个省会及计划单列市的排名情况。

在指数的数据收集和整理以及测算的过程中，中国连锁经营协会总结出了目前国内便利店服务类项目开展的一些特点。

1. 南方城市好于北方城市

从综合排名和各个分项的排名来看，从开展的服务类型的数量和质量方面，南方城市整体要好于北方城市，沿海城市要好于内陆城市。

2. 龙头企业促进城市便利店服务发展

从城市便利店开展的服务来看，城市内的龙头便利店企业发挥了重要的带头作用和积极的尝试，引领了城市便利店服务的发展。

3. 公共事业性服务开展及部分商品经营受限

通过各个城市企业填报的数据来看，城市便利店开展公共事业性收费及服务，以及部分与居民日常生活消费相关的商品的经营在很大程度上还取决于该项服务或商品的主管政府及相关部门的准入问题，开展此类项目的沟通成本相对较高。比如OTC药品的经营、烟草的经营等。

4. 餐饮类服务的开展遇到瓶颈

城市便利店从事餐饮服务，在同样面临政策限制问题的同时，对于内资便利店企业还存在企业经营能力不足、供应链能力有限和供应商资源缺乏等多种挑战和瓶颈。

5. 电商类服务属于试水阶段

便利店开展电商类服务，大部分城市的企业目前还处在尝试阶段，尚未形成核心的商业模式。但毋庸置疑的是，电商类服务势必是未来的一个发展方向，所以各个城市的便利店企业在过去一年中，做了积极的尝试和较大投入。

6. 政策支持亟待加强

27个核心城市中，只有2个城市数据显示政策支持力度好，有7个城市的政策支持几乎没有。而且在同一城市中，不同企业获得的政策支持力度也有所不同。

2015年中国城市便利店服务指数排名

城　　市	指数得分	城　　市	指数得分
深　圳	90.00	武　汉	77.00
广　州	90.00	厦　门	74.00
南　宁	88.00	长　沙	73.00
大　连	84.00	昆　明	72.00
石家庄	84.00	青　岛	72.00
沈　阳	84.00	杭　州	70.00
呼和浩特	82.00	西　安	68.00
南　京	82.00	重　庆	68.00
太　原	81.00	乌鲁木齐	67.00
北　京	78.67	哈尔滨	64.00
上　海	78.67	银　川	64.00

续表

城　市	指数得分	城　市	指数得分
温　州	78.00	天　津	63.00
东　莞	77.33	福　州	60.00
成　都	77.00		

资料来源：中国连锁经营协会网（http：//www.ccfa.org.cn/portal/cn/view.jsp? lt = 1&id = 419392）。

二、连锁企业供应链管理战略的实施

连锁企业供应链管理战略实施包括公司层、业务层及职能层三个方面。

1. 公司层供应链管理战略的实施

企业经营初期，为加强自身在供应链上创造价值的能力，应该把一部分非核心竞争力的业务交与其他公司来运作，即业务外包，如采购外包、配送外包、仓储外包、人力资源管理外包、应收账款外包、信息系统外包等。

当零售连锁企业在供应链上的某一环节创造价值能力不断膨胀时，有必要横向延伸其创造价值能力，实现核心竞争力在供应链上的传递。如水平方向兼并竞争对手或与竞争对手建立战略联盟，把竞争对手的内部供应链纳入自己的供应链体系。

当横向延伸创造价值能力受限制时，企业可考虑后向及前向的延伸，通过整合企业上、下游企业和自身的价值创造能力形成协同效应。如向上游发展生产和批发，下游发展运输，配送等业务。

当零售连锁企业在横向、纵向都不能延伸其价值创造能力时，就要考虑在不相关的业务领域开展经营，通过并购和建立战略联盟等方法，进入新的供应链。

2. 业务层供应链管理战略的实施

从战略管理的角度来看，企业价值链的增值能力与供应链性能有密切联系，价值链增值能力的增强也意味着企业在供应链性能方面获得了某种提升。零售连锁企业实施业务层管理战略，首先需根据内外部环境确定内部供应链的性能提升目标，然后在价值链的主要活动和辅助活动方面采取一系列彼此协调、有机连接的行动，提高价值链的增值能力，以达到预期的整合目标。

3. 职能层供应链管理战略的实施

零售连锁企业职能层的供应链管理战略的实施，渗透于供应链的各项基本业务活动之中，体现在对各职能领域的作业进行改进。

（1）采购业务中的供应链管理战略。职能层供应链管理战略在采购业务活动中体现为JIT采购。在采购过程中，零售连锁企业运用高效的信息系统寻找低成本和优质产品的供应商；对供应商做出经常性的评估，以检查供应商的工作表现；正确、及时地对订单进行处理，以减少库存、加快库存周转、缩短提前期、提高购物的质量、获得满意交货。通过实施JIT采购，供应链的效率性和响应性都得到了提升。

（2）库存管理中的供应链管理战略。主要包括以下内容：

①VMI库存管理是职能层供应链管理战略在仓储业务环节的有效实施方式。VMI库存管理意味着零售商的补货系统由供应商执行，在高效的管理系统下，零售商商品数据的任何变化都随时通过系统传递给供应商，供应商根据这些数据决定未来的货物需求数量并向零售商补货。这样，可以降低补货成本和库存水平，提高供应链的效率性；同时可以提高供货速度、供货准确性和产品的可获得性，从而为客户提供最佳的服务，提高供应链的响应性。为实现自身的利益，同时维护供应商的利益，要合理的选择和管理上游供应商。连锁超市除了通过向配送中心订货，还从另一个渠道获得商品，即直接与供应商打交道。企业首先要对自己的商品按照一定的方法进行分类，针对不同的商品选择不同的订货方法。对于重要商品的供应商，应建立长期的战略伙伴关系，实行VMI将存货压力转向供应商；对于次重要商品的供应商，可以通过共同与第三方物流公司签订协议，实行JIT送货以降低库存存量；对于一般供应商，可以保持良好的合作关系，采用传统的固定订货点体系和定期回顾体系对库存加以控制。

②采用需求拉动策略。无论是采购还是库存控制，目标都是以较低的成本向消费者提供较好的商品和服务。企业有特定的消费人群，应将主要精力放在目标客户身上，以提高经营效率。通过了解客户的需求，通过需求拉动策略来带动整个供应链上物流及信息流的流动，实现整体利益最大化。

③充分发挥配送中心功能。连锁超市向配送中心申请订货，通过中心统一集货，再由中心实行小批量、多频次送货，可以减少单店存货压力，不容易造成库存积压；同时，配送中心掌握各门店的订货数据，根据历史销售规律对销售趋势进行预测，在统一采购过程中进行统筹安排，对各门店的存货量也能提出适当的建议。

④连接内外的信息系统。要实现供应链上物流、信息流的及时传递，企业应该建立完善的物流信息系统，不仅要合理保证内部的控制，而且还要与外部沟通，及时传递并更新信息，以便及时做出最优的决策，这样就能够提高企业整体的效率。连锁超市搭建物资采购管理信息网络平台，实现连锁超市之间、超市与配送中心之间、超市与供应商之间的信息互传，进行有机的协调配合。要做到有效、快速地响应客户需求，必须实时地传递企业之间的需求预测、库存状态、生产计划等数据。通过信息系统集成，实现信

息透明度，提高服务水平，降低安全库存，最终降低企业的库存成本。

对零售连锁企业来说，公司层的供应链管理战略应在分析外部供应链的各节点价值创造能力的基础上实施，可纵向、横向延伸其价值创造能力，或进入新的供应链，或强化企业自身的价值创造能力。零售连锁企业的业务层供应链管理战略的目标应是提高供应链的效率或响应能力，包括低成本供应链管理战略以及差异化供应链管理战略。低成本供应链管理战略包括设计一系列的行动，通过提高供应链的效率性，向顾客提供功能型产品；差异化供应链管理战略则需要设计一整套方案，通过提高供应链的响应能力，向顾客提供创新型产品。零售连锁企业职能层的供应链管理战略是通过对采购、仓储、配送等职能领域的作业活动加以改进而实施的，如利用先进的 MIS 系统优化零售连锁企业的订货、仓储、配送作业流程，利用集中采购降低采购成本，利用配送中心降低零售连锁企业的缺货率和库存等。

> 【开动脑筋】
> 连锁企业在采取某种发展战略时，要充分考虑企业及门店的总体情况，那么连锁企业和一般非连锁性企业在战略制定与执行上有何异同？

>> 本模块小结

连锁企业战略是对连锁企业的谋略，是对连锁企业长期发展、标准化运营等方面的整体性、系统性、根本性问题的计谋，是影响连锁企业能否稳定发展、持续扩张与赢利最重要的决策参照系。连锁企业战略管理主要包括战略分析、战略定位及展览执行与控制。连锁经营企业的战略定位需要从顾客（Customer）、合作伙伴（Comrade）、环境（Circumstance）、商品（Commodity）四个方面进行思考。

连锁企业自有品牌战略是指连锁企业通过搜集、整理、分析消费者对某类商品的需求特性的信息，提出新产品功能、价格、造型等方面的开发设计要求，进一步选择合适的生产企业进行开发生产，最终由零售企业使用自己的商标对新产品注册并在本企业内销售的战略。零售企业要在竞争中立于不败之地，其根本出路就在于通过战略扩张来实施规模化经营。从当前零售业的发展趋势来看，连锁企业的战略扩张模式有直营式战略扩张、入股式战略扩张、并购式战略扩张、联盟式战略扩张、特许加盟式战略扩张、合资式扩张。

连锁企业供应链战略是以连锁经营企业作为整条供应链的主导企业，采用集成化的概念和方法，对从原材料供应商到终端客户的供应链网络进行计划、协调和控制，使之快速反应客户需求，在合适的时间、合适的地点提供合适数量的优质产品，进而实现整体利益最大化和运作最优化的功能网链结构模式。

>> 本模块参考

浏览网址

［1］国家工商总局 http：//www.saic.gov.cn/
［2］中国消费者协会 http：//www.cca.org.cn/
［3］中国消费网 http：//www.ccn.com.cn/
［4］中国广告协会 http：//www.cnadtop.com/
［5］中华商标协会 http：//www.cta.org.cn/5.
［6］中国营销传播网 http：//www.emkt.com.cn/

>> 思考题

1. 连锁企业战略分析包括哪些内容？
2. 连锁经营企业的战略定位包括哪些方面？
3. 如何利用BSC（平衡计分卡）构建战略目标指标监控机制？
4. 为什么连锁企业要走自有品牌战略？并请举例说明。
5. 试比较连锁企业的几种战略扩张方式。
6. 简述连锁企业供应链战略实施的三个层面。

>> 案例分析题

"互联网+"成功案例之ZARA的品牌营销[①]

2015年中国经济最大的变化就是"互联网+"时代的到来，"互联网+"代表一种

---

① 中国营销传播网（http：//www.emkt.com.cn/article/629/62994.html）。

新的经济形态，它充分发挥互联网在生产要素配置中的优化和集成作用。通过"互联网+"，将创新成果深度融合于经济社会各领域之中，提升实体经济的创新力。

"互联网+"中"+"，不仅是技术上的"+"，更重要的是思维、理念、模式上的"+"，其中以创新推动管理与服务模式变革是重要内容，是企业真正的核心竞争力。在"互联网+"下做品牌营销就是学会在大数据时代对顾客偏好和选择进行全面监控和预测。成功的品牌营销就是发现顾客需求，满足需求创造独特的价值并用独特价值抢占市场份额。这里我们以西班牙排名第一，世界四大时装连锁机构之一的ZARA的品牌营销为例，深入分析其成功的原因。

ZARA设计团队为服装业界所称道，他们对时尚潮流的把控能力、复制能力都是一流的。ZARA经营理念是"只有消费者最爱才是我们的设计，只提供消费者想要的"。ZARA从最开始在时髦的路人身上找灵感，去四大时装周上赤裸裸地抄袭，ZARA一直全力关注着消费者爱买什么，爱穿什么，而这正是ZARA知道"互联网+"中"+什么"，加的是消费者需求。

ZARA在它的新货构成中，65%计划生产，35%机动调整。这35%之前是靠遍布全欧洲的买手来提供创意、设计，而现在这一切则依靠互联网来实现。在社交媒体Instagram、Facebook上"潜伏"着很多ZARA的买手，每个人都关注了数量众多的时尚人士。ZARA并不介意从一个普通的用户身上寻找灵感，也不介意试错。时尚圈2013的极简风、2014的运动风，ZARA都能在第一时间捕捉到流行风潮并推出产品，真正做到了"我们的设计一定是消费者想要的"的经营理念。除了设计外，非常关键的一点是：ZARA全部自营店的管理方针，可以做到从设计、数据采集到铺货完全贯彻以客户导向，百分百做到"以顾客为中心"。这种将前后端紧密相连（O2O），通过销售数据随时调整生产运营的手法，也正是今天"互联网+"下企业优质鲜活的重要模式，即"互联网+"下做营销需求与顾客互动。可以说，ZARA本身就像一款互联网产品，能不断地快速迭代，随时增删或优化自身的功能特性。相比之下，国内很多服装品牌营销在考虑用户方面就显得诚意不足。外部复合式渠道管控难度大，服务水平质量无法统一，内部在服装设计上也要"一刀切"，越来越无法满足消费者的个性化需求，企业发展受阻只是时间问题。

我们的经理人虽然把"顾客体验是企业发展的第一位"挂在嘴边，但并不了解真正的意义。ZARA是真正做到了把顾客体验做到每个细节中去，而且它所强调的顾客体验虽不是最贴心的，但绝对是最符合消费者期待的。只求抓住核心用户，刺中用户痛点，一款成功的产品只解决用户的一个需求。随着互联网和移动互联网的发展，ZARA有了许多新的办法来实现这一点，不仅包括服装本身，通过社交媒体与品牌沟通，包括整个线上线下的购物体验。除了本身打造具有设计感的服装外，ZARA 的门店陈列也与其他快时尚品牌明显不同。大空间少货架，较稀少的商品陈列，少量多款的陈列特点……不难看出，这和高级时装店的陈列非常相似。而 ZARA 的目的也正是如此——让顾客有如置身高级时装店，带来高级时装的购物感觉。同样，其官网也同样打造成简约风格的现代型网站。不看定价，你很难一眼发现 ZARA 和其他高端品牌有什么明显的区别。

不同于传统服装品牌的设计师制度，ZARA 不需要知名的设计师，他们需要的买手、裁缝，只需要把时下最流行的风尚从 T 台、网络搬回到工厂就可以。目前做服装的好手很多，而懂时尚的却很少，就是做时尚生意的，也很难走出国门，这与审美能力不无关系。ZARA 的老板也并非什么时尚中人，只是理念先于他人，懂得 COPY 的艺术。而这种几乎是不计成本的"淘金"模式，与互联网信息的过滤机制非常相似。

在"互联网+"时代做企业，打造好产品当然是第一位的，但好的营销策略也绝对非常重要。业界常拿 ZARA 不爱做广告说事，但实际上真正了解 ZARA 的人都知道，它只是没有用一般的手段做广告而已。你看 ZARA 的所有门店无不开在城中最高端繁华的商业场所，也从不吝啬店面装潢的精美考究，同时 ZARA 塑造高端形象的另一重要部分是每年的宣传模特。这些模特常常都是全球排名第一的顶级超模，而宣传硬照也都质感上乘，无不传达着一种"时尚与高端"的形象。尽管成衣质量一直被吐槽，但谁都不能否认，穿 ZARA 就是和穿大牌有同样的视觉效果。

说 ZARA 是一家互联网化的企业，其中一个重要的依据就是，它的新品推出和库存控制就充分运用了迭代的思想。这也是"顾客至上"的互联网思维，ZARA 确实做到了对市场的快速反应。ZARA 在经营思想上的灵活，不以条条框框束缚品牌，而是不顾一切地以向前发展为动因，在试错中成长。从 ZARA 的领导层来看，高学历人员比例较其他国际公司为少，既可以说是缺乏高级的管理体系，又可以解读为摆脱了由经验带来的约束。这也使得其他人很难预料到 ZARA 下一步又会怎样发展，又会做出什么不符合常理的决策。这种打破常规的灵活性，在"互联网+"时代做营销尤为重要。

在互联网时代，商业机会几乎都是平等的、透明的、开放的，但是为什么有些企业能顺势崛起，而很多巨大的商业帝国衰落陨落——有众多的原因，重要的是思维的定势以及对环境的长期麻木，对互联网带来的消费理念、生活方式以及竞争格局毫无觉知，这也正是为什么在"互联网+"时代要研究、模仿 ZARA，因为世界上还没有出现第二个 ZARA。

问题：

1. 试分析 ZARA 的成功经验是什么？
2. 从 ZARA 案例认识"互联网+"的实质是什么？
3. 谈谈你对"互联网+"的发展趋势的看法。

参考文献
REFERENCES

[1] 荆林波. 中国商业发展报告 (2009~2010). 北京：社会科学文献出版社，2010

[2] 汤伟伟. 现代连锁经营与管理. 北京：清华大学出版社，2010

[3] 铃木敏文等. 7-ELEVEN 零售圣经. 北京：科学出版社，2010

[4] 黄金火等. 连锁经营. 武汉：武汉大学出版社，2009

[5] 王耀. 2009 中国零售业发展报告：中国零售业白皮书. 北京：中国经济出版社，2009

[6] 肖怡. 企业连锁经营与管理. 大连：东北财经大学出版社，2009

[7] 肖怡. 零售学. 北京：高等教育出版社，2003

[8] 蒋令等. 连锁经营总部运营管理. 北京：机械工业出版社，2009

[9] 李卫华. 连锁企业门店营运与管理. 北京：电子工业出版社，2009

[10] 王晓阔等. 连锁经营配送中心运营实务. 北京：机械工业出版社，2009

[11] 侯殿明. 连锁企业人力资源管理. 北京：中国劳动社会保障出版社，2009

[12] 代海涛. 连锁企业配送管理. 北京：电子工业出版社，2008

[13] 陈拥军. 连锁企业信息系统管理. 北京：北京大学出版社，2009

[14] 王吉方. 连锁企业门店开发与设计. 北京：科学出版社，2008

[15] 郁义鸿等. 连锁百货经营管理理论与实务. 北京：中国经济出版社，2008

[16] 王吉方. 连锁经营管理：理论·实务·案例. 北京：首都经济贸易大学出版社，2007

[17] 马瑞光. 复制连锁帝国. 北京：东方出版社，2006

[18] 宋则等. 中国流通理论前言. 北京：社会科学文献出版社，2006

[19] 郎咸平. 模式：零售连锁业战略思维和发展模式. 北京：东方出版社，2006

[20] 韩肃. 连锁经营管理. 哈尔滨：哈尔滨工业大学出版社，2004

[21] 徐印州. 零售连锁经营. 广州：广东经济出版社，2004

[22] 姜登武. 连锁超市经营管理. 北京：科学出版社，2005

[23] 郭冬乐等. 中国商业理论前沿 3. 北京：社会科学文献出版社，2003

[24] 巴里·伯曼、乔尔·R·埃文斯. 吕一林等译. 零售管理. 北京：中国人民大学出版社，2001

[25] 李晶. 连锁企业自有品牌战略，消费导刊，2009（2）

［26］吴崑．北京连锁门店店长构建胜任能力模型应用研究．商场现代化，2009（18）

［27］吴锦峰．基于供应链管理的企业战略．商场现代化，2006（12）

［28］俞国方．零售企业战略扩张模式分析．商场现代化，2004（9）

［29］李鸿飞等．浅谈如何构建连锁战略执行监控体系．现代商业，2009

［30］尚春香．7-11便利店如何选址．商业时代，2003

［31］特许加盟者的人力资源管理．特许经营，2005

［32］高雪君．连锁企业库存管理研究．中国商界，2009（5）

［33］黄琳等．连锁企业培训激励新模式——保级培训模式．中小企业管理与科技，2008（8）

［34］姜平．配送中心的建立与连锁企业的发展．黑龙江社会主义学院学报，2005（12）

高等院校经济管理"十二五"规划教材·营销系列

书名：现代营销学（第2版）
作者：李东进 秦 勇 主编
书号：978-7-80234-742-7
定价：35.00元
简介：本书以通俗易懂的方式叙述现代企业营销的基本原理和概念，并结合我国企业营销发展的新趋势，从企业产品的渠道、价格、市场环境、促销、消费者行为等方面对现代企业的营销活动进行了较为深入的探讨。

书名：现代广告学（第3版）
作者：李东进 秦 勇 著
书号：978-7-80234-709-0
定价：36.00元
简介：本书充分借鉴国内外广告学最新研究成果，讲述了广告学的基本原理、概念和实务，还结合我国广告业发展的新趋势，对新媒体广告、电影（电视）植入式广告以及名人广告等热点广告问题进行了较为深入的探讨。

书名：国际营销教程
作者：陈祝平 编著
书号：978-7-80234-452-5
定价：32.00元
简介：本书系统地比较了国际营销与国内营销、国际贸易的区别，讲述了国际环境、国际市场策划、国际产品策划、国际渠道策划、国际沟通和国际定价等内容。适合高校经济管理类本科和研究生（包括MBA）学习用书，也可供工商企业管理层阅读和参考。

书名：市场营销学教程
作者：吴 涛 编著
书号：978-7-80234-452-5
定价：32.00元
简介：为了更好地适应高等院校市场营销学课程的教学需要，这次修订对原书进行了大幅度的调整，重新撰写了一些章节，包括更换书名。本教程旨在提供一本以案例教学为导向，突出本土企业营销管理实践，侧重实践应用能力的市场营销学教科书。

书名：市场调研与预测
作者：胡祖光 王俊豪 吕筱萍 编著
书号：978-7-80087-829-5
定价：30.00元
简介：本书从市场调研、市场预测、数据处理与分析三大方面系统阐述了市场调研的基本概念、方式方法和技术、调研资料分析、数据统计软件的应用以及市场预测的方式方法等。

书名：品牌管理
作者：陈祝平 著
书号：978-7-80087-803-9
定价：28.00元
简介：本书通过大量的中国本土企业的品牌实战案例，从心理学和经济学两个角度全面分析了品牌管理的各种问题，包括品牌资产的概念和结构、品牌形象和定位、品牌设计、品牌渠道和品牌传播等内容，具有很强的实用性。

书名：营销渠道管理：理论、方法与实践
作者：秦 勇 李东进 主编
书号：ISBN 978-7-5177-0283-2
定价：36.00元
简介：本书结合当前的营销新环境，系统介绍营销渠道的模式与设计、渠道成员的选择、渠道冲突与合作管理、营销渠道中的信息与物流管理、国际营销渠道等内容，为读者呈现了一个较为完整的渠道管理知识体系。

高等院校经济管理"十二五"规划教材·人力资源管理系列

书名：绩效管理
作者：付维宁 编著
书号：978-7-80234-726-7
定价：38.00元
简介：本书主要讲述绩效评价、绩效执行、绩效反馈、绩效计划、公关部门的绩效管理。本书可作为人力资源管理专业本科学生、正在从事或有兴趣从事人力资源管理的企业及社会人员的学习用书，也可作为高等职业院校、大专院校、成人院校企业管理专业的培训教材。

书名：劳动关系管理
作者：尚 珂 左春玲 著
书号：978-7-80234-710-6
定价：35.00元
简介：本书从宏观和微观两个角度，不仅讲述了劳动关系与劳动关系管理、劳动关系主体与劳动力市场等宏观理论，还详细讲述了企业劳动合同管理、企业劳动标准实施管理、企业集体合同管理、企业劳动争议管理等内容。

书名：人才测评教程
作者：寇家伦　编著
书号：978-7-80234-453-2
定价：40.00元
简介：本教材的第1版《人才测评》于2006年出版。本书是原书的第2版。为了更好地适应高等院校人力资源专业课程的教学需要，本次修订对原书进行了大幅度的调整，并且重新撰写了一些章节。

书名：组织行为学
作者：肖余春　主编
书号：978-7-80087-882-4
定价：36.00元
简介：本书运用心理学、社会学、人类学、经济学等知识，分别从个体行为、群体行为和组织系统等方面探讨研究一定组织中人的心理和行为的规律性，从而提高管理者对人的行为的预测和引导能力。

书名：人力资源管理教程（第2版）
作者：伍争荣　主编　缪仁炳　副主编
书号：978-7-80234-462-4
定价：36.00元
简介：为了更好地适应人力资源管理环境发生很大变化后的教学研究工作，特别是新的《劳动合同法》颁布实施后劳动关系领域新的变化，并反映理论的前沿和实践的进步，本书对第1版进行了一定程度的调整、补充和完善。

书名：人才测评技术（修订版）
作者：宋荣　谷向东　宇长春　主编
书号：978-7-80234-853-0
定价：38.00元
简介：本书不仅介绍了人才测评的基本概念和基本原理，还全面系统地介绍了心理测验、面试、笔迹分析、无领导小组讨论、公文筐、角色扮演、360度反馈技术等目前国内企业所采用的人才测评技术。全书用大量的人才测评案例，对实际人才测评工作具有很强的实用性。

―――――― 高等院校经济管理"十二五"规划教材·管理与MBA系列 ――――――

书名：管理经济学
作者：戴庚先等　编著
书号：7-80087-860-0
定价：39.00元
简介：本书创造性地将Excel运用到管理经济学的决策分析当中，全面阐述了管理经济学的理论、方法和应用，系统讲述了管理经济学的数学模型、供应与需求理论、生产理论与决策分析、成本理论与分析、企业利润、生产结构分析、博弈论与竞争策略等内容。

版总体风格、特色和体系架构的基础上，对全书内容作了一定的更新。除了着重强调管理策略的重点——决策、计划、预测、组织、领导、激励、控制等外，还增加了组织文化和管理创新两章内容，使整个教材的知识体系更趋完整和合理，更适应我国管理学教学的需要。

书名：公共关系学
作者：秦勇　主编
书号：978-7-5177-0209-2
定价：45.00元
简介：本教材追求简明、实用的写作风格，讲述了公共关系的定义与特征、公共关系的工作流程、公共关系广告、公共关系专题活动、公共关系危机管理、公共关系的CIS战略，以及网络公共关系等内容，内容丰富，结构清晰，实用性很强。

书名：管理学原理（第3版）
作者：李东进　秦勇　主编
书号：978-7-5177-0193-4
定价：42.00元
简介：这是本教材第三次修订，在保持前两

―――――― 高等院校经济管理"十二五"规划教材·财务管理系列 ――――――

书名：高级财务会计
作者：蒋德启　主编　王铁林　副主编
书号：978-7-80234-575-1
定价：35.00元
简介：本教材重点安排能够提升学生实战能力的内容——合并财务报表和中期财务报告的编制，以及企业清算会计、衍生金融工具会计、外币会计、物价变动会计、租赁会计等相关知识。在介绍这些内容时，加入了很多真实企业的案例。

书名：小企业会计准则释义与运用
作者：蒋德启　刘诚　主编
书号：978-7-80234-749-6
定价：32.00元
简介：本书是第一本系统阐释小企业会计准则的书。它从基本理论、流动资产、非流动资产、负债的核算、所有者权益、收入、费用、利润及其分配、外币业务、财务报告等方面对小企业会计准则进行释义，并且相应地列举了大量案例，以供学习者的吸收、消化。

高等院校经济管理"十二五"规划教材·电子商务系列

书名：电子商务实务教程
作者：李东进　秦　勇　主编
　　　于　洁　朴世桓　副主编
书号：978-7-80234-888-2
定价：35.00元

简介：本书介绍了电子商务的技术基础、电子支付、电子商务物流、网络营销、网络采购等内容，前瞻性地勾画出了电子商务专业理论知识的基本框架，旨在帮助读者理解电子商务商业模式和价值创造的原理。

高等院校经济管理"十二五"规划教材·国际商务系列

书名：商务沟通教程
作者：王慧敏　编著
书号：978-7-80087-826-0
定价：28.00元

简介：本书是一本以能力培养为主线的理论与实务相结合的商务沟通教材。全书包括商务沟通概述、商务沟通的一般技巧、招聘与面试、演讲的技巧、会议沟通技巧、谈判技巧、与客户的沟通技巧、管理沟通、书面沟通等内容。本书具有很强的实用性。

书名：国际贸易实务
作者：王慧敏　编著
书号：978-7-80234-519-5
定价：35.00元

简介：本书突出案例教学、启发式教学，主要讲述国际货物运输、国际货物运输保险、进出口商品价格核算、国际贷款的收付、国际货物买卖合同的签订、进出口交易的基本业务程序等内容，使学生在解决问题的过程中掌握课程教学内容。

书名：商务礼仪教程
作者：王慧敏　吴志樵　周永红　编著
书号：978-7-80234-229-3
定价：32.00元

简介：本书系统地介绍了商务活动中的服饰妆容礼仪、语言行为礼仪、往来礼仪、交际礼仪、办公室礼仪、通讯礼仪、会议礼仪、谈判礼仪、求职礼仪、涉外礼仪等方面的知识。本书可以作为大学本科和高职院校学生的教材，也可以作为普通大众了解礼仪知识的通俗读物。

书名：报关实务
作者：王慧敏等　编著
书号：978-7-80234-354-2
定价：32.00元

简介：本书详尽地介绍了报关从业人员需掌握和了解的各种进出口货物的报关程序、进出口商品的归类与税费的征收，以及进出口货物报关单的填制等相关知识。还根据教学的实践安排了练习题和案例分析，以培养学生的思维能力和动手能力。

连锁经营管理专业规划教材

书名：连锁企业经营管理（第2版）
书号：978-7-5177-0343-3
作者：孙　静　孙前进　编著
定价：35.00元

简介：修订后的教材更具有实用性，使学习者掌握连锁经营的相关知识，并不断提高驾驭现代连锁企业的技能与素养，成为更优秀、更符合连锁企业需要的人才。

　　本教材适合连锁经营管理专业师生使用，也可作为连锁企业从业人员的培训教材。

书名：连锁门店开发与选址（第2版）
书号：978-7-5177-0341-9
作者：李晓晖　弓秀云　杨洋　编著
定价：32.00元

简介：作者根据自身在教材使用过程中的体会和读者们的反馈意见，对全书内容做了一定的更新和充实。修订后的教材更具有实用性，是成功开发并有效管理一家门店所必须掌握的知识与技能。

　　本教材适合连锁经营管理专业师生使用，也可作为连锁企业从业人员的培训教材，具有广泛的适用性。

书名：连锁企业信息系统与管理（第2版）
书号：978-7-5177-0342-6
作者：杨 洋 孙前进 编著
定价：32.00元
简介：修订后的教材内容更新，案例更典型，使学习者能更快的掌握连锁企业信息系统运营维护及发展研究等内容。
　　本教材适合连锁经营管理专业师生使用，也可作为连锁企业从业人员的培训教材，具有广泛的适用性。

书名：连锁企业采购与配送管理（第2版）
书号：978-7-5177-0345-7
作者：胡贵彦 编著
定价：35.00元
简介：修订后的教材更具有实用性，力图使从事连锁企业的相关人员能够以最短的时间全面系统地掌握连锁企业采购和配送方面的知识和技能。

书名：连锁企业门店管理（第2版）
书号：978-7-5177-0344-0
作者：隆 意 尚 珂 顾丽萍 编著
定价：32.00元
简介：本次修订在保留上一版总体风格、特色和体系架构的基础上，作者根据自身在教材使用过程中的体会和读者们的反馈意见，对全书内容做了一定的更新和充实。
　　修订后的教材在保持知识的完整性和系统性的同时，重点突出了对实践的指导和应用。
　　本教材适合连锁经营管理专业师生使用，也可作为连锁企业从业人员的培训教材，具有广泛的适用性。

高职高专旅游管理类规划教材

书名：旅行社经营管理实务
作者：陈道山 主编
书号：978-7-80234-421-1
定价：35.00元
简介：本书将旅行社的经营管理分为四大模块，即基础模块、实务模块、支撑模块、发展趋势模块，每个模块下又分为若干项目，详细讲述了旅行社的基本知识、旅行社经营管理基础等内容。

书名：酒店经营与管理
作者：李辉作 于 涛 主编
书号：978-7-80234-421-1
定价：35.00元
简介：本书以酒店经营与管理的理论及管理内容为框架，通过模块的形式，讲述了酒店经营管理概述、酒店接待业务管理、酒店内部管理和酒店日常管理等内容，建立起了酒店经营与管理的完整体系。其内容上"宽"、"新"、"实"并举，注重内容的科学性、系统性、创新性和实用性。

书名：导游实务
作者：仪孝法 冯 静 主编
书号：978-7-80234-389-4
定价：32.00元
简介：本书系统地阐述了合格的导游员应具备的素质、知识和技能。全书理论与实践相结合，侧重学生实践技能的培养，主要体现在导游服务各种操作规程的介绍上，有很强的实用性和操作性。

书名：旅游学概论
作者：苟胜东 主编
书号：978-7-80234-424-2
定价：26.00元
简介：本书讲述了旅游的产生与发展、旅游的概念与特点、旅游者、旅游资源、旅游业、旅游组织、旅游市场以及旅游的影响等八个模块。这八个模块以旅游的自身性质和特点为主线，既有纵向旅游发展历史的介绍，也有横向旅游业的组成部分、旅游组织的讲述，使大家对旅游业发展有一个清醒的认识。

书名：旅游市场营销
作者：樊雅琴 主编
书号：978-7-80234-423-5
定价：35.00元
简介：本书分别介绍了旅游市场营销导论、旅游市场营销环境分析与运筹、旅游购买行为分析、旅游市场调研与预测、旅游目标市场营销等内容。

书名：旅游资源学
作者：杨学峰 主编
书号：978-7-80234-426-6
定价：35.00元
简介：本书系统阐述了旅游资源的概念、旅游资源形成的基本条件、基本特征、分类等基本理论，分析了地理、水体、大气及太空等自然旅游资源的成因、特征、主要类型等。

中国注册人力资源管理师职业资格考试认证教材

书名：人力资源战略与规划
书号：978-7-80234-038-1
作者：寒　武　编著
定价：28.00元
简介：本书介绍了人力资源战略与规划的产生、人力资源战略及其制定与实施、人力资源规划、人力资源供求分析、操作技巧和成功案例的学习，可使读者充分掌握人力资源战略设计及人力资源规划的模式与方法，从而构建起一个完整的人力资源战略与规划体系。

书名：劳动关系管理（修订版）
书号：978-7-80087-983-8
作者：左祥琦　编著
定价：32.00元
简介：本书可以作为专业的培训和教学教材外，还适合人力资源管理者、企业高中级管理人员、劳动行政部门的官员、各级工会干部、劳动法的研究人员、劳动争议仲裁员、负责审理劳动争议案件的法官，以及其他与劳动领域有关的从业人员。

书名：薪酬福利管理
书号：978-7-80087-963-0
作者：胡昌全　编著
定价：35.00元
简介：作为"中国注册人力资源管理职业资格认证"的指定培训教材之一，本书以企业薪酬管理为主线，对薪酬体系与结构、付薪策略与原则、福利与保险做了完整深入的分析。

书名：人才测评
书号：978-7-80087-969-2
作者：寇家伦　编著
定价：36.00元
简介：本书向读者全面介绍了人才测评技术的发展历程、基础理论与实践方法，重点阐述了人才测评技术中信用效度最高的评价中心技术的实践操作，向读者完整地呈现了组织人才测评活动的各个环节及关键控制点。

书名：人力资源信息化管理
书号：978-7-80087-962-3
作者：洪　玟　编著
定价：28.00元
简介：本书能够帮助读者更好地理解e-HR究

竟是什么，它在企业人力资源管理工作中能做哪些事情，以及如何选择和实施这项技术来实现预期的收益。

书名：员工任用
书号：978-7-80087-954-8
作者：闫凤芝　编著
定价：28.00元
简介：本书从员工任用的角度，讲述人力资源规划、职位分析、员工招聘甄选、员工入职和辞职管理等内容，在传播人力资源管理技术的同时，将人力资源管理的理念与读者进行分享，从而引导读者全面、系统、实际地看待和解决企业的问题。

书名：职业生涯管理（第2版）
书号：978-7-80234-653-6
作者：杜映梅　编著
定价：35.00元
简介：本书系统地介绍了职业生涯管理的相关理论知识，并提供了丰富的案例和测试，以期为广大读者提供具有高度可操作性的指导。

书名：绩效管理（第2版）
书号：978-7-80234-654-3
作者：杜映梅　编著
定价：35.00元
简介：本书是作者对近年来国内外关于绩效管理的方法和在企业管理实践中的经验进行总结、提升而形成的关于绩效管理的操作理念，主要可供企业的实际管理工作者和从事人力资源管理工作的人士作为工作的参考，也可作为企业管理类教学和科研的参考书，对人力资源管理感兴趣的人士亦可作为自学之用。

书名：企业培训
书号：978-7-80087-961-6
作者：于　虹　编著
定价：25.00元
简介：本书内容由三部分组成。第一部分重点介绍培训的涵义、目的、形式和企业培训管理的内容及培训体制的完善等内容，第二部分围绕着企业培训体系构成的核心内容展开说明，第三部分从培训前的准备、课程的开发方法、培训师授课技巧及企业培训中的经典游戏等方面做了介绍。